Adult French Course

Adult French Course

Student's Book
Set of 7 twin-track tapes
(alternatively: Set of 7 twin-track cassettes)
Study Supplement
Cassette (to accompany Study Supplement)

Adult French Course

Based on the methods of the
Ealing Courses in German and Spanish

Anny King
Senior Lecturer in French
Hertfordshire College of Higher Education

Gwen Lansdell
formerly Principal Lecturer in French
Polytechnic of the South Bank

Longman

LONGMAN GROUP LIMITED
Longman House
Burnt Mill, Harlow, Essex, CM20 2JE, England

First published 1979
Second impression 1981
ISBN 0 582 331315

Set in 9/10 and 10/11 Baskerville, Monophoto 169
by Filmtype Services Limited, Scarborough

Printed in Singapore by
Selector Printing Co Pte Ltd

Acknowledgements

We are grateful to
the following people for their help and advice
during the development of the course:

Janet Cropper, World Trade Centre
C. Huntley, St. Albans College of Further Education
Jacqueline Johnston, Leeds Polytechnic
Richard Leeson, Ealing College of Higher Education
Ron Overy, Polytechnic of the South Bank
Brian Page, Leeds University
Dennis Player, Thames Polytechnic
John White, Wolverhampton Polytechnic
M. J. Winterburn, Ealing College of Higher Education

and to the many students who good-naturedly allowed
themselves to be used as guinea-pigs.

The authors are specially grateful to John Brown, Cranfield
Institute of Technology, for his support and encouragement, to
Dr. E.J.W. King for his contribution to the grammar sections,
and to Rosemary Davidson and Philippa Whitbread for their great
help and sympathetic support through the trials and tribulations
of writing.

We are grateful to the following for permission to
reproduce cover photographs:

Documentation Française, photo P. Calixte – SEMAH,
below left; Brendan Hearne, above left, right and below
right; John Hillelson Agency, photo Jean Paul
Paireault/Magnum, below centre.

Contents

page

Unit	Grammatical content	Main topics, functions and notions

Unit	Grammatical content	Main topics, functions and notions

Introduction

In the course of teaching experience including intensive and short courses for management and for technical personnel, degree courses for technologists, in-service refresher courses for teachers, subscriber service courses, HND courses and evening classes, in institutions such as the Cambridgeshire College of Art and Technology, the Polytechnic of the South Bank, and Cranfield Institute of Technology, we became convinced of the need for new French materials for beginners or *faux débutants* learning French for some vocational purpose, and this course is the result of what we produced to fill that gap.

The basic techniques of the Ealing courses in German and Spanish appealed to us, as they clearly provided a firm basis on which to build, and had been well tested by the experience of colleagues in other languages. But when we began to write our own material the language teaching scene had changed in several important respects since the 1960s when these courses had been developed. There were five main ways in which we wanted our material to differ from that of the Ealing Courses in Spanish and German.

1. Although we valued the aid which a selectively and intelligently used language laboratory could give, the excessive enthusiasm for the language laboratory as an exclusive technique had faded by the 1970s when we started to produce our material. And so we wanted to produce a course which would be useable on the assumption that a language laboratory, while still being regarded as a useful aid, would not loom so large in the priorities of language tutors.

2. Another change for which we had to cater was the changing time-scale and organisation of vocational language courses. Gone were the days in which the six weeks' intensive language course from scratch was thought to be the desirable norm. Increasingly, even intensive courses tended to be of at least ten weeks' duration, short courses were tending to be staggered with opportunities for refresher sessions, and a language element was becoming more common in the degree courses for business and technology.

3. Linked to that change was the development of a greater awareness of differentiated aims and objectives in language learning, and following from that both a more critical attitude to the choice of language activities appropriate to those aims and a shift of emphasis within the language skills involved. While oral communication remained a prime aim, language tutors had come to realise, partly through the findings of research done at York University Language Centre on the foreign language requirements of industry and partly through analyses carried out by such bodies as the London Chamber of Commerce, that the skills of reading comprehension played a more important part in the language equipment of the student with vocational language needs and that although writing as such might prove a skill of limited value its value as a means of practice should not be under-estimated.

4. We also found, through hard experience, that it did not pay to be dogmatic about the role that analytical explanation should play. Our feeling was that, although experience of a language came most effectively before any analytical treatment, the deliberate withholding of grammatical explanation was perverse and unhelpful to students whose habit of thought was in this direction. So our course contains a certain amount of grammatical explanation (expressed in as simple terminology as

we could devise) to be treated by tutor and student in whatever way proves most effective in individual circumstances.

5. The fifth element which influenced us in the construction of our course was the work done by the Council of Europe on the Threshold Level of language learning. It would be misleading to claim that this course is based on a functional/notional approach. But the lists of topics, functions and notions produced for the English and French languages have influenced us in writing the course and have served as very useful checklists for the content. The influence of this work is visible in the way we have presented the contents of the course on pages vii–xii.

ANNY KING
GWEN LANSDELL

Plan and method

Forms of organisation

The student may want to know something about the way the course is organised. A few minutes' study of the Contents will show him how it is based on four different forms of organisation, which complement each other:

1. **Situational** (see the unit titles in the Contents)
    A number of situations have been chosen in which the student commonly wants to use French (for example 'Au bureau de poste', 'Au restaurant'), and the language presented is organised round the language that native speakers of French use in those situations.

2. **Grammatical** (see Grammar column in the Contents)

3. **Topical** (see Topics/Functions/Notions column in the Contents)
    Topics have been selected (for example métro travel, dates, food and drink) that are ones on which a learner commonly wants to express himself, and the language presented is more or less that which a native French speaker would use when talking about these topics.

4. **Functional/Notional** (see the Topics/Functions/Notions column in the Contents)
    The purposes for which a learner wants to speak or understand French have been looked at, and the language presented related to these purposes, for example the language of greeting and responding to greetings, of getting something, or asking about something.

Organisation of units

The course consists of 16 units, with certain basic features which recur in each unit and with a number of 'floating' features which occur as and when appropriate. Although each unit is based on a particular topic and is complete in itself, there is a cumulative recycling of the more important structures and vocabulary, and many of the functions most vital for social and business 'survival' come back repeatedly.

After every 3 units there is a short test for the student to administer to himself (**Testez-vous!**), which covers all the new structures which he has been learning and practising in those units.

Content of a unit in the Student's Book

Each unit consists of the following:

1. A short **Introduction** in English to set the scene and prepare the student for what is to come – both in terms of situation and structure.

2. A **Dialogue** always featuring Victor, the young English sales executive, the character with whom the student is intended to identify (at least linguistically!), and usually involving one or several other characters. The dialogues have been written to provide a variety of practical and social situations. They are recorded and dramatised. If the tutor wishes, they can be used for repetition by using the pause button.

3. Questions on the dialogue to check comprehension and to reinforce phrases and vocabulary. These are recorded, three-phase.

4. Explanations of the new grammar points and structures introduced in the dialogue. These are as simple as possible, presented diagramatically, and cross-referenced with the exercises both in the Student's Book and in the Study Supplement. The degree to which these explanations will be found useful will vary greatly from one student to another, depending on the student's previous experience of language learning and preferred mode of learning.

At the end is a section called **Some useful phrases**, to which the student's attention is particularly drawn, and most of which are suitable for learning off by heart, as they are multi-purpose phrases useful in a wide range of contexts.

5. The **Expansion** is, as the term suggests, a means of developing either structures already presented in the dialogue in a different context, or the topic of the dialogue. The expansion is recorded and dramatised, without pauses.

6. Expansion exercises, specifically exploiting the expansion. They are often, individually, preceded by a word of explanation in English, to prepare the student for what he is going to have to do and to make the point of the exercise clear. These are all oral exercises, and most of them are recorded three-phase. Those that are not recorded are suitable for class or group use.

7. The **Practice** section contains drills, most of which are recorded, intended for individual use, and to practise a grammatical point. An effort has been made both to provide the exercises as often as possible with some sort of meaningful context and, importantly, to make the response something which the student is likely to want to use actively rather than for comprehension only. In addition there are oral exercises which are open-ended for group or class use. Both the drills and oral exercises are based on the new material presented in the dialogue and provide revision and recombination of items previously learned. The techniques vary from substitutions to gap filling, from the joining up of 'halves' of sentences to extracting information from realia. A particular feature is the number of role-playing exercises, which are a development from the dialogue or the expansion and lead the student into a more 'emancipated' use of the language.

8. The **Extra** exercises are more advanced, sometimes going beyond the material of the relevant units. Some of these involve recorded material.

9. Each unit has one or more of the following exercises:
Débrouillez-vous – problem situations (such as taking the wrong direction on the underground, or not finding one's luggage at the airport) where students are given a chance to use more freely the vocabulary they have been learning.

Le savoir-faire/lire/dire – these explain then test students on such things as getting procedures right, learning how to follow the correct signs, or how to say the correct thing in various situations. They provide practice in reading such things as newspaper articles, brochures, film guides and menus.

Informations – these provide general information on topics such as the unions, the *métro* and *la carte orange*. Comprehension questions are asked in English.

The Study Supplement

The Supplement (with its accompanying cassette) has been produced to help the student revise and consolidate in between classes. The material is on the one hand carefully paced to keep step with progress in the Student's Book of the course and closely integrated with it, and on the other hand is intended to give some change of activities and opportunities for reading and listening comprehension and some writing. All exercises (except 'Extra') are self-checking, in that either the correct responses may be heard on the accompanying cassette, or the answers are printed at the back of the book (as are the listening comprehension texts).

For each unit of the Student's Book there is a corresponding section of the Supplement (3–4 pages) and of the cassette (4–5 minutes). They consist of the following:

1. Three or four **Written exercises**.
2. Two **Oral exercises**.
3. **Recap** – an exercise in re-telling the action of the Dialogue (of Units 1–7), or part of it, in a narrative form, stimulated by selected pictures from the Student's Book.
4. **Listening practice** – a recorded text, such as a short dialogue or an airport announcement, with multiple choice questions in English to test comprehension.
5. **Reading practice** – a printed text (maybe a straight passage, an advertisement, a menu or a series of signs), on which the student is encouraged to develop his powers of intelligent guessing by a series of multiple choice questions in French.
6. **Extra** – a more demanding, open-ended written exercise, sometimes going beyond the material of the relevant units.
   Answers to the exercises (with the exception of 'Extra') are given at the back of the book.

Use of visuals

The dialogues of Units 1–7 all have strip cartoon pictures accompanying them, to help convey the gist of the conversational exchanges. After Unit 7 the growing complexity of the language makes this kind of illustration inappropriate, and so each dialogue subsequently has (usually) only one small illustration to set the scene.

Expansions normally have an illustration with a similar scene-setting purpose.

Elsewhere in the Student's Book and the Study Supplement a good deal of use is made, for comprehension and exploitation purposes, of signs, menus, maps, diagrams, newspaper and magazine advertisements, newspaper headlines, and forms of various kinds.

General advice to the student

The *faux débutant* following this course will probably want not only to do no more than only run through at least Units 1 and 2 but also to do some judicious 'skipping' in other sections. Many of the exercises necessary for complete beginners will not be needed by those with some experience. The 'Extra' exercises are useful for those who wish to press on faster. *Faux débutants* should remember that they may need to concentrate particularly on the aural/oral skills to compensate for past lack of practice, and that understanding spoken French is an activity which will in most practical situations be high on the list of priorities.

Although the questions and expansion and practice exercises are recorded three-phase, the gap left for the student's response is timed for when the student is sufficiently practised to respond fluently. Whilst getting practice in reaching this speed, it is suggested the pause button be used.

The balance of class, group and individual work will depend very much on the duration of the course, the size of the class, the equipment available and the wishes of individual tutors and students. Although a good deal of this course could be worked through on an individual basis (and would be suitable for use in subscriber services), it is not designed for self study and it is assumed that there will be a tutor who will be providing the stimulus, motivation and general help without which it is difficult to get very far in language learning. As language is a social function, it follows that its learning and practice takes place most appropriately in a social setting.

How the various elements relate

	Student's Book	Tape/Cassette	Study Supplement	Cassette
Introduction in English to topic of unit and skills/structures to be learnt	X			
Dialogue	X	X		
Questions on dialogue	X	X		
Explanations (of new structures/grammar)	X			
Expansion: extension of vocabulary and structures, with exploitation.	X	X		
Oral exercises for individual, group and class use, including role playing (Practice and others)	X	X	X	X
Extra: more demanding exercises, sometimes open-ended, going beyond material of relevant unit.	X		X	
Written exercises	X		X	
Recap: exercises (oral or written) in re-telling the actions of the Dialogue, with visual cues.			X	
Débrouillez-vous: practical guidance for specific situations, with exploitation.	X	X		
Le Savoir-faire/lire/dire/vivre (information + multiple choice + other exercises)	X			
Reading practice	X		X	
Testez-vous! (revision after every 3 units)	X			
Listening practice			X	X

Map of France

GRANDE BRETAGNE

BELGIQUE
ALLEMAGNE

MANCHE

Dunkerque
Calais
Lille
Roubaix
Douai
Valenciennes
Arras

LUXEMBOURG

Le Havre
Rouen
Honfleur
Deauville

Berry
Reims

Strasbourg

Ushant
Brest
BRETAGNE

NORMANDIE

Paris

Nancy

Moselle

Seine
Marne

Chartres

Saône

ATLANTIQUE

Rennes
Le Mans

BEAUCE

Orléans

Dijon

Rhin

St-Nazaire

Loire

Tours

Le Creusot

SUISSE

N

Parthenay
Poitiers

La Rochelle

Clermont—
Ferrand

Lyon

St-Étienne

ITALIE

Bordeaux

Garonne

Rhône

Avignon
PROVENCE

La Grande
Motte

Cannes

Lacq

Toulouse

Marseille

ESPAGNE

MÉDITERRANÉE

0   100   200   300 km

Échelle

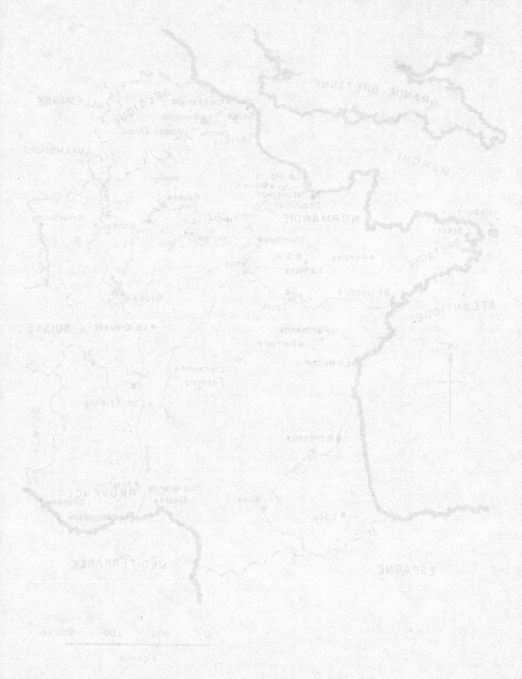

Note to the user

Units 1 and 2 are intended for complete beginners. They cover greetings, offering and accepting drinks etc, giving information about yourself, family etc. The grammar covered is: definite articles (*le/la/les*); indefinite articles (*un/une*); present tense *être* (*je suis, vous êtes, il/elle est*); present tense *parler, fumer, travailler, habiter, aimer, prendre* (*je, il/elle, vous*); questions (rising intonation, *Qu'est-ce que* ...? *Qui est-ce? C'est* ...?); agreement of adjectives; numbers 1–10.

Faux débutants could start at Unit 3, but are advised to run through the Dialogues, Explanations, *Le savoir-dire* and *Le savoir-lire* of the first two units to make sure they are confident of the ground covered, and be introduced to the characters who make up the story-line.

Au bureau Aviagence

Victor Melville is a young marketing executive in the aircraft industry. His firm is concerned with the production of parts connected with turbine engines. The firm is Filturbo of Bristol. Melville is working from the London Office of the firm and is about to arrange an export order with a client in Toulouse. Jacques Morel of Aviagence, the Paris agency which has put Filturbo in touch with the client, invites Melville (whom he has met before) to his office. Morel works in Paris but lives in Antony. M. Sériex, the client, is also present. The dialogues which record the meeting include greetings and the courtesies of introductory conversation. Morel's secretary, Mlle Lebret, is present too. (Note that the abbreviation *Cie* stands for *Compagnie*.)

Dialogue

Personnages: Mlle Sabine Lebret (la secrétaire)
M. Victor Melville (le sous-chef des ventes de la Compagnie Filturbo)
M. Jacques Morel (le sous-chef des achats de la Compagnie Aviagence)
M. Sériex (le client)

1. MLLE LEBRET – Entrez!
2. M. MELVILLE – Bonjour Mademoiselle.
   MLLE LEBRET – Bonjour Monsieur.
3. M. MELVILLE – Je suis M. Melville de Londres.
   MLLE LEBRET – (*à M. Melville*) Asseyez-vous, s'il vous plaît, Monsieur.
4. MLLE LEBRET – (*à M. Morel*) M. Melville est ici, Monsieur.
   M. MOREL – M. Melville, qui est-ce? ... Ah, oui ... C'est le sous-chef des ventes de la Cie Filturbo.
5. M. MOREL – Bonjour, Monsieur Melville. Comment allez-vous?
   M. MELVILLE – Très bien merci. Et vous?
6. M. MOREL – Bien merci. Asseyez-vous, s'il vous plaît.
   Je vous présente M. Sériex de la Cie Sériex et Fils, notre client.
   M. Sériex, je vous présente M. Melville, le sous-chef des ventes de la Cie Filturbo.
7. M. MELVILLE – Enchanté Monsieur.
   M. SÉRIEX – Enchanté Monsieur.
8. M. SÉRIEX – Vous êtes de Bristol ou de Londres?
   M. MELVILLE – Je suis de Londres.
9. M. MELVILLE – Et vous, vous êtes de Toulouse, n'est-ce pas?
   M. SÉRIEX – Oui, je suis de Toulouse.
10. M. MOREL – Eh, bien, Messieurs, je vous souhaite la bienvenue à Paris!

Questions

1. M. Morel, qui est-ce?
2. M. Melville, qui est-ce?
3. M. Sériex, qui est-ce?
4. Mlle Lebret, qui est-ce?
5. M. Morel est de Paris?
6. M. Melville est de Londres?
7. M. Sériex est de Toulouse?

Explanations

1.1 Le/la *(the)*

In French all nouns are either masculine or feminine. This includes not only people and animals, but also things. Although in English there is only one form of the definite article *(the)*, French has more than one: **le** is used with masculine nouns, and **la** with feminine nouns.

le	sous-chef des ventes client
la	secrétaire Compagnie
l'	expert-comptable

When a noun, masculine or feminine, begins with a vowel or a silent '**h**', the definite article is **l'**. It is best to learn the article (**le/la/l'**) together with the noun.

1.2 Je suis *(I am)*, vous êtes *(you are)*

Je suis M. Melville de Londres. *(I am Mr. Melville from London.)*
Vous êtes de Toulouse. *(You are from Toulouse.)*
(See paragraph 3.5.)

1.3 Asking a question

Vous êtes de Bristol ou de Londres? *(Are you from Bristol or London?)*
Vous êtes de Toulouse? *(Are you from Toulouse?)*
The simplest way to ask a question is to raise your voice at the end of the sentence.

1.4 Qui est-ce? C'est ...

M. Melville, **qui est-ce?** *(Mr. Melville, who's he?)*
C'est le sous-chef des ventes. *(He's the assistant sales manager.)*
Qui est-ce? is used to find out about somebody, and **c'est** to introduce them or say who they are. (See paragraph 3.4.)

Some useful phrases	
Entrez!	*Come in!*
Bonjour	*Good morning/afternoon*
S'il vous plaît	*Please*
Comment allez-vous?	*How are you?*
Je vous présente ...	*May I introduce ...*
Très bien merci	*Very well thank you*
Enchanté(e)	*How do you do* (response)
Je vous souhaite la bienvenue!	*Welcome!*

◐ Expansion: Je vous présente …

Victor Melville is introduced to the rest of the staff of Aviagence.

1. C'est Mlle Dubois, la téléphoniste.
2. C'est Mlle Lebret, la secrétaire.
3. C'est M. Legras, le sous-chef des ventes.
4. C'est M. Saville, le PDG. (le Président Directeur Général).
5. C'est M. Leboeuf, l'expert-comptable.
6. C'est Mme Leroy, la secrétaire de direction.

Expansion exercises

🕑 1. Qui est-ce? C'est ...

You're asked who members of the office staff are and you give the name of each of them.

Ecoutez: La téléphoniste, qui est-ce?
Répondez: C'est Mlle Dubois.

1. La téléphoniste, qui est-ce?
2. La secrétaire, qui est-ce?
3. Le sous-chef des ventes, qui est-ce?
4. Le PDG, qui est-ce?
5. L'expert-comptable, qui est-ce?
6. La secrétaire de direction, qui est-ce?

🕑 2. Qui est ...? C'est ...

You're practising saying what job each person does.

Ecoutez: Qui est Mlle Dubois?
Répondez: C'est la téléphoniste.

1. Qui est Mlle Dubois?
2. Qui est Mlle Lebret?
3. Qui est M. Legras?
4. Qui est M. Saville?
5. Qui est M. Leboeuf?
6. Qui est Mme Leroy?

🕑 3. Enchanté!

You're introduced to people and greet them in return.

Ecoutez: Je vous présente Mlle Dubois.
Répondez: Enchanté, Mademoiselle!

1. Je vous présente Mlle Dubois.
2. Je vous présente Mlle Lebret.
3. Je vous présente M. Legras.
4. Je vous présente M. Saville.
5. Je vous présente M. Leboeuf.
6. Je vous présente Mme Leroy.

🕑 4. Je vous présente ...

You're doing the introducing.

Ecoutez: Mlle Dubois.
Répondez: Je vous présente Mlle Dubois.

1. Mlle Dubois.
2. Mlle Lebret.
3. M. Legras.
4. M. Saville.
5. M. Leboeuf.
6. Mme Leroy.

Practice

Exercises 1, 2 and 3 give you practice in greeting people.

1. Bonjour; asseyez-vous, s'il vous plaît

a. You're saying 'Good morning' or 'Hallo' to a number of people.

Ecoutez: Victor.
Répondez: Bonjour, Victor.

1. Victor.
2. Jacques.
3. M. Sériex.
4. Mlle Lebret.
5. Mlle Dubois.
6. M. Leboeuf.

b. Now go on to invite them to sit down.

Ecoutez: Bonjour, Victor.
Répondez: Asseyez-vous, s'il vous plaît, Victor.

2. Qui est ...?

You are practising how to ask who a person is.

Ecoutez: M. Sériex est ici?
Répondez: Qui est M. Sériex?

1. M. Sériex est ici?
2. Mlle Lebret est ici?
3. Roger est ici?
4. M. Melville est ici?
5. Mlle Dubois est ici?
6. M. Saville est ici?

3. C'est ...

How to say who a person is.

Ecoutez: M. Sériex, c'est le client?
Répondez: Oui, c'est le client.

1. M. Sériex, c'est le client?
2. Mlle Lebret, c'est la secrétaire?
3. M. Saville, c'est le PDG?
4. Mlle Dubois, c'est la téléphoniste?
5. M. Leboeuf, c'est l'expert-comptable?
6. Mme Leroy, c'est la secrétaire de direction?

4. Je suis ...

Somebody is asking you what you are in your firm. You practise saying what your job is.

Ecoutez: Vous êtes la secrétaire, n'est-ce pas?
Répondez: Oui, je suis la secrétaire.

1. Vous êtes la secrétaire, n'est-ce pas?
2. Vous êtes l'expert-comptable, n'est-ce pas?
3. Vous êtes le sous-chef des achats, n'est-ce pas?
4. Vous êtes le sous-chef des ventes, n'est-ce pas?
5. Vous êtes la téléphoniste, n'est-ce pas?
6. Vous êtes le PDG, n'est-ce pas?

5. Vous êtes ... le/la ...

You're making sure you know what people's jobs are.

Ecoutez: C'est M. Morel.
Répondez: Vous êtes le sous-chef des achats, n'est-ce pas?

1. C'est M. Morel.
2. C'est M. Sériex.
3. C'est M. Melville.
4. C'est Mlle Lebret.
5. C'est Mlle Dubois.
6. C'est M. Leboeuf.

6. Je suis de ...

Somebody asks you where you come from. You tell them.

Ecoutez: Vous êtes de Bristol ou de Londres?
Répondez: Je suis de Londres.

1. Vous êtes de Bristol ou de Londres?
2. Vous êtes de Lyon ou de Paris?
3. Vous êtes de Cannes ou de Nice?
4. Vous êtes de Lille ou de Strasbourg?
5. Vous êtes de Pise ou de Rome?
6. Vous êtes de Perpignan ou de Toulouse?

7. Listen and repeat

You repeat some of the useful phrases word for word to help you remember them.

Ecoutez: Bonjour, Simon!
Répétez: Bonjour, Simon!

1. Bonjour, Simon!
2. Asseyez-vous, s'il vous plaît!
3. Comment allez-vous?
4. Bien merci.
5. Vous êtes de Lyon?
6. Non, non!
7. Vous êtes le client?
8. Non, non!
9. Ah, bon! Ah, bon!
10. Eh bien, enchantée!

8. Role-playing

a. Listen to the dialogue then take part of Mr. Rose, an accountant from Bristol. You practise all the expressions you have just learnt as you talk to M. Dumas in the office.

M. DUMAS	Bonjour, M. Rose!
MR. ROSE	......
M. DUMAS	Comment allez-vous?
MR. ROSE	......
M. DUMAS	Bien merci. Je vous présente M. Leboeuf.
MR. ROSE	......
M. LEBOEUF	Enchanté Monsieur! Vous êtes l'expert-comptable, n'est-ce pas?
MR. ROSE	......
M. LEBOEUF	Vous êtes de Bristol?
MR. ROSE	......

b. Now apply what you have been practising to yourself. Give answers about yourself.

(i) Monsieur ...? Madame ...?
(Je suis ...)
(ii) Je vous présente Mme Dubois.
......
(iii) Comment allez-vous, Monsieur ...?
......
(iv) Asseyez-vous s'il vous plaît, Monsieur.
......
(v) Vous êtes de Bristol?
......
(vi) Vous êtes le PDG?
......

c. And now you are the one asking the questions to find out about other people. Work out the questions from the answers.

(i) *(Ask your colleague who Mme Dubois is)*
......
C'est la secrétaire de direction de la Compagnie Leclerc.
(ii) *(Now ask her to sit down)* ......
Merci.
(iii) *(Ask her how she is)* ......
Très bien, merci.
(iv) *(Ask her if she is from Paris)* ......
Non, de Marseille.
(v) *(Welcome her)* ......
Merci.

Le savoir-dire

Get your greetings right. You've learned a more formal way and a less formal way of greeting someone. But there are other greetings that are used among friends, such as *Salut!*, which is used at any time of the day. *Au revoir* is 'goodbye' – to anyone at any time of day. By the way, remember that it is polite in French to add *Monsieur, Madame, Mademoiselle* etc. If you're greeting someone you have met before, as an extra mark of courtesy you may add the surname, but the person answering doesn't need to.

1. Don't make a faux pas. What do you say when you meet the managing director (male)?

   a. Salut!
   b. Bonjour!
   c. Bonjour, Monsieur!

2. What do you say to your French colleague with whom you are on very good terms?

   a. Bonjour, Monsieur/Madame!
   b. Salut!
   c. Enchanté(e)!

3. What do you say to a female shop assistant on entering a shop?

   a. Bonjour!
   b. Salut!
   c. Bonjour, Mademoiselle!

4. And what do you say on leaving a shop?

   a. Au revoir!
   b. Au revoir, Mademoiselle!
   c. Salut!

5. When introduced to a woman for the first time, what do you say?

   a. Salut!
   b. Bonjour, Madame!
   c. Enchanté(e)!

6. When you meet a woman you see quite often (like your next-door neighbour), what do you say?

   a. Salut!
   b. Bonjour, Madame!
   c. Enchanté(e)!

7. When you meet a business colleague whom you've met before, what do you say?

   a. Salut!
   b. Enchanté(e)!
   c. Bonjour, Monsieur Barre!

Au bistro

Victor and Jacques go to a pleasant little *bistro* round the corner for a drink and a chat. Victor is married to a Swiss girl from Geneva. He finds his experience of speaking French at home sometimes very useful. Jacques, like the majority of Frenchmen, expects the visitor to speak French. The dialogue contains social chit-chat of a pretty basic nature, and examples of the phrases used in offering and ordering drinks etc.

🎯 Dialogue

Personnages: Jacques Morel
Victor Melville
Le garçon

1. JACQUES – Mais vous parlez bien français!
   VICTOR – Oui, assez bien. Je parle français avec ma femme.
2. JACQUES – Elle est française?
   VICTOR – Non, elle est suisse.
3. JACQUES – Alors, elle parle aussi l'allemand et l'italien, n'est-ce pas?
   VICTOR – Oui, c'est exact.
4. JACQUES – Vous parlez toujours français avec Mme Melville?
   VICTOR – Je parle parfois français, parfois anglais, ça dépend.
5. JACQUES – Qu'est-ce que vous prenez? Une bière, un whisky, une anisette?
   VICTOR – Une bière merci.
6. JACQUES – Je prends aussi une bière, elle est bonne ici. Garçon! Deux bières, s'il vous plaît.
   GARÇON – Bien, Monsieur ... (*Il crie*) Deux bières, deux!
7. VICTOR – Vous fumez? Une cigarette?
   JACQUES – Oui, merci. Je fume quelquefois des cigarettes anglaises.
8. VICTOR – Mais vous préférez les françaises, n'est-ce pas?
   JACQUES – Oui, je préfère le tabac brun parce qu'il est fort.
9. GARÇON – Et voilà! Deux bières ... Huit francs tout compris.
   VICTOR – Huit francs! C'est horriblement cher!
10. JACQUES – Vous travaillez à Londres, n'est-ce pas?
    VICTOR – Oui, je travaille à Londres, et j'habite à Wembley. Et vous?
11. JACQUES – Moi, j'habite à Antony.
    VICTOR – Antony, c'est où?
12. JACQUES – C'est tout près de Paris.

🎯 Questions

1. Où est Victor?
2. Où est Jacques?
3. Qu'est-ce que Victor prend?
4. Qu'est-ce que Jacques prend?
5. Jacques fume des cigarettes anglaises?
6. Le tabac français est brun?
7. Mme Melville est française?
8. Victor habite à Londres?
9. Jacques habite à Paris?
10. Où travaille Victor?
11. Antony, c'est où?

Explanations

2.1 Present tense

The present tense expresses what one is doing now, and also what one does habitually.

Vous parlez bien français. *(You speak French well.)*
Je travaille au bureau. *(I am working at the office.)*
Qu'est-ce que vous prenez? *(What are you having?)*

How to form the present tense:

parler	*(to speak)*
je parle	*(I speak/I am speaking)*
elle parle	*(she speaks/she is speaking)*
vous parlez	*(you speak/you are speaking)*
prendre	*(to take/have)*
je prends	*(I take/I am taking)*
vous prenez	*(you take/you are taking)*

Most **-er** verbs follow the same pattern. For example: **fumer**, **travailler**, **habiter**, **aimer**. Note that the 'e' in **je** is dropped before a vowel or 'h' – **j'habite**. (See paragraph 3.8.)
Prendre is an irregular verb. So remember these forms. (See paragraph 4.10.)

2.2 Il est *(he is)*, elle est *(she is)*

Elle est suisse. *(She is Swiss.)*
Il est ici. *(He is here.)*
Il est fort. *(He is strong.)*
(See paragraph 3.5.)

2.3 Les *(the)*

With nouns (both m. and f.) in the plural, the form of the definite article is *les*.

le	tabac	**les**	tabacs
la	cigarette		cigarettes

2.4 Un *(a, an)* / une *(a, an)*

Again, there is more than one form of the indefinite article (in English 'a' or 'an') **un** is used with masculine nouns and **une** with feminine nouns.

un	whisky client	je préfère	**le** **un** whisky
une	bière cigarette		**la** **une** bière

2.5 Agreement of adjectives

Adjectives must agree with their nouns, that is they must be singular or plural, masculine or feminine.

Elle est **française**? *(Is she French?)*
Vous préférez les (cigarettes) **françaises**? *(You prefer French cigarettes?)*

The sound of the feminine form of an adjective is often different from the masculine.

Note that the noun is sometimes left out, leaving the adjective standing for noun and adjective.

le tabac	**brun**	**la** bière	**brune**
il est	**français**	**elle** est	**française**
le tabac	**léger**	**la** bière	**légère**
il est	**bon**	**elle** est	**bonne**
il est	**suisse**	**elle** est	**suisse**

Note double '**n**' in **bonne**. The masculine and feminine forms for **suisse** are the same since the masculine ends in '**e**'.

le tabac	**léger**	**les** tabacs	**légers**
une cigarette	**légère**	**les** cigarettes	**légères**
le tabac	**français**	**les** tabacs	**français**
la bière	**française**	**les** bières	**françaises**

Adjectives in the plural sound the same as in the singular. Note the final '**s**'.

2.5 Est-ce que ...?

Vous fumez? *(Do you smoke?)*
Suggests or invites a 'yes' answer e.g. when you are offering something.

Est-ce que vous fumez? *(Do you smoke?)*
A straight request for information. (Note no change in word order.)

2.6 Qu'est-ce que ...? *(What ...?)*

Qu'est-ce que vous prenez? *(What are you having?)* Note no change in word order.

⊘ Expansion: Chez Jacques et Mireille

Jacques is back home. He is answering questions that his wife Mireille is asking about Victor.

MIREILLE – Victor est sympathique?
JACQUES – Oui, il est sympathique.
MIREILLE – Est-ce qu'il aime la cuisine française?
JACQUES – Oui, je pense.
MIREILLE – Qu'est-ce qu'il préfère, le whisky ou la bière?
JACQUES – Il préfère la bière.
MIREILLE – Il préfère la bière anglaise?
JACQUES – Oui.
MIREILLE – La bière anglaise est légère, n'est-ce pas?
JACQUES – Non, elle est forte.
MIREILLE – Est-ce qu'il fume?
JACQUES – Oui, il fume.
MIREILLE – Le cigare ou la cigarette?
JACQUES – Il fume la cigarette.
MIREILLE – Il fume des françaises?
JACQUES – Je ne sais pas.
MIREILLE – Alors il fume des anglaises?
JACQUES – Oui, je crois.
MIREILLE – Qu'est-ce qu'il préfère? Les brunes ou les blondes?
JACQUES – Mais, je ne sais pas!!!
MIREILLE – Il parle bien français?
JACQUES – Oui, très bien.
MIREILLE – Ah oui? Pourquoi?
JACQUES – Parce que Mme Melville est suisse.
MIREILLE – Où est-ce qu'il habite?
JACQUES – Il habite à Wembley.
MIREILLE – Wembley, c'est où?
JACQUES – C'est tout près de Londres.

Some useful phrases	
Au bistro	*At the bistro*
C'est exact	*That's right*
Ça dépend	*It depends*
Vous parlez bien (français)	*You speak (French) well*
Qu'est-ce que vous prenez?	*What are you having?*
	What will you have?
Et voilà	*Here you are*
C'est terriblement cher	*It's terribly expensive*
Service non compris	*Service not included*
Tout compris	*All inclusive (including service)*
C'est où?	*Where is it?*
Oui, je pense ⎫	
Oui, je crois ⎭	*Yes, I think so*
Je ne sais pas	*I don't know*

Expansion exercises

1. Il/elle est sympathique

Ecoutez: Victor est sympathique?
Répondez: Oui, il est sympathique.

1. Victor est sympathique?
2. Mlle Lebret est sympathique?
3. M. Morel est sympathique?
4. Mlle Dubois est sympathique?
5. M. Sériex est sympathique?
6. Mlle Leroy est sympathique?

2. Un/une

Ecoutez: Qu'est-ce qu'il fume? *(cigare)*
Répondez: Il fume un cigare.

1. Qu'est-ce qu'il fume? *(cigare)*
2. Qu'est-ce qu'elle fume? *(cigarette)*
3. Qu'est-ce qu'il boit? *(bière)*
4. Qu'est-ce qu'elle boit? *(anisette)*
5. Qu'est-ce qu'il mange? *(sandwich)*
6. Qu'est-ce qu'elle mange? *(gâteau)*

3. C'est tout près de ...

Ecoutez: Wembley, c'est où? *(Londres)*
Répondez: C'est tout près de Londres.

1. Wembley, c'est où? *(Londres)*
2. Orly, c'est où? *(Paris)*
3. Antony, c'est où? *(Paris)*
4. Fiumicino, c'est où? *(Rome)*
5. Gatwick, c'est où? *(Londres)*
6. Roissy-en-France, c'est où? *(Paris)*

Practice

Exercises 1–6 give you practice in listening to and using the *'vous'* and *'je'* forms of the verbs *prendre, fumer, préférer, parler, travailler* and *habiter.*

1. Vous prenez ..., je prends ...

The waiter in the bar is asking you what you would like to have. You are telling him.

Ecoutez: Qu'est-ce que vous prenez,
            une bière?
Répondez: Oui, je prends une bière.

1. Qu'est-ce que vous prenez, une bière?
2. Qu'est-ce que vous prenez, un whisky?
3. Qu'est-ce que vous prenez, un vin?
4. Qu'est-ce que vous prenez, un thé?
5. Qu'est-ce que vous prenez, un café?
6. Qu'est-ce que vous prenez, une anisette?

2. Vous fumez ...

Ecoutez: Je fume des cigarettes françaises.
Répondez: Ah oui, vous fumez des françaises?

1. Je fume des cigarettes françaises.
2. Je fume des cigarettes américaines.
3. Je fume des cigarettes russes.
4. Je fume des cigarettes turques.
5. Je fume des cigarettes anglaises.

3. Je préfère ...

You're being asked which of two things you prefer. You say which.

Ecoutez: Est-ce que vous préférez la
            cigarette ou le cigare?
Répondez: Je préfère le cigare.

1. Est-ce que vous préférez la cigarette ou le cigare?
2. Est-ce que vous préférez le porto ou le Cinzano?
3. Est-ce que vous préférez le thé ou le café?
4. Est-ce que vous préférez le vin ou la bière?
5. Est-ce que vous préférez les brunes ou les blondes?

⊘4. Je parle bien ...

You've got to guess from your name which language it is that you speak well (because it's your native one).

Ecoutez: Alors, Igor, vous parlez bien français?
Répondez: Non, mais je parle bien russe.

1. Alors, Igor, vous parlez bien français?
2. Alors, Giovanni, vous parlez bien russe?
3. Alors, Andrew, vous parlez bien allemand?
4. Alors, Klaus, vous parlez bien italien?
5. Alors, Jacques, vous parlez bien anglais?

⊘5. Je travaille à ...

You're replying to a question asking you which city you work in.

Ecoutez: Vous travaillez à Paris?
Répondez: Oui, je travaille à Paris.

1. Vous travaillez à Paris?
2. Vous travaillez à Toulouse?
3. Vous travaillez à Bordeaux?
4. Vous travaillez à Lille?
5. Vous travaillez à Lyon?
6. Vous travaillez à Londres?

⊘6. J'habite à ...

Ecoutez: Vous habitez à Paris? *(Toulouse)*
Répondez: Non, j'habite à Toulouse.

1. Vous habitez à Paris? *(Toulouse)*
2. Vous habitez à Londres? *(New York)*
3. Vous habitez à Pise? *(Rome)*
4. Vous habitez à New York? *(Londres)*
5. Vous habitez à Rome? *(Pise)*
6. Vous habitez à Toulouse? *(Paris)*

⊘7. Numbers 1–10

Listen to the numbers and give the next one up.

Ecoutez: Trois.
Répondez: Quatre.

⊘8. Role-playing

You play the part of Victor Melville. Use the expressions you have already learnt in this unit.

JACQUES Victor, je vous présente ma femme Mireille.
VICTOR ......
MIREILLE Enchantée, Victor! Asseyez-vous, s'il vous plaît!
VICTOR ......
MIREILLE Qu'est-ce que vous prenez, Victor? Une bière?
VICTOR ......
MIREILLE Je prends aussi une bière. Vous fumez? Une cigarette?
VICTOR ......
MIREILLE Vous aimez les françaises?
VICTOR ......
MIREILLE Vous travaillez à Londres?
VICTOR ......
MIREILLE Vous habitez à Londres?
VICTOR ......
MIREILLE Votre femme est anglaise, Victor?
VICTOR ......

9. Talk about yourself

a. Now apply what you have been practising to yourself. Make up your answers from the following tables.

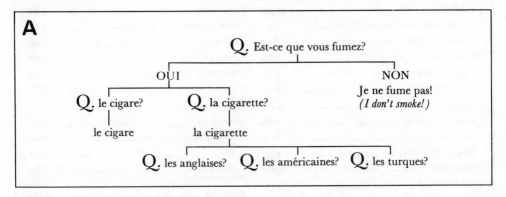

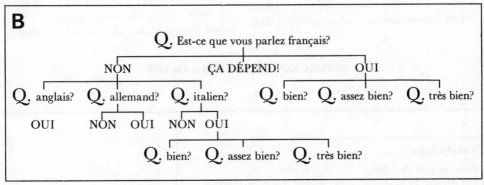

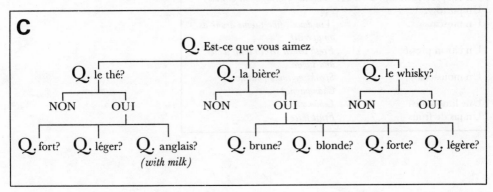

APERITIFS

Pimm's N° 1	18,00
Cinzano. Martini. Dubonnet. Suze	7,50
Raphaël. Ambassadeur. Banyuls	7,50
Ricard Pernod. Pastis 51	7,50
Casanis. Berger. Cristal	7,50
Picon. Mandarin. Clacquesin	8,00
Campari	8,00
Porto Sandeman	9,00
Porto Antonat	9,00
Muscat de Frontignan	6,50
Americano	10,00
Gin Fizz	12,00
Gordon's Dry Gin	13,00
Gin.Tonic Schweppes	15,00

SOFT DRINKS

Eaux minérales	6,00
1/2 Eaux minérales	6,50
Limonades	6,00
Coca-Cola	7,00
Jus de fruits	7,00
Orangina Pschit *(citron-orange) (Lemon-orange)*	7,00
Schweppes	6,00
Citrons. Oranges pressés	8,00
Lait froid	3,80
Chocolat froid *(Cold chocolate)*	7,00
Mousseux	8,00
Gini - Bitter	7,00
Canada Dry	7,00

SERVICE NON COMPRIS 15 % EN SUS

Vocabulaire

Boissons non-alcoolisées	*Soft drinks*
Un Ricard, Pernod, Pastis 51	*'Anisette' (of different brands)*
Un porto	*Port*
Un muscat	*'Vin doux', sweet wine drunk as an aperitif*
Un citron pressé	*Fresh lemon served with water and sugar*
Un mousseux	*Sparkling wine (but not Champagne)*
Une limonade	*Lemonade*
Un jus de fruits	*Fruit juice*

Le savoir-lire

1. If you want to try *une anisette*, what would you order?
   a. Un Pastis 51
   b. Un Campari
   c. Un Dubonnet

2. If you want a wine as an aperitif, what would you order?
   a. Un Pernod
   b. Un Cinzano
   c. Un muscat

3. If you want to have fresh orange juice, what would you order?
   a. Une Orangina
   b. Une orange pressée
   c. Un Pschit orange

4. If you want a drink but you only have 10F left, what would you order? (Remember the tip is not included in the price list.)
   a. Un porto Sandeman
   b. Un américano
   c. Un martini

A l'appartement

Victor is invited home for lunch by Jacques Morel. He meets Mireille, Jacques' wife (formal introductions). They have a drink before lunch (offering and accepting of drinks, *à votre santé*). Over lunch Victor tells the Morels about his family.

Dialogue

Personnages: Jacques Morel
Victor Melville
Mireille Morel

(Dans le couloir, Jacques cherche ses clefs.)

1. JACQUES – Ah, voici mes clefs! C'est l'heure du déjeuner, et nous sommes en retard.
2. VICTOR – Est-ce que vous mangez toujours à midi?
   JACQUES – Oui, nous mangeons toujours à midi.
3. JACQUES – *(Ils entrent.)* Votre manteau et votre serviette, s'il vous plaît.
   VICTOR – Merci. C'est un appartement très agréable!
   (Ils entrent dans la salle de séjour.)
4. JACQUES – Mireille! Où est-ce que tu es?
   (Elle entre. Il présente M. Melville.)
5. JACQUES – Ah, la voilà! M. Victor Melville de Londres. Victor, voici ma femme Mireille.
   MIREILLE – Enchantée, Monsieur.
   VICTOR – Enchanté, Madame.
6. MIREILLE – Excusez-moi un moment. *(aux enfants)* Vite, dépêchez-vous, les enfants! Vous êtes en retard! *(à Victor)* Ouf! Enfin partis!
7. JACQUES – Qu'est-ce que vous prenez, Victor, un Ricard ou un Cinzano?
8. VICTOR – Un Ricard? qu'est-ce que c'est?
   JACQUES – C'est une anisette.
   VICTOR – Ah! Bon. Je préfère un Cinzano. *(Jacques donne un verre à Victor.)* Merci.
9. JACQUES – Et toi, ma chérie, qu'est-ce que tu prends?
   MIREILLE – Un Pernod, s'il te plaît.
10. JACQUES – Eh, bien! A votre santé, Victor.
    VICTOR – A votre santé!
11. JACQUES – Les boissons sont chères en Angleterre?
    VICTOR – Oui, surtout l'alcool. L'impôt sur l'alcool est très élevé.

(Un quart d'heure plus tard.)

12. MIREILLE – Le déjeuner est prêt. Asseyez-vous, s'il vous plaît. M. Melville là, à ma droite.

(Tout le monde est à table.)

13. MIREILLE – Vous prenez de la soupe, Monsieur Melville?
    VICTOR – *(avec un sourire)* Victor, s'il vous plaît. De la soupe? Oui. Merci.
14. MIREILLE – Et toi, Jacques?
    JACQUES – Non, merci. Pas aujourd'hui.
15. MIREILLE – Est-ce que vous avez des enfants, Victor?
    VICTOR – Oui. J'ai trois enfants, un fils et deux filles
16. MIREILLE – Ils vont à l'école, n'est-ce pas?
    VICTOR – Mes deux filles vont à l'école, mais mon fils est déjà au lycée.
17. MIREILLE – Est-ce que votre femme travaille?
    VICTOR – Oui, elle est traductrice-interprète.
18. MIREILLE – Vraiment?
    VICTOR – Elle travaille à mi-temps, surtout le matin. L'après-midi, elle est souvent à la maison avec les enfants.

MIREILLE – Elle a de la chance!
19. JACQUES – Est-ce que vous préférez le blanc ou le rouge, Victor?
    VICTOR – Je préfère le rouge.
20. JACQUES – Où est le tire-bouchon, Mireille?
    MIREILLE – Le tire-bouchon? Sur le buffet, bien sûr!

Questions

1. Où est l'appartement de M. et Mme Morel?
2. Est-ce que Jacques et Victor sont en retard?
3. M. et Mme Morel mangent toujours à midi?
4. Qu'est-ce que Victor prend?
5. Est-ce que les boissons sont chères en Angleterre?
6. Est-ce que Mme Melville travaille?
7. Est-ce qu'elle travaille surtout le matin?
8. Est-ce qu'elle travaille l'après-midi?
9. Est-ce qu'elle est secrétaire?
10. Est-ce que Victor a des enfants?
11. Il a trois fils?
12. Les enfants de Victor, ils sont à l'école?
13. Qu'est-ce que Victor préfère?
14. Où est le tire-bouchon?

Explanations

3.1 Rappel! Le/la/l'/les *(the)*

le	client		clients
la	clef	**les**	clefs
l'	alcool		alcools

3.2 Mon/ma/mes *(my)*; votre *(your)*

Victor, voici **ma** femme, Mireille. *(Victor, this is my wife, Mireille.)*
Mes deux filles vont à l'école, *(My two daughters go to primary school,)*
mais **mon** fils est déjà au lycée. *but my son is already at the high school.)*

le	fils	**mon**	fils
la	femme	**ma**	femme
les	enfants	**mes**	enfants
	filles		filles

le	manteau	**votre**	manteau
la	serviette		serviette

Votre is the same for either a masculine or feminine noun. Possessive adjectives, such as **mon/ma/mes**, always agree with the thing or person 'possessed', not the person who 'possesses'.
Note that for nouns beginning with a vowel or **'h'**, whether they are masculine or feminine, the singular form is always **mon** (**une** assiette – **mon** assiette).

3.3 Au/à la/à l' *(at the/to the)*

Mon fils est déjà **au** lycée. *(My son is already at the high school.)*
Elle est souvent **à la** maison. *(She is often at home.)*
Mes deux filles vont **à l'**école. *(My two daughters go to primary school.)*

au		bureau
à	**la**	maison
	l'	appartement

à plus the definite article (**le/la/l'**) is used to express both position (*at*) and motion (*to*).
Note **au**, the masculine form.

3.4 Qu'est-ce que c'est? *(What is it?/What's that?)* C'est ...

Un Ricard? **Qu'est-ce que c'est?** *(A Ricard? What's that?)*
C'est une anisette. *(It's an anisette.)*

people	**Qui est-ce?**	**C'est**	M. Melville
things	**Qu'est-ce que c'est?**		une anisette

Qu'est-ce que c'est? is used to ask what something is, and **c'est** to explain what it is. (See paragraph 1.4.)

3.5 Etre *(to be)* – all forms

Je	**suis**	M. Melville
Tu	**es**	là, Mireille?
Il		français
Elle	**est**	française
Nous	**sommes**	en retard
Vous	**êtes**	de Toulouse?
Ils		à table
Elles	**sont**	

Tu is used (instead of **vous**) within the family and between people who know each other well. Learn this important verb by heart.

3.6 Avoir *(to have)* – all forms

Est-ce que **vous avez** des enfants? *(Have you any children?)*
Oui, **j'ai** trois enfants. *(Yes, I have three children.)*

J'ai		trois enfants
Tu	**as**	la clef?
Il		une femme suisse
Elle	**a**	un mari français
Nous	**avons**	dix francs
Vous	**avez**	une cigarette?
Ils		de la chance
Elles	**ont**	

Note that **avoir** in combination with other words need not mean '*to have*'. For example: **avoir faim** *(to be hungry)*. Learn this important verb by heart.

3.7 Des *(some/any)*

Est-ce que vous avez **des** enfants? *(Have you any children?)*

un	enfant	**des**	enfants
une	cigarette		cigarettes

Des is the plural of **un/une**. It is used for both masculine and feminine nouns. *'Some'* is sometimes left out in English. **Des** can never be left out in French.

3.8 Present tense *(– er verbs)* – all forms

Je	**parle**	anglais
Tu	**parles**	français
Il		allemand
Elle	}**parle**	italien
Nous parlons		avec M. Sériex
Vous parlez		très bien
Ils		beaucoup
Elles	}**parlent**	très vite

Most verbs with an infinitive ending in **-er** follow the same pattern. Since there are a great many of these, learn the basic pattern by heart.
The infinitive of the verb can be thought of as the 'idea' of the verb – in English '*to speak*', in French **parler**. This is the form in which verbs are listed in a French dictionary. It is important that you recognise the infinitive as this often tells you the basic pattern of the verb. It is also used in several important constructions.

3.9 Numbers 1–10

1 **un/une**   2 **deux**   3 **trois**   4 **quatre**   5 **cinq**   6 **six**   7 **sept**   8 **huit**   9 **neuf**   10 **dix**

Some useful phrases	
(Nous sommes) en retard	*(We are) late*
A midi	*At midday, twelve o'clock noon*
Excusez-moi un moment	*Excuse me a minute*
A votre santé!	*Your health! Cheers!*
A ma droite	*On my right*
Je ne sais pas	*I don't know*
Voici la clef!	*Here's the key!*
Voici les enfants!	*Here are the children!*

Le savoir-dire

Accepting and refusing

When you are offered something, if you want it you say *oui merci*. *Merci* alone means no, you do not want it.

1. You are being offered *escargots* (snails) and you would like to try them. Which would you say?
   a. S'il vous plaît.
   b. Merci.
   c. Oui merci.

2. Now you are being offered *cuisses de grenouille* (frogs' legs), but you don't feel like trying them. Which would you say?
   a. Merci.
   b. Non.
   c. S'il vous plaît.

L'appartement des Morel à Antony

cuisine	salle de bains	chambre (parents)
	W.C.	
entrée		
salle à manger	salle de séjour	chambre (enfants)
	balcon	

Vocabulaire

la cuisine	*kitchen*	la salle de séjour	*living room*
la salle de bains	*bathroom*	la chambre	*bedroom*
les W.C.	*lavatory*	la salle à manger	*dining room*
le balcon	*balcony*	l'entrée (f.)	*hall*

Expansion: Victor rencontre une Française

FRANÇAISE	– Alors, vous visitez Paris, n'est-ce pas?
VICTOR	– Oui et non.
FRANÇAISE	– Mais vous êtes normand, ma parole!
VICTOR	– Ah? . . . Je suis seulement de passage à Paris.
FRANÇAISE	– Ah! Je comprends! Vous êtes en voyage d'affaires!
VICTOR	– Oui, c'est ça!
FRANÇAISE	– Est-ce que vous aimez Paris?
VICTOR	– Oui, j'aime beaucoup Paris.
FRANÇAISE	– D'où êtes-vous?
VICTOR	– De Londres.
FRANÇAISE	– Vous préférez Londres ou Paris?
VICTOR	– Euh! C'est difficile. J'aime les deux.
FRANÇAISE	– Est-ce que vous connaissez quelqu'un à Paris?
VICTOR	– Oui, je connais l'importateur, à l'Aviagence.
FRANÇAISE	– Vous avez une famille?
VICTOR	– Oui, j'ai une femme et trois enfants. Et vous, vous êtes mariée?
FRANÇAISE	– Moi? Ah non alors!
VICTOR	– Vous êtes celibataire, alors?
FRANÇAISE	– Oui et non! *(Elle rit.)* Vous habitez à Londres même?
VICTOR	– Oui, j'habite à Londres, ou plutôt à Wembley, c'est tout près de Londres. Et vous?
FRANÇAISE	– Moi, j'habite dans le sud, à Nice.
VICTOR	– Vous avez de la chance!
FRANÇAISE	– Vous mangez ici, à l'hôtel?
VICTOR	– Oui, je mange ici.
FRANÇAISE	– Eh bien, mangeons à la même table!
VICTOR	– J'accepte avec plaisir!
FRANÇAISE	– J'ai faim! Est-ce que c'est l'heure du dîner?
VICTOR	– Je ne sais pas.
FRANÇAISE	– Garçon! Le dîner est servi?
LE GARÇON	– Oui, Madame, le dîner est servi.
FRANÇAISE	– Allons à la salle à manger.

Expansion exercises

The following four exercises will help you in situations where you want to make simple statements about who you are, where you live, what you are doing, what your tastes are, etc.

1. En voyage d'affaires

Ecoutez: Alors, vous visitez Paris?
Répondez: Non, je suis en voyage d'affaires.

1. Alors, vous visitez Paris?
2. Alors, vous visitez Toulouse?
3. Alors, elle visite Rome?
4. Alors, il visite New York?
5. Alors, tu visites Nice?

2. J'aime beaucoup . . .

Ecoutez: Est-ce que vous aimez le vin?
Répondez: Oui, j'aime beaucoup le vin.

1. Est-ce que vous aimez le vin?
2. Et la bière, vous aimez?
3. Et vous aimez le porto?
4. Et la limonade, vous aimez?
5. Et le coca-cola, vous aimez?

⊘ 3. Je connais …

Ecoutez: Vous connaissez Paris?
Répondez: Oui, je connais Paris.

1. Vous connaissez Paris?
2. Vous connaissez le Quartier Latin dans Paris?
3. Vous connaissez la Tour Eiffel?
4. Vous connaissez aussi Versailles?
5. Et le Louvre, vous connaissez?
6. Et Notre-Dame, vous connaissez?
   Mais vous connaissez tout!!

4. Accepter avec plaisir

Ecoutez: Vous prenez un porto?
Répondez: J'accepte avec plaisir.

1. Vous prenez un porto?
2. Elle prend un Cinzano?
3. Vous prenez une cigarette?
4. Tu prends une anisette?
5. Il prend une bière?

Practice

⊘ 1. Voici

You're Mireille and you've spotted everything.

Ecoutez: Où est la clef, Mireille?
Répondez: Voici la clef!

1. Où est la clef, Mireille?
2. Où est le Cinzano, Mireille?
3. Où est la bière, Mireille?
4. Où est la serviette, Mireille?
5. Où est le vin, Mireille?
6. Où sont les enfants, Mireille?

⊘ 2. Je mange toujours …

How to talk about how, when, where and what you usually eat.

Ecoutez: Est-ce que vous mangez toujours à midi?
Répondez: Oui, je mange toujours à midi.

1. Est-ce que vous mangez toujours à midi?
2. Est-ce que vous mangez toujours de la soupe?
3. Est-ce que vous mangez toujours le matin?
4. Est-ce que vous mangez toujours vite?
5. Est-ce que vous mangez toujours, l'après-midi?

⊘ 3. Au/à la/à l'

Practising saying where people are.

Ecoutez: Où est Jacques? *(le bistro)*
Répondez: Il est au bistro.

1. Où est Jacques? *(le bistro)*
2. Où êtes-vous? *(l'appartement)*
3. Où est Mme Morel? *(la maison)*
4. Où est M. Sériex? *(la cantine)*
5. Où êtes-vous? *(l'hôtel)*
6. Où sommes-nous? *(le café)*
7. Où est Victor? *(le bureau)*
8. Où sont les enfants? *(l'école)*

⊘ 4. J'ai …

You're confirming that you've got a house, car, children, etc.

Ecoutez: Vous avez des enfants, Victor, n'est-ce pas?
Répondez: Oui, j'ai des enfants.

1. Vous avez des enfants, Victor, n'est-ce pas?
2. Vous avez une voiture, Victor, n'est-ce pas?
3. Vous avez deux filles, Victor, n'est-ce pas?
4. Vous avez un fils, Victor, n'est-ce pas?
5. Vous avez une maison, Victor, n'est-ce pas?

5. Votre

Ecoutez: C'est ma bière, Jacques?
Répondez: Oui, c'est votre bière, Victor.
           A votre santé!

1. C'est ma bière, Jacques?
2. C'est mon porto, Jacques?
3. C'est mon whisky, Jacques?
4. C'est mon Cinzano, Jacques?
5. C'est mon rouge, Jacques?
6. C'est mon blanc, Jacques?

6. Mon/ma

Ecoutez: Vraiment? C'est votre chapeau?
Répondez: Oui, c'est mon chapeau. Pourquoi?

1. Vraiment? C'est votre chapeau?
2. Vraiment? C'est votre maison?
3. Vraiment? C'est votre voiture?
4. Vraiment? C'est votre femme?
5. Vraiment? C'est votre manteau?
6. Vraiment? C'est votre bureau?
Oh, pour rien!

7. Asking questions

Here are the answers. What are the questions?

Ecoutez: Jacques est au bureau.
Répondez: Où est-ce qu'il est?

1. Jacques est au bureau.
2. Victor préfère la bière brune.
3. Mireille aime le vin.
4. Les enfants sont à l'école.
5. J'habite à Nice.
6. Ils travaillent à Paris.
7. C'est un Cinzano.
8. C'est l'expert-comptable.

8. Role-playing

You play the part of Victor as guest at
Jacques' flat.

JACQUES   Un Ricard ou un Cinzano, Victor?
VICTOR   ......
JACQUES   Les boissons sont chères en
          Angleterre?
VICTOR   ......
MIREILLE Victor, de la soupe?
VICTOR   ......
MIREILLE Vous avez des enfants, Victor?
VICTOR   ......
MIREILLE Votre femme travaille?
VICTOR   ......
MIREILLE Elle travaille à plein temps?
VICTOR   ......
MIREILLE Elle a de la chance!

9. Asking a variety of questions

Work out the questions. You're on your own
now!

a. You have just been introduced to a woman,
you are interested in her, in what she does,
where she lives, etc. Ask her questions taking
into account the answers she gives you.

1. ......
   Je travaille à Aviagence.
2. ......
   Non, je suis expert-comptable.
3. ......
   Oui, surtout le matin.
4. ......
   Non, je suis célibataire.
5. ......
   Non, je suis française.
6. ......
   Oui, je fume.
7. ......
   Oui, merci.
8. ......
   Je préfère les brunes.
9. ......
   Un whisky, s'il vous plaît.
10. ......
   Non, pur.
11. ......
   J'accepte avec plaisir.

b. And now you can practise with a fellow-
student.

(i) Asking the questions.
(ii) Answering the questions.

Extra

⊘ 10. Son/sa/leur

Ecoutez: C'est le chapeau de Roger?
Répondez: Oui, c'est son chapeau.

1. C'est le chapeau de Roger?
2. C'est la bière de Victor?
3. C'est le bureau de Jacques?
4. C'est le manteau de Lydia?
5. C'est la voiture de Mireille?
6. C'est la maison de M. et Mme Morel?
7. C'est le chat de M. et Mme Sériex?
8. C'est le client de Jacques?
9. C'est le téléphone de Mlle Lebret?

⊘ 11. Ton/ta

Ecoutez: Mais où est mon parapluie?
Répondez: Tiens, c'est ça ton parapluie?

1. Mais où est mon parapluie?
2. Et mon chapeau, où est-il?
3. Oh! là, là! Où est ma serviette?
4. Zut alors! J'ai perdu mon stylo!
5. Ouf! Merci! Et ma clef, où est-elle?

⊘ 12. Notre

Ecoutez: Ah, oui? c'est votre maison?
Répondez: Oui, c'est notre maison.

1. Ah, oui? C'est votre maison?
2. Ah, oui? C'est votre voiture?
3. Ah, oui? C'est votre café?
4. Ah, oui? C'est votre hôtel?
5. Ah, oui? C'est votre bureau?
6. Ah, oui? C'est votre jardin?

Le savoir-lire

If you are looking for a flat in Paris, you can look in *les petites annonces* (the small ads) in any daily paper, such as '*Le Monde*', '*Le Figaro*', '*France-Soir*', or in a paper specialising in advertising accommodation, such as '*L'immobilier*'. Here are the most common abbreviations used in the advertisements.

Abbreviation	Full word	English
appt.	appartement	*flat*
asc.	ascenseur	*lift*
balc.	balcon	*balcony*
ch.	charges	*services*
c.c.	charges comprises	*services included*
ch.centr.	chauffage central	*central heating*
cuis.équip.	cuisine équipée	*fitted kitchen*
dble.	double	*double*
dche.	douche	*shower*
entr.	entrée	*hall*
ét.	étage	*floor*
gar.	garage	*garage*
grd.	grand	*large*
imm.réc.	immeuble récent	*modern building*
moqu.	moquette	*fitted carpets*
pces.	pièces	*rooms*
px.	prix	*price*
reft.nf.	refait neuf	*modernised*
r.de ch.	rez-de-chaussée	*ground floor*
s. de b.	salle de bains	*bathroom*
s. d'eau	salle d'eau	*shower room*
stud.	studio	*bachelor flat*
tél.	téléphone	*telephone*
toil.	toilette	*W.C.*
tt.cft.	tout confort	*all mod. cons.*

Now write out in full, in French, the ads below and then translate them into English.

Porte Villette. Beau **2 P.** TT CFT entr. S. d'eau w.-c. **600 F C.C.** – **844.66.66**

77080

11ᵉ. Gd 2 pces cuis. bns cft ref. nf **900 F** – 337.69.95

60230

20ᵉ. Pte Bagnolet. 3 P. cuis., bains, moq. park. **1 200 C.C.** – **285.01.55**

41080

TELEGRAPHE. Bon imm. asc. chauf. central, 3 pièces, cuis. toilette, w.-c. **850 F** – **233.86.17**

60160

Voltaire, ds b. imm. gd 4 P. Tt cft, balc., tél. **1 650 C.C.** – **326.08.94**

64470

13ᵉ. Mᵒ Glacière. Séj. dble, 2 chbres, cuis., bns, w.-c. imm. réc. libre **1.05.76 1 600** + ch. **Rens.** 337.69.95

60230

Find out how much you have remembered from what you have learned in the first three units. Choose the best answer from the three offered.

1. Qui est-ce?
    (i) C'est une bière.   (ii) C'est Aviagence.
    (iii) C'est M. Sériex.

2. Qu'est-ce que vous prenez?
    (i) Filturbo, s'il vous plaît.
    (ii) Sabine, s'il vous plaît.
    (iii) Un whisky, s'il vous plaît.

3. Mme Melville, qu'est-ce qu'elle est?
    (i) Elle est suisse.   (ii) Elle est une suisse.
    (iii) Elle est la Suisse.

4. Comment allez-vous?
    (i) Asseyez-vous, s'il vous plaît.
    (ii) Très bien merci, et vous?
    (iii) Enchanté!

5. Je vous présente M. Sériex.
    (i) Enchanté!
    (ii) Vous êtes de Toulouse?
    (iii) Je vous souhaite la bienvenue.

6. Qu'est-ce que vous fumez?
    (i) Les français.   (ii) Le français.
    (iii) Les françaises.

7. Auzières, c'est où?
    (i) Je ne sais pas.   (ii) Je crois.
    (iii) C'est la femme de M. Morel.

8. Midi.
    (i) C'est l'heure du déjeuner.
    (ii) C'est l'heure du thé.
    (iii) C'est l'heure du café.

9. Vous avez des enfants?
    (i) Oui, deux filles et un fils.
    (ii) Non, pas aujourd'hui, merci.
    (iii) Vraiment!

10. Qu'est-ce que tu prends?
    (i) Une anisette, s'il vous plaît.
    (ii) Un Pernod, s'il te plaît.
    (iii) Excusez-moi un moment.

11. Je vous présente *ma/mes/mon* femme et *mes/ma/mon* deux filles.

12. Victor, asseyez-vous.
    (i) Merci.   (ii) Pourquoi?
    (iii) Vraiment!

13. Ça fait combien?
    (i) Ça fait cinq francs.   (ii) Ça dépend.
    (iii) Ça va.

14. Je ne suis pas marié.
    (i) Vous êtes M. Morel.
    (ii) Vous êtes célibataire alors!
    (iii) Vous êtes en retard.

15. Vous êtes touriste à Paris?
    (i) Non, j'habite à Londres.
    (ii) Non, je ne sais pas.
    (iii) Non, je suis en voyage d'affaires.

16. D'où êtes-vous?
    (i) Je suis à Londres   (ii) Je suis de Londres
    (iii) Je vais à Londres.

17. Vous êtes en voyage d'affaires?
    (i) C'est exact.
    (ii) J'accepte avec plaisir.
    (iii) Je ne sais pas.

18. Mangeons à la même table.
    (i) J'accepte avec plaisir.
    (ii) Vous avez de la chance!
    (iii) Oui, je mange ici.

19. A votre santé, Victor!
    (i) Vraiment!   (ii) Enchanté!
    (iii) A votre santé!

20. Un Ricard, qu'est-ce que c'est?
    (i) C'est une anisette.   (ii) C'est Orly.
    (iii) C'est Victor.

21. Votre femme travaille?
    (i) Oui, elle est interprète.
    (ii) Oui, elle est à la maison.
    (iii) Oui, il est téléphoniste.

22. M. Leboeuf, c'est *le/la/l'*expert-comptable.

23. Vous travaillez?
    (i) Oui, merci.   (ii) Oui, à mi-temps.
    (iii) Oui, assez bien.

24. L'impôt est *bonne/brun/élevé.*

25. La bière, elle est bonne ici?
    (i) Il est excellent!
    (ii) Elle est excellente!
    (iii) Il est bon.

26. M. et Mme Morel *sont/sommes/est* français.

27. Vous parlez français ou anglais?
    (i) C'est où?   (ii) Ça dépend.
    (iii) Ça va.

28. *Un/Une/Le* whisky, s'il vous plaît, garçon!

29. Les boissons sont *chers/chères/cher* en Angleterre?

30. Le déjeuner *est/a/sont*   *prête/prêt/prêts*?

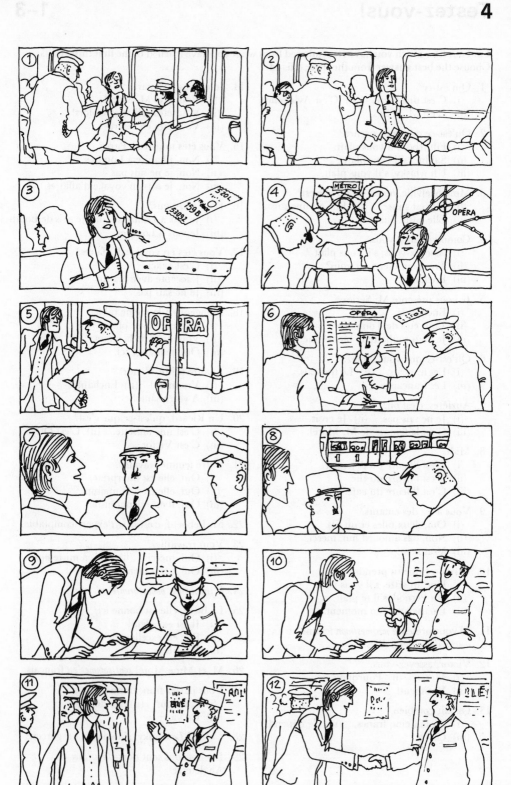

Victor takes the metro to return to his hotel. He buys a second class ticket (*un billet de deuxième classe*), but unfortunately, gets into a first class carriage by mistake – a very easy thing for a foreigner to do. Then he discovers he has lost his ticket when asked for it by the *contrôleur*. The *contrôleur* insists on marching Victor off to the stationmaster when he gets to his station, *Opéra*. The stationmaster's brother, as it turns out, runs the hotel where Victor is staying. All's well that ends well (*tout est bien qui finit bien*). In the context of accusations, confrontations and making excuses, more possessive adjectives are introduced (*son/sa/ses, vos*), there is further work on the present tense, the negative and asking questions.

🎧 Dialogue

Personnages: Victor   Le contrôleur   Le chef de station

1. CONTRÔLEUR – Vos billets, s'il vous plaît, Messieurs-Dames! Merci! *(Il est devant Victor.)* Votre billet, Monsieur.

   VICTOR – Oui, tout de suite ... *(Il cherche dans la poche de son manteau, dans son portefeuille.)*

2. VICTOR – Mon billet! Je ne trouve pas mon billet!

   CONTRÔLEUR – Bon, je circule et je reviens. Et trouvez votre billet! *(Il revient.)*

3. VICTOR – Excusez-moi, je ne trouve plus mon billet. Il est perdu.

4. CONTRÔLEUR – Où allez-vous?

   VICTOR – Je vais à Opéra.

5. CONTRÔLEUR – *(Cinq minutes plus tard, à la station Opéra, en indiquant la porte.)* Nous voilà à Opéra. Descendez, s'il vous plaît, Monsieur. Nous allons au bureau du chef de station.
   (Ils vont au bureau du chef de station.)

6. CONTRÔLEUR – *(au chef de station)* Monsieur ne trouve plus son billet ...

7. CHEF – Ah, oui! Un trou dans sa poche, hein!

8. CONTRÔLEUR – Et de plus il voyage en 1ère classe!

   VICTOR – Mais, c'est ridicule! Etre ici, devant vous, comme un criminel, tout ça à cause d'un billet ...

9. CHEF – Euh, voyager sans billet, c'est illégal. Il faut payer une amende. Je vais prendre votre nom et votre adresse.

   VICTOR – Victor Melville, et j'habite à l'hôtel Buckingham, rue des Mathurins, dans le 8ème.

10. CHEF – L'hotel Buckingham! Ça alors! Mon frère est le gérant de l'hôtel Buckingham! Vous êtes touriste, n'est-ce pas?

    VICTOR – Non, pas exactement, je suis homme d'affaires, et je suis de passage à Paris.

11. CHEF – Bon, allez, ça va pour cette fois! Mais souvenez-vous, la prochaine fois c'est une amende.

12. VICTOR – Merci bien, Monsieur, vous êtes bien aimable.

🎧 Questions

1. Où est Victor?
2. Il est en deuxième classe?
3. Pourquoi est-ce qu'il ne trouve pas son billet?
4. Où descend Victor?
5. Voyager sans billet, c'est illégal?
6. Est-ce que le chef de station donne une amende à Victor?
7. Où est-ce que Victor habite à Paris?
8. Où est la rue des Mathurins?
9. Qui est le gérant de l'hôtel Buckingham?
10. Est-ce que Victor est touriste?

Explanations

4.1 Vos *(Your)*

Vos billets, s'il vous plaît, Messieurs-Dames. *(Your tickets please, ladies and gentlemen.)*

Rappel!

le	billet	**votre**	billet
la	serviette		serviette
les	billets	**vos**	billets
	serviettes		serviettes

The plural form of **votre** (see paragraph 3.2) is **vos**. It is used for both masculine and feminine nouns.

4.2 Son *(his/her/its)*/sa *(his/her/its)*/ses *(his/her/its)*

Monsieur ne trouve pas **son** billet. *(The gentleman can't find his ticket.)*
Un trou dans **sa** poche, hein? *(A hole in his pocket, eh?)*

le	billet	**son**	billet
la	poche	**sa**	poche
les	enfants	**ses**	enfants
	filles		filles

Son means both '*his*' and '*her*' with a masculine noun, **sa** both '*his*' and '*her*' with a feminine noun. Like **mon/ma/mes** (see paragraph 3.2), **son/sa/ses** agrees with the thing or person possessed, not the possessor.

4.3 Giving instructions

Trouvez votre billet! *(Find your ticket!)*
Descendez, s'il vous plaît. *(Get out, please.)*
Il faut payer une amende. *(You must pay a fine.)*
Il faut descendre à St Michel. *(You have to get out at St Michel.)*

Using the **vous** form of the verb, without **vous**, is one (sometimes rather abrupt) way of giving an instruction (the imperative). Another way is to use **il faut** plus infinitive. (For other more polite ways see Unit 7 *Le savoir-faire.*)

4.4 Ne ... pas *(not)* Ne ... plus *(not, no longer)*

Je **ne** trouve **pas** mon billet. *(I cannot find my ticket.)*
Je **ne** trouve **plus** mon billet. *(I cannot find my ticket any more.)*
Il **n'**habite **plus** à Paris. *(He no longer lives in Paris, does not live in Paris any more.)*
(See paragraph 9.1.)

4.5 Another way of asking a question

Où allez-vous? *(Where are you going?)*

Note the word order (the verb and pronoun are inverted) and the hyphen.

Rappel!

> Vous allez à Opéra?
> Est-ce que vous allez à Opéra?
> Allez-vous à Opéra?

(See paragraph 2.5.)

4.6 Present tense *(– re verbs)* – all forms

Je	**descends**	tout de suite
Tu	**descends**	à St Michel
Il		
Elle }	**descend**	à la prochaine station
Nous	**descendons**	à Opéra
Vous	**descendez**	là
Ils		
Elles }	**descendent**	à Concorde

There are a number of verbs, with infinitives ending in **-re**, which follow the same pattern. For instance **perdre**, **attendre**.

4.7 Aller *(to go)* present tense – all forms

Je	**vais**	à Opéra
tu	**vas**	au bureau
Il		
Elle }	**va**	à la maison
Nous	**allons**	à Paris
Vous	**allez**	au bistro
Ils		
Elles }	**vont**	à l'école

Learn this important irregular verb by heart.

4.8 Future: aller + infinitive

Je vais prendre votre nom et votre adresse. *(I am going to take your name and address.)*

Note this very common use of **aller**, plus the infinitive, to say what someone is intending to do. (See paragraph 7.1.)

4.9 Prendre *(to take/have)* present tense – all forms

Je	**prends**	un whisky
Tu	**prends**	un pernod, ma chérie?
Il		
Elle }	**prend**	un cinzano
Nous	**prenons**	le métro
Vous	**prenez**	la direction Porte d'Orléans
Ils		
Elles }	**prennent**	le déjeuner

Another important irregular verb to learn by heart.

4.10 Venir *(to come)* present tense – all forms

Je	**viens**	de Toulouse
Tu	**viens**	de Londres
Il **Elle** }	**vient**	tout de suite
Nous	**venons**	à l'heure du déjeuner
Vous	**venez**	au bureau?
Ils **Elles** }	**viennent**	souvent à la maison

Another important irregular verb. Note that the forms of **revenir** are the same.

4.11 'Occupations'

Vous êtes touriste? *(Are you a tourist?)*
Non, je suis homme d'affaires. *(No, I am a businessman.)*

Note that the article is omitted.

4.12 Ordinal numbers 1–10

J'habite dans le **huitième**. *(I live in the 8th arrondissement.)*
To say 2nd, 3rd, etc. **-ième** is added to the number. The **arrondissement**, is usually written as **8ème** etc.
... sans billet en **première** classe. *(... without a ticket in first class.)*
The exception is **premier** (masculine), **première** (feminine).
Je voyage toujours en **seconde**. *(I always travel second class.)*
For second class travel, **seconde** is used instead of **deuxième**.

1st	**premier/première**	2nd	**deuxième**	3rd	**troisième**
4th	**quatrième**	5th	**cinquième**	6th	**sixième**
7th	**septième**	8th	**huitième**	9th	**neuvième**
10th	**dixième**				

Note **quatrième**, **cinquième** and **neuvième**.

4.13 Place names with and without the article

Je vais à Opéra. *(I am going to the métro station Opéra.)*
Je vais à l'Opéra. *(I am going to the Opéra House.)*
Il va à Châtelet. *(He is going to the métro station Châtelet.)*
Il va au Châtelet. *(He is going to the Opéra Comique called 'Châtelet'.)*

Some useful phrases	
Tout de suite	*Straight away, just a moment*
Excusez-moi	*I'm sorry*
Ça alors!	*Well, well!*
Pas exactement	*Not exactly*
Je suis de passage	*I'm passing through*
Vous êtes bien aimable	*That's very nice of you*

Informations: Le métro parisien

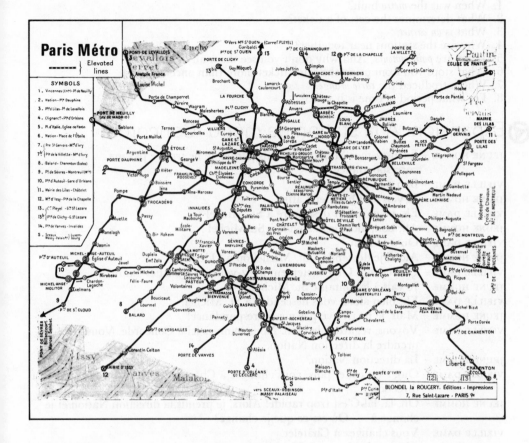

Le 'métro' parisien date du début du siècle. Il traverse Paris d'est en ouest et du nord au sud.

Dans le métro un seul billet suffit. Mais le métro a une première classe et une deuxième classe. Alors, si vous montez en 1ère, votre billet coûte plus cher. Avec un billet, le voyageur a le droit d'aller n'importe où. Les Parisiens achètent toujours un carnet de 10 billets, c'est moins cher!

Dans le métro les stations sont proches les unes des autres, car Paris est petit.

Il n'y a plus maintenant de poinçonneurs dans le métro. Chaque voyageur doit introduire son billet (muni d'une bande magnétique au dos) dans une machine, si le billet est valable, il peut passer le portillon automatique.

Il y a maintenant du nouveau dans les transports parisiens! En effet le Président de la République a introduit la 'carte orange'. C'est une carte orange, comme son nom l'indique, qui permet au voyageur d'aller n'importe où dans Paris en métro ou en autobus pour un prix fixe. Cette carte est nominative et permanente. Elle s'accompagne d'un coupon renouvelable tous les mois. Alors, si vous êtes à Paris pour au moins un mois, achetez la carte orange, c'est moins cher et c'est plus commode!

And now answer the following questions.

1. When was the *métro* built?
2. What determines the cost of a ticket?
3. What is *un carnet*?
4. Why are the stations near together?
5. What are *poinçonneurs*? And why don't you see them any more?
6. What stops you from using the same ticket more than once?
7. Who introduced the *carte orange*?
8. For what period of time is it valid?

Expansion: A la station de métro 'Concorde'

JEUNE HOMME – Excusez-moi Madame, je suis perdu. Je ne trouve pas ma correspondance.

VIEILLE DAME – Bon. Où allez-vous?

JEUNE HOMME – Je vais au Quartier Latin.

VIEILLE DAME – Eh, bien, il faut descendre à St. Michel ...

JEUNE HOMME – Ah, bon, alors je descends à St. Michel ...

VIEILLE DAME – Ou à Odéon.

JEUNE HOMME – Alors, je descends à St. Michel ou à Odéon?

VIEILLE DAME – Ça dépend! Où exactement allez-vous au Quartier Latin?

JEUNE HOMME – Je vais à la fontaine St. Michel!

VIEILLE DAME – Eh, bien alors, vous descendez à St. Michel!

JEUNE HOMME – Mais, je ne trouve pas ma correspondance!

VIEILLE DAME – Voyons, regardez le plan. Nous sommes ici à Concorde. Vous allez prendre la direction Nation.

JEUNE HOMME – La direction Nation?

VIEILLE DAME – Oui, c'est ça, et puis, vous changez à Châtelet, et ensuite vous prenez la direction ...

JEUNE HOMME – Oh, là, là! C'est trop rapide! Alors, je prends la direction Nation et je change à ... Où est-ce que je change?

VIEILLE DAME – Vous changez à Châtelet.

JEUNE HOMME – Ah, oui. Je change à Châtelet et puis?

VIEILLE DAME – Puis vous prenez la direction Porte d'Orléans ...

JEUNE HOMME – Je prends la direction Porte d'Orléans ...

VIEILLE DAME – Oui, c'est ça, et ensuite, vous descendez à St. Michel et voilà vous y êtes!

JEUNE HOMME – Et la Fontaine St. Michel, c'est loin?

VIEILLE DAME – Non, non c'est juste en face à la sortie.

JEUNE HOMME – Merci beaucoup, Madame, vous êtes bien aimable ... Dites Madame, vous n'avez pas un billet de métro, par hasard?

VIEILLE DAME – Oh, ces jeunes! Tous les même!

Expansion exercises

Here are four exercises which will give you practice in the sort of language you might need on the métro.

1. Vous changez ..., je change ...

You're saying which métro station you're changing at.

Ecoutez: Vous changez à Opéra ou à Châtelet?
Répondez: Je change à Châtelet.

1. Vous changez à Opéra ou à Châtelet?
2. Vous changez à Denfert ou à Montparnasse?
3. Vous changez à Etoile ou à Concorde?
4. Vous changez à Père Lachaise ou à Nation?
5. Vous changez à La Fourche ou à Clichy?

2. Je prends ..., je change ..., Je descends ...

You're responding to someone giving you directions.

Ecoutez: Vous prenez d'abord la direction Porte Dauphine.
Répondez: Oui. Je prends la direction Porte Dauphine. Et puis?

1. Vous prenez d'abord la direction Porte Dauphine.
2. Puis vous changez à Etoile.
3. Puis vous prenez la direction Nation par Denfert.
4. Puis vous changez à Trocadéro.
5. Puis vous prenez la direction Pont de Sèvres.
6. Puis vous descendez à Michel-Ange Auteuil. Et voilà, vous y êtes!

3. Je ne vais pas ..., je vais ...

You're saying you're not going to one station but to another one. The last question is over to you.

Ecoutez: Ainsi, vous allez à Opéra?
(Non, au Quartier Latin.)
Répondez: Non, je ne vais pas à Opéra, je vais au Quartier Latin.

1. Ainsi, vous allez à Opéra?
(Non, au Quartier Latin.)
2. Ainsi, vous allez au Quartier Latin?
(Non, au Marais.)
3. Ainsi, vous allez au Marais?
(Non, aux Champs Elysées.)
4. Ainsi, vous allez aux Champs Elysées? *(Non, au Bois de Boulogne.)*
5. Ainsi, vous allez au Bois de Boulogne? *(Non, à Etoile.)*
6. Ainsi, vous allez à Etoile? *(Non, à Trocadéro.)*
Alors, où est-ce que vous allez?

4. Role-playing

Take the part of Victor. Victor meets M. Legras from Aviagence in the métro. Victor is on his way to the Opéra to see the ballet *'Gisèle'*.

M. LEGRAS Bonjour M. Melville, comment allez-vous?
VICTOR ......
M. LEGRAS Bien merci. Où allez-vous?
VICTOR ......
M. LEGRAS Ah oui? Qu'est-ce que vous allez voir?
VICTOR ......
M. LEGRAS Ah oui, c'est très bien!
VICTOR ......
M. LEGRAS Il faut changer à Châtelet.
VICTOR ......
M. LEGRAS Oui, c'est ça, après ça c'est direct. Eh bien au revoir M. Melville et bonne soirée!
VICTOR ......
M. LEGRAS Ah! non demain je ne vais pas au bureau. Je suis en vacances!
VICTOR ......
M. LEGRAS C'est ça! A bientôt j'espère!

Practice

⊘ 1. Mon/ma

You're discovering you've lost a whole lot of things.

Ecoutez: Où est votre billet?
Répondez: Mon billet? Il est perdu!

1. Où est votre billet?
2. Où est votre portefeuille?
3. Où est votre manteau?
4. Où est votre serviette?
5. Où est votre clef?
6. Où est votre tabac?

⊘ 2. Vos

Somebody's telling you they are waiting for friends, relations, clients, etc. You're saying they have already arrived.

Ecoutez: J'attends mes amis, Paul et Vincent.
Répondez: Mais, vos amis sont déjà ici.

1. J'attends mes amis, Paul et Vincent.
2. J'attends mes enfants, Pierre et Anne.
3. J'attends mes clients de Londres et de Rome.
4. J'attends mes parents d'Amérique.
5. J'attends mes filles, Emmanuelle et Claire.
6. J'attends mes chefs, M. Legras et M. Leboeuf.

⊘ 3. Descendez, achetez, etc.

Ecoutez: Alors, je descends à Opéra?
Répondez: C'est ça, descendez à Opéra.

1. Alors, je descends à Opéra?
2. Alors, j'achète un croissant?
3. Alors, je cherche un hôtel?
4. Alors, je voyage en première?
5. Alors, je reste à l'appartement?

⊘ 4. Ne ... pas

Practising disagreeing.

Ecoutez: Pierre aime la soupe?
Répondez: Non, il n'aime pas la soupe.

1. Pierre aime la soupe?
2. L'alcool, c'est cher?
3. Le déjeuner est prêt?
4. Mireille travaille?
5. Mireille fume le cigare?
6. Les Morel habitent à Lyon?

⊘ 5. Ne ... plus

You're replying that he (she) no longer does certain things.

Ecoutez: Il habite toujours dans le 8ème?
Répondez: Non, il n'habite plus dans le 8ème.

1. Il habite toujours dans le 8ème?
2. Il cherche toujours son portefeuille?
3. Elle change toujours à Châtelet?
4. Elle descend toujours à Concorde?
5. Elle mange toujours au restaurant?
6. Il voyage toujours en avion?

⊘ 6. Dans le 1er, 2ème, etc.

Districts of Paris (*arrondissements*).You always give the next one up in your reply.

Ecoutez: Vous habitez dans le 1er arrondissement?
Répondez: Non, j'habite dans le 2ème.

1. Vous habitez dans le 1er arrondissement?
2. Vous habitez dans le 2ème arrondissement?
3. Vous habitez dans le 3ème arrondissement?
4. Elle habite dans le 4ème arrondissement?
5. Tu habites dans le 5ème arrondissement?
6. Vous habitez dans le 6ème arrondissement?

⊘ 7. Vous allez

You're saying that someone is lucky to be going to London, the theatre, Paris etc.

Ecoutez: Je vais à Londres.
Répondez: Vous allez à Londres? Vous avez de la chance!

1. Je vais à Londres.
2. Je vais au théâtre.
3. Je vais au Quartier Latin.
4. Je vais au restaurant.
5. Je vais au cinéma.
6. Je vais à Paris.

⊘ 8. Vous allez ... (future with 'aller')

Practising talking about somebody intending to do something.

Ecoutez: Tenez, je vais prendre votre nom.
Répondez: Vraiment, vous allez prendre mon nom?

1. Tenez, je vais prendre votre nom.
2. Tenez, je vais aller au théâtre ce soir.

3. Tenez, je vais manger un châteaubriand.
4. Tenez, je vais voyager en 1ère ce soir.
5. Tenez, je vais travailler ce soir.

9. Occupations

You're saying what your (or someone else's) occupation is.

Ecoutez: Vous êtes homme d'affaires, n'est-ce pas?
Répondez: Oui, c'est ça, je suis homme d'affaires.

1. Vous êtes homme d'affaires, n'est-ce pas?
2. Vous êtes secrétaire, n'est-ce pas?
3. Elle est interprète, n'est-ce pas?
4. Vous êtes traductrice, n'est-ce pas?
5. Elle est docteur, n'est-ce pas?
6. Il est téléphoniste, n'est-ce pas?

10. Present tense

Tell someone what you are planning to do all day. Fill in the blanks by using the following verbs: *manger, aller, prendre, habiter.*

1. Ce matin je ...... au bureau.
2. Ensuite je ...... au cinéma.
3. Ce soir je ...... au restaurant.
4. Ensuite je ...... au théâtre.
5. Et enfin je ...... le métro.
6. Parce que je ...... à Sceaux.

11. Ordinal numbers 1–10

Practising writing down the numbers of the Paris districts 1 to 10.

Ecoutez: La Sorbonne? Mais c'est dans le cinquième!
Ecrivez: 5ème.

1. La Fontaine St. Michel? Mais c'est dans le cinquième!
2. L'Opéra? C'est dans le huitième!
3. Notre Dame? Mais c'est dans le premier, voyons!
4. L'Ile St. Louis? C'est dans le quatrième!
5. Les Invalides? C'est dans le septième, bien sûr!
6. St. Germain des Prés? C'est dans le sixième!
7. La Bourse de Paris? Mais c'est dans le deuxième!
8. La Bastille? Mais voyons c'est dans le troisième!
9. Montmartre? Oui, c'est dans le neuvième!

10. Les Folies Bergère? C'est dans le dixième.

12. Role-playing

You play the part of Mlle Grosjean. She and M. Dulac are at the métro stop Louvre and are discussing how to get to Alésia, which is in the *14ème arrondissement.* (Look at the map of the métro.)

M. DULAC	Où allons-nous maintenant?
MLLE GROSJEAN	......
M. DULAC	C'est direct?
MLLE GROSJEAN	......
M. DULAC	C'est la direction Etoile?
MLLE GROSJEAN	......
M. DULAC	Nous changeons à Palais Royal?
MLLE GROSJEAN	......
M. DULAC	Et puis, c'est direct?
MLLE GROSJEAN	......
M. DULAC	Alors, c'est simple!

13. Role-playing

You are a passenger in the métro in conversation with the *contrôleur.* (Listen to the whole dialogue first.)

CONTRÔLEUR	Vos billets, s'il vous plaît, votre billet, Monsieur.
MONSIEUR X	......
CONTRÔLEUR	Où allez-vous?
MONSIEUR X	......
CONTRÔLEUR	D'où venez-vous?
MONSIEUR X	......
CONTRÔLEUR	Ce n'est pas le bon billet, ça c'est valable dans le métro seulement.
MONSIEUR X	......
CONTRÔLEUR	Normalement, vous devez payer une amende. Allez, ça va pour cette fois.
MONSIEUR X	......

Le savoir-faire

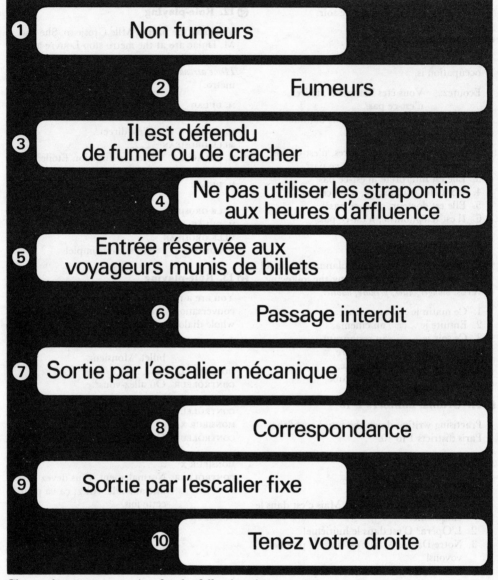

1. Non fumeurs
2. Fumeurs
3. Il est défendu de fumer ou de cracher
4. Ne pas utiliser les strapontins aux heures d'affluence
5. Entrée réservée aux voyageurs munis de billets
6. Passage interdit
7. Sortie par l'escalier mécanique
8. Correspondance
9. Sortie par l'escalier fixe
10. Tenez votre droite

Choose the correct meaning for the following signs:

1. Sign 1 means
   a. It is forbidden to smoke.
   b. It is permitted to smoke.
   c. It is forbidden to spit.

2. Sign 4 means
   a. Use the folding seats only at peak hours.
   b. Do not use them at peak hours.
   c. Folding seats for staff only.

3. Sign 5 means
   a. Entrance reserved for passengers with tickets.
   b. Entrance reserved for passengers buying tickets.
   c. Entrance reserved for passengers holding season tickets.

4. Sign 7 means
   a. Exit via lifts.
   b. Exit via stairs.
   c. Exit via escalator.

5. Sign 8 means
   a. Mail box.
   b. Connection.
   c. Exit.

6. Sign 10 means
   a. Turn right.
   b. Keep to the right.
   c. Keep to the left.

Now with the help of the vocabulary translate into English the following messages which are found on signs.

Conservez votre titre de transport jusqu 'à la sortie. Il peut être contrôlé dans les stations et dans les trains même en 2ème classe.

Sortie les jours ouvrables de 5h.30 à 20h.30.

Tout voyageur sans titre de transport est en situation irrégulière et doit payer immédiatement une indemnité forfaitaire.

Avis aux voyageurs. Le signal sonore annonce la fermeture des portes.

Vocabulaire	
Sans titre de transport	*Without a ticket*
Une indemnité forfaitaire	*A fine*
Les jours ouvrables	*Workdays*
Avis (à . . .)	*Notice (to . . .)*
Le signal sonore	*The buzzing signal*
La fermeture des portes	*The shutting of the doors*

Au bureau de poste 5

Victor meets Sabine Lebret unexpectedly in the queue at the post office. They chat – about Victor's travel plans for going to Toulouse and what he has been doing the previous evening. In the process the perfect tense is used for the first time and a number of names of countries are introduced. You learn how to manage in the *bureau de poste* when you want to buy stamps, to send a telegram or to make a phone call (asking for a *jeton*, a telephone disc).

Dialogue

Personnages: Victor
Mlle Lebret (Sabine)
Un monsieur dans la queue
Une employée du bureau de poste

1. VICTOR — Bonjour, Sabine. Vous ne travaillez pas aujourd'hui?
   SABINE — Mais si, je travaille. Je suis seule pour le moment. Ma collègue est en vacances au Portugal. Alors, je mets le courrier à la poste moi-même.
2. VICTOR — Et tout ça, qu'est-ce que c'est?
   SABINE — Ce sont des lettres de publicité et des circulaires. La foire de Paris, c'est le mois prochain, vous savez.
3. SABINE — Mais quel monde ici! ... Vous faites la queue pour acheter des timbres?
   VICTOR — C'est ça. Je veux des timbres pour l'Angleterre – deux lettres et une carte postale.
4. VICTOR — A propos, hier j'ai parlé avec M. Sériex au téléphone.
5. VICTOR — Je vais visiter son usine à Toulouse.
   SABINE — Ah, bon! Vous connaissez le sud-ouest? ... Non? ... Toulouse est tout près de l'Espagne. C'est une grande ville industrielle, c'est très joli!
6. UN MONSIEUR — Avancez, avancez! Je suis pressé! Je ne veux pas passer ma matinée ici! C'est presque votre tour maintenant, nom de Dieu!
   VICTOR — Excusez-moi, Monsieur.
7. VICTOR — *(à Sabine)* Ça ne va pas aujourd'hui, vous savez. J'ai travaillé tard hier soir, et après j'ai mangé de bon appétit dans un de vos fameux petits restaurants et j'ai bien bu.
8. VICTOR — *(Il lit les instructions du guichet.)* 'Timbres-poste, Mandats-poste, Caisse d'Epargne ...' Je suis dans la bonne queue, n'est-ce pas?
   SABINE — Mais certainement.
9. VICTOR — Je voudrais trois timbres, s'il vous plaît, Mademoiselle.
   L'EMPLOYÉE — Pour où? L'Angleterre?
10. VICTOR — Oui c'est ça. Et aussi des timbres de collection.
    L'EMPLOYÉE — Je regrette, je n'ai plus de timbres de collection. Adressez-vous au guichet No 5.
    (Cinq minutes plus tard)
11. VICTOR — Bon, eh bien Sabine, au revoir et à bientôt!
    SABINE — Attendez, attendez! Vous avez oublié votre serviette!
12. VICTOR — Vraiment, ça ne va pas! Hier j'ai perdu mon billet de métro, tout à l'heure j'ai oublié mon parapluie au café, maintenant j'oublie ma serviette à la poste! Oh là là! J'ai la tête comme une passoire! Merci Sabine et au revoir!

⊙ Questions

1. Sabine ne travaille pas aujourd'hui?
2. Pourquoi est-ce que Sabine met le courrier à la poste?
3. Où est la collègue de Sabine?
4. Ces lettres, ce sont des lettres personnelles?
5. Pourquoi est-ce que Victor fait la queue?
6. Avec qui est-ce que Victor a parlé au téléphone?
7. Est-ce que Victor va visiter l'usine de M. Sériex?
8. Où est l'usine de M. Sériex?
9. Toulouse, c'est près de l'Italie?
10. Toulouse, c'est une petite ville industrielle?
11. L'employée de la poste, qu'est-ce qu'elle dit?
12. Victor désire deux timbres pour la France?

Explanations

5.1 Si *(yes)* after a negative question

Vous ne travaillez pas aujourd'hui? *(Aren't you working today?)*
Mais **si** je travaille. *(Oh yes, I am working)*

5.2 Rappel!

> Vous habitez Paris? *(You're living in Paris?)*
> **Oui**, c'est ça. *(Yes that's right.)*

> Vous n'habitez plus Paris? *(You're no longer living in Paris?)*
> Mais **si**, j'habite toujours Paris. *(Oh yes, I'm still living in Paris.)*

5.3 Ce sont

Qu'est-ce que c'est? *(What's that?/What are those?)*
Ce sont des lettres de publicité. *(They're publicity letters.)*

Ce sont is the plural of **c'est**. Note the question is always **Qu'est-ce que c'est?** whether the object of the question is singular or plural.

5.4 Perfect tense with 'avoir'

The perfect is by far the most common past tense in French. You use it to express something that took place *once* in the past. It is worth putting a good deal of effort into practising it.
J'ai parlé corresponds both to the English '*I spoke*' and '*I have spoken*'.

Hier **j'ai parlé** avec M. Sériex. *(Yesterday I spoke to M. Sériex.)*
J'ai travaillé tard hier soir. *(I worked late yesterday evening.)*
Vous avez oublié votre serviette. *(You have forgotten your briefcase.)*
J'ai perdu dix minutes. *(I have lost ten minutes.)*

To form the perfect tense, use parts of the present tense of the verb **avoir** with the past participle.

Passé composé

5.5 Perfect tense with 'avoir' – all forms

	(avoir)	(past participle)
Hier	j'ai tu as il/elle a nous avons vous avez ils/elles ont	parlé travaillé mangé fumé oublié perdu

Most past participles are formed in a regular way. Some past participles are irregular, and you will have to learn them e.g. **boire – bu**, **faire – fait**.

5.6 Ce n'est pas ... *(It's not . . .)*

Ce n'est pas le moment. *(It's not the time.)*
Note **ce** (not **il**).

5.7 Ne ... pas de/ne ... plus de *(not any/not any left)*

Je **n**'ai **pas** de monnaie. *(I haven't any change.)*
Je **n**'ai **plus** de timbres de collection. *(I haven't any special issue stamps left.)*

5.8 Rappel! Ne ... plus

Je **ne** trouve **plus** mon billet. *(I can't find my ticket.)*
Je **n**'ai **plus** de monnaie. *(I have no money left.)*
Je **ne** bois **plus** de bière. *(I don't drink beer any longer.)*

5.9 Pour *(in order to)*

Vous faites la queue **pour** acheter des timbres? *(Are you queuing to buy stamps?)*
Don't forget **pour** where there is intention implied.

5.10 Vouloir *(to want)* present tense – all forms

Je	veux	téléphoner
Tu	veux	un cognac?
Il Elle }	veut	des timbres
Nous	voulons	manger
Vous	voulez	prendre une bière?
Ils Elles }	veulent	visiter la ville

A very important irregular verb which should be learned by heart.

5.11 Je veux, je voudrais *(Expressing a wish)*

Je veux des timbres pour l'Angleterre. *(I want stamps for letters to England.)*
Je voudrais trois timbres, s'il vous plaît. *(I'd like three stamps please.)*

It is more polite to use **je voudrais**.

5.12 En/au/aux *(in/to)* with the names of countries

Victor habite **en** Angleterre. *(Victor lives in England.)*
Victor envoie un télégramme **en** Angleterre. *(Victor sends a telegram to England.)*
Ma collègue est en vacances **au** Portugal. *(My colleague is on holiday in Portugal.)*
Mireille va **au** Portugal. *(Mireille is going to Portugal.)*
M. Sériex a passé quelque temps **aux** Etats-Unis. *(M. Sériex has spent some time in the U.S.A.)*
L'ami de Victor va **aux** Etats-Unis. *(Victor's friend is going to the U.S.A.)*

The French use the same word, depending on whether the country is masculine or feminine, for *'in'* and *'to'*.
For feminine countries (**l'Angleterre**, **la France**, etc.) use **'en'**.
For masculine countries (**le Portugal**, **le Luxembourg**, etc.) use **'au'** or **'aux'** if plural (**les Etats-Unis**).

Some useful phrases

C'est le mois prochain	*It's next month*
Vous savez ...	*You know ...*
Quel monde ici!	*What a crowd there is here!*
C'est ça	*That's right*
Au téléphone	*On the phone*
Avancez!	*Move on!*
Ça ne va pas!	*Things are going wrong!*
Je suis dans la bonne queue?	*Am I in the right queue?*
J'ai la tête comme une passoire	*I've got a head like a sieve*
Le téléphone ne marche plus	*The telephone is out of order*

Days of the week

(Note these do not have capital letters in French!)

lundi	*Monday*
mardi	*Tuesday*
mercredi	*Wednesday*
jeudi	*Thursday*
vendredi	*Friday*
samedi	*Saturday*
dimanche	*Sunday*

✪ Débrouillez-vous

You have left your wallet at your hotel and you cannot remember the address of the hotel. Using the model given here send a telegram to your French colleague who lives in Paris at 32 Boulevard du Général Leclerc in the 14th *arrondissement*. Ask him to inquire about your wallet and send it to you. Thank him and add your name.

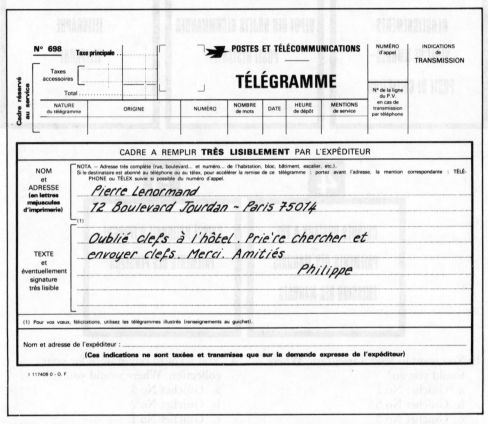

A. M. Bordas is sending a telegram to Marseilles. Listen to his conversation with the telephonist. Then play the part of M. Bordas. (There is no paused version of this dialogue on tape.)

B. Now play the part of someone else sending a different telegram.

TÉLÉPHONISTE	Allô, oui, j'écoute.
M. DUPARC	......
TÉLÉPHONISTE	Oui – Nom et adresse du destinataire.
M. DUPARC	......
TÉLÉPHONISTE	Epelez, s'il vous plaît.
M. DUPARC	......
TÉLÉPHONISTE	Quel est votre texte?
M. DUPARC	......
TÉLÉPHONISTE	Bon, je répète ... *(Elle lit le télégramme à haute voix.)* C'est exact?
M. DUPARC	......
TÉLÉPHONISTE	Je vous en prie.

Le savoir-faire

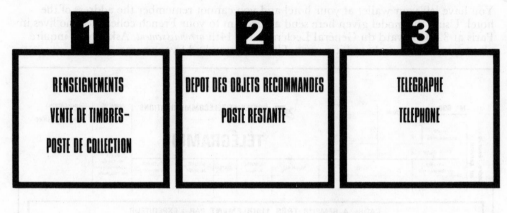

1
RENSEIGNEMENTS
VENTE DE TIMBRES-
POSTE DE COLLECTION

2
DEPOT DES OBJETS RECOMMANDES
POSTE RESTANTE

3
TELEGRAPHE
TELEPHONE

4
CHEQUES POSTAUX A VUE
PAIEMENTS DES MANDATS
EMISSION DES MANDATS

5
CAISSE NATIONALE D'EPARGNE
PAIEMENTS DES PENSIONS

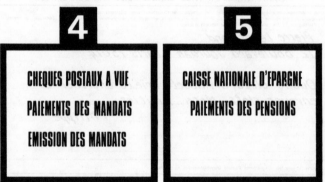

1. You want to send a telegram. Where would you go?
   a. Guichet No 1
   b. Guichet No 5
   c. Guichet No 3

2. You need information about sending a parcel. Where would you go?
   a. Guichet No 4
   b. Guichet No 1
   c. Guichet No 2

3. You want to send a postal order. Where would you go?
   a. Guichet No 5
   b. Guichet No 1
   c. Guichet No 4

4. You want to buy stamps for your collection. Where would you go?
   a. Guichet No 5
   b. Guichet No 2
   c. Guichet No 1

5. You want to send a registered parcel. Where would you go?
   a. Guichet No 3
   b. Guichet No 2
   c. Guichet No 5

6. You want to collect your mail. Where would you go?
   a. Guichet No 3
   b. Guichet No 1
   c. Guichet No 2

🔊 Expansion: A la poste

Au guichet No 1

EMPLOYÉE – Vous désirez?

VICTOR – Cinq timbres pour la Grande-Bretagne et deux timbres pour la Suisse, s'il vous plaît.

EMPLOYÉE – Voilà. Ça fait 9 francs.

VICTOR – Excusez-moi, mais je n'ai pas de monnaie. J'ai seulement un billet de 100 francs.

EMPLOYÉE – 100 francs? Mais je ne suis pas la Banque de France, moi! ... Bon, j'ai juste assez de monnaie.

VICTOR – Merci bien, Mademoiselle.

VICTOR – Ah, oui! Je voudrais envoyer un télégramme en Angleterre.

EMPLOYÉE – Adressez-vous au guichet No 2.

VICTOR – Merci bien, encore une question, s'il vous plaît.

EMPLOYÉE – Oui?

VICTOR – Le téléphone, c'est où?

EMPLOYÉE – Au sous-sol.

Au guichet No 2

EMPLOYÉE – Vous désirez?

VICTOR – Je voudrais envoyer un télégramme à Londres.

EMPLOYÉE – Londres en Angleterre? Bien. Remplissez ce formulaire blanc, s'il vous plaît.
(Dix minutes plus tard)

VICTOR – Voilà.

EMPLOYÉE – C'est en quoi, c'est en quelle langue?

VICTOR – C'est en anglais, naturellement!

EMPLOYÉE – Bon, je vous crois. Dans ce cas écrivez très lisiblement et en majuscules, s'il vous plaît.

VICTOR – Ah, oui! Excusez-moi ...
(Dix minutes plus tard)

EMPLOYÉE – Vous avez oublié d'écrire le nom et l'adresse de votre destinataire, Monsieur.

VICTOR – Ah! Pardon! ... J'écris aussi mon nom et mon adresse?

EMPLOYÉE – Non, ce n'est pas nécessaire.

VICTOR – Ah, oui! Pouvez-vous ajouter la mention 'urgent' s'il vous plaît? Merci.

Au guichet No 3

VICTOR	– Un jeton, s'il vous plaît.
EMPLOYÉE	– Voilà. Quarante centimes, s'il vous plaît.
	(Dix minutes plus tard)
VICTOR	– Mademoiselle, mon jeton s'est coincé dans l'appareil! Le téléphone ne marche plus.
EMPLOYÉE	– Donnez un grand coup dedans!
VICTOR	– Tiens, il marche maintenant! Merci, Mademoiselle.
EMPLOYÉE	– De rien, de rien. Ces téléphones, tous les mêmes!
VICTOR	– Mademoiselle, Mademoiselle! Il ne marche plus!
EMPLOYÉE	– Où voulez-vous téléphoner?
VICTOR	– A Toulouse.
EMPLOYÉE	– Mais alors, vous utilisez la cabine interurbaine et vous mettez des pièces de 1F ou de 0,50F. dans l'appareil. Ce téléphone, c'est uniquement pour Paris – c'est à dire, si vous voulez téléphoner dans Paris.
VICTOR	– Merci, Mademoiselle, vous êtes bien aimable.
EMPLOYÉE	– De rien, de rien! ... Ces étrangers, tous les mêmes!

Expansion exercises

⑤ 1. Je voudrais envoyer ...

You're telling the post office clerk that you would like to send a telegram, parcel, postal order, etc.

Ecoutez:　Vous désirez? *(télégramme – Angleterre)*
Répondez: Je voudrais envoyer un télégramme en Angleterre.

1. Vous désirez? *(télégramme – Angleterre)*
2. Vous désirez? *(colis – Portugal)*
3. Vous désirez? *(mandat-carte – Toulouse)*
4. Vous désirez? *(lettre recommandée – Grande Bretagne)*
5. Vous désirez? *(lettre exprès – Paris)*

⑤ 2. En anglais, allemand ...

You tell the post office clerk that the communication is in English, German, Italian, etc.

Ecoutez:　Mais c'est en quelle langue?
　　　　　(anglais)
Répondez: C'est en anglais.

1. Mais c'est en quelle langue? *(anglais)*
2. Mais c'est en quelle langue? *(allemand)*
3. Mais c'est en quelle langue? *(italien)*
4. Mais c'est en quelle langue? *(espagnol)*
5. Mais c'est en quelle langue? *(français)*

⑤ 3. De passage à ...

You have to write your name and address on a telegram form. But this time...

Ecoutez:　Vous avez oublié d'écrire votre nom et votre adresse. *(Paris)*
Répondez: Mais je suis seulement de passage à Paris!

1. Vous avez oublié d'écrire votre nom et votre adresse. *(Paris)*
2. Elle a oublié d'écrire son nom et son adresse. *(Londres)*
3. Ils ont oublié d'écrire leur nom et leur adresse. *(Rome)*
4. Tu as oublié d'écrire ton nom et ton adresse. *(Milan)*
5. Il a oublié d'écrire son nom et son adresse. *(Berlin)*
6. Vous deux, vous avez oublié d'écrire votre nom et votre adresse. *(Moscou)*

�🎧 4. Special postal categories

You're asking the clerk to send something urgent, registered, express, etc.

Ecoutez: C'est urgent?
Répondez: Oui, pouvez-vous écrire la mention 'urgent', s'il vous plaît?

1. C'est urgent?
2. C'est recommandé?
3. C'est exprès?
4. C'est un pneu?

�🎧 5. Ne ... plus

You're saying that things were alright earlier on but now they have gone wrong.

Ecoutez: Alors, il marche bien?
Répondez: Ce matin il a bien marché, mais maintenant il ne marche plus.

1. Alors, il marche bien?
2. Alors, elle mange bien?
3. Alors, il travaille bien?
4. Alors, tu manges bien?

�🎧 6. Je veux téléphoner

You go into a telephone box marked *cabine interurbaine* to make a trunk call, and an *urbaine* box for a local one. You are practising asking the girl at the telephone counter for the cabin required for a particular call.

Ecoutez: Vous voulez téléphoner où?
(*à Toulouse*)
Répondez: Je veux téléphoner à Toulouse.
Où est la cabine interurbaine?

Ecoutez: Vous voulez téléphoner où?
(*dans Paris*)
Répondez: Je veux téléphoner dans Paris.
Où est la cabine urbaine?

1. Vous voulez téléphoner où? (*à Toulouse*)
2. Vous voulez téléphoner où? (*dans Paris*)
3. Vous voulez téléphoner où? (*à Bordeaux*)
4. Vous voulez téléphoner où? (*dans Toulouse*)
5. Vous voulez téléphoner où? (*dans Bordeaux*)
6. Vous voulez téléphoner où (*à Marseille*)

�🎧 7. Tous les mêmes!

Ecoutez: Le téléphone ne marche plus!
Répondez: Ces téléphones, tous les mêmes!

1. Le téléphone ne marche plus!
2. L'autobus est encore en retard!
3. Mon mari n'a pas téléphoné?
4. La secrétaire n'est pas encore là!
5. Le professeur est encore malade!
6. Notre député est encore absent!

8. Je n'ai pas de monnaie, j'ai juste assez de monnaie

You're shopping. Practise saying, on the basis of the information you're given, that either you're sorry but you don't have any change, or you've got it exactly.

1. Vous achetez un camembert. Vous avez un billet de 100F.
'Voilà votre camembert. Ça fait 4,50F.'
2. Vous achetez une bouteille de vin. Vous avez 7F.
'Voilà votre Beaujolais. 7F, s'il vous plaît.'
3. Vous achetez quatre timbres à 1,20F, et trois jetons à 0.60F.
Vous avez un billet de 500F.
'Voilà. C'est 6,60F.'
4. Vous envoyez un télégramme de 10 mots. Vous avez 25F.
'C'est urgent? Alors 25F, s'il vous plaît.'
5. Vous achetez des cigarettes. Vous avez un billet de 50F.
'Des Piccadilly? Attendez, ça fait 6,50F.'

Practice

1. Si (to answer a negative question)

Ecoutez: Vous ne travaillez pas aujourd'hui?
Répondez: Si, je travaille.

1. Vous ne travaillez pas aujourd'hui?
2. Vous ne mangez pas aujourd'hui?
3. Vous n'allez pas au bureau aujourd'hui?
4. Vous n'allez pas visiter l'usine cet après-midi?
5. Vous ne prenez pas votre voiture aujourd'hui?
6. Vous n'allez pas regarder la télé ce soir?

2. Qu'est-ce que c'est? Ce sont ...

Ecoutez: Toutes ces lettres! Qu'est-ce que c'est?
Répondez: Ce sont des lettres de publicité.

1. Toutes ces lettres! Qu'est-ce que c'est?
2. Toutes ces enveloppes! Qu'est-ce que c'est?
3. Tous ces avis! Qu'est-ce que c'est?
4. Tous ces papiers! Qu'est-ce que c'est?
5. Toutes ces affiches! Qu'est-ce que c'est?

3. Perfect tense

You are saying that you have already done something.

Ecoutez: Vous ne voulez pas manger?
Répondez: Non, merci, j'ai déjà mangé.

1. Vous ne voulez pas manger?
2. Vous ne voulez pas boire?
3. Vous ne voulez pas visiter la ville?
4. Vous ne voulez pas téléphoner?
5. Vous ne voulez pas parler avec le directeur?

4. N'avoir plus de ...

Practising saying politely that you haven't any more of something.

Ecoutez: Vous avez des timbres?
Répondez: Je regrette, je n'ai plus de timbres.

1. Vous avez des timbres?
2. Vous avez des enveloppes?
3. Vous avez des cartes postales?
4. Vous avez des stylos?
5. Vous avez des affiches?
   Mais vous n'avez rien!

5. Perfect tense with an adverb

The adverb *encore* takes up a 'sandwich' position.

Ecoutez: Zut, alors! J'ai oublié les circulaires.
Répondez: Quoi, vous avez encore oublié les circulaires?

1. Zut, alors! J'ai oublié les circulaires.
2. Zut, alors! J'ai oublié le livre.
3. Zut, alors! Elle a perdu l'adresse.
4. Zut, alors! Il a perdu le numéro de téléphone.
5. Zut, alors! J'ai oublié les clefs.

6. Si (to answer a negative question)

Ecoutez: Vous n'avez pas encore perdu votre serviette, n'est-ce pas?
Répondez: Si, j'ai encore perdu ma serviette.

1. Vous n'avez pas encore perdu votre serviette, n'est-ce pas?
2. Vous n'avez pas encore bu mon vin, n'est-ce pas?
3. Vous n'avez pas encore oublié mon livre, n'est-ce pas?
4. Vous n'avez pas encore perdu votre portefeuille, n'est-ce pas?
5. Vous n'avez pas encore oublié votre passeport, n'est-ce pas?

7. Role-playing

Take the part of Victor. Victor meets Sabine.

SABINE   Bonjour M. Melville!
VICTOR   ......
SABINE   Comment allez-vous aujourd'hui?
VICTOR   ......
SABINE   Bien merci. Dites-moi, vous avez trouvé votre serviette?
VICTOR   ......
SABINE   Vous avez téléphoné à Londres?
VICTOR   ......
SABINE   A propos, vous avez parlé avec M. Sériex?
VICTOR   ......
SABINE   Vous allez visiter son usine?
VICTOR   ......
SABINE   Vous connaissez le sud-ouest?
VICTOR   ......
SABINE   Bon, eh bien, au revoir M. Melville!
VICTOR   ......
SABINE   M. Melville! M. Melville! Vous avez oublié votre parapluie!
VICTOR   ......

Extra

☉ 8. Perfect tense (negative)

Careful of word order!

Ecoutez: Il a vraiment oublié ses dossiers?
Répondez: Mais, non. Il n'a pas oublié
ses dossiers!

1. Il a vraiment oublié ses dossiers?
2. Elle a vraiment perdu son sac?
3. Elle a vraiment tué son mari?
4. Il a vraiment perdu sa voiture?
5. Elles ont vraiment attaqué la police?
6. Ils ont vraiment gagné à la loterie?

9. Infinitives with and without 'pour'

Complete the sentences using the verbs listed,
and including *pour* when necessary: *acheter*, *aller*,
téléphoner, *avoir*, *changer*.

1. Elle veut . . . . . . aux Etats-Unis.
2. Il faut . . . . . . un billet.
3. Je voudrais . . . . . . beaucoup d'argent.
4. Elle fait la queue . . . . . .
5. Je voudrais . . . . . . à Paris, s'il vous plaît.
6. Elle prend le métro . . . . . . au bureau.
7. Il faut . . . . . . l'argent à la banque.
8. Je veux . . . . . . une Renault 5.
9. Je fais la queue . . . . . . un jeton.
10. Il faut mettre deux pièces de 0,20F . . . . . .
dans Paris.

10. Je veux . . . s'il vous plaît/je voudrais . . . s'il vous plaît

Practising how to ask for things politely.
Remember that both these forms *je veux . . . s'il
vous plaît* and *je voudrais . . . s'il vous plaît* are
polite. But *je voudrais* is more polite than *je veux*.

Ask the following people for various things
a. politely
b. very politely

1. Tell the waiter you want a black coffee with
a croissant.
2. Tell the waiter you'd like a tea without
sugar.
3. Tell the waitress you'd like a bottle of red
wine.
4. Tell the waitress you want a table for two.
5. Tell the receptionist you want the key of
room No. 7.
6. Tell the receptionist you'd like tea for
breakfast.

Le savoir-lire

Introduisez trois pièces de 0,20F. Décrochez le combiné. Attendez la tonalité. Composez le numéro demandé. Dès la réponse de votre correspondant, appuyez sur le bouton nickelé pour parler. Si votre appel n'aboutit pas – ligne occupée appel sans réponse – raccrochez le combiné sans appuyer sur le bouton nickelé et vous serez remboursé.

(These are the instructions to be found in blue telephones, which take 0,20F coins. The same instructions apply to telephones which take 'jetons'. The yellow and silver telephones taking 0,20F, 0,50F and 1F coins work in the same way as British telephones.)

Vocabulaire	
Introduisez ...	*Insert ...*
Décrochez le combiné	*Pick up the receiver*
La tonalité	*The dialling tone*
Composez le numéro	*Dial the number*
Appuyez sur le bouton nickelé	*Press the nickel button*
Si votre appel n'aboutit pas	*If you don't get through*
Ligne occupée	*Number engaged*
Appel sans réponse	*No answer*
Raccrochez	*Hang up*
Vous serez remboursé	*You'll get your money back*

A. With the help of the vocabulary box, answer the following questions.

1. How many coins of 0,20F do you need?
   a. Three.
   b. Two.

2. What do you do first?
   a. Pick up the receiver and then insert the coins.
   b. Insert the coins first and then pick up the receiver.

3. Then what do you do?
   a. Dial straight away.
   b. Wait for the dialling tone and then dial.

4. If the line is engaged. What do you do to get your money back?
   a. Push the button and then hang up.
   b. Hang up without pushing the button.

5. If you get through, what do you do in order to speak?
   a. Push the button and then speak.
   b. Speak without pushing the button.

B. And now without looking at the vocabulary box, try to translate the following words or phrases.

1. le bouton nickelé
2. attendez la tonalité
3. votre correspondant
4. décrochez le combiné
5. introduisez trois pièces de 0,20F
6. si votre appel n'aboutit pas
7. ligne occupée
8. sans réponse
9. raccrochez le combiné
10. sans appuyer sur ...

Informations:
1. La carte d'Europe

Key

1. La France
2. L'Angleterre
3. La Belgique
4. Le Luxembourg
5. L'Allemagne
6. La Suisse
7. L'Italie
8. L'Espagne
9. L'Irlande

1. Capitals

Finish these sentences.

1. Paris est la capitale de ......
2. Berne est la capitale de ......
3. Bruxelles est la capitale de ......
4. Londres est la capitale de ......
5. Rome est la capitale de ......
6. Madrid est la capitale de ......
7. Dublin est la capitale de ......

2. Names of countries

Using a dictionary, find out the names of the countries numbered 10 to 20.

3. 'En' and 'au' with names of countries

Exemple: M. et Mme Romano habitent
(7). Ils vont en vancances (6).
M. et Mme Romano habitent
en Italie. Ils vont en vacances
en Suisse.

1. M. et Mme Sériex habitent (1).
Ils vont en vacances (8).

2. M. et Mme Brown habitent (2).
Ils vont en vacances (9).

3. M. et Mme Ramirez habitent (8).
Ils vont en vacances (13).

4. M. et Mme Schmidt habitent (5).
Ils vont en vacances (15).

5. M. et Mme Christiansen habitent
(14).
Ils vont en vacances (10).

6. M. et Mme Oulianov habitent (20).
Ils vont en vacances (19).

7. M. et Mme O'Brien habitent (9).
Ils vont en vacances (12).

8. M. et Mme Evans habitent (11).
Ils vont en vacances (1).

9. M. et Mme Suarez habitent (12).
Ils vont en vacances (2).

10. M. et Mme Koch habitent (19).
Ils vont en vacances (6).

2. Les départements français

A. France is divided into 95 administrative areas called *'départements'*. Each department has a chief town (*chef-lieu*) with a *Préfecture* and a *Préfet* who is responsible for the local government of this department. Each has a code number which forms the first two figures of the postal code for each town, and also appears on the number plate of all French cars.

B. Using the map opposite, find the correct code number for the following addresses. (The *département* is given in brackets for easy reference.)

1. M. et Mme Vincent
   14 rue de Bagneux
   Sceaux   *(Hauts-de-Seine)*

2. Mlle Lavigne
   30 rue Bois Le Vent
   Paris 16ème   *(Paris)*

3. M. Guy Roche
   3 avenue des Peupliers
   Le Vésinet   *(Les Yvelines)*

4. Société Laminex
   58 bis boulevard Brune
   Clermont Ferrand   *(Puys-de-Dôme)*

5. Mme Yvette Siméoni
   20 boulevard Bonaparte
   Nice   *(Alpes-Maritimes)*

6. Syndicat d'Initiative
   76 rue André Chénier
   Limoges   *(Haute-Vienne)*

7. M. et Mme Cossart
   18 rue du Collège
   Avignon   *(Vaucluse)*

8. Société Alpexo
   108 rue de la Monesse
   Grenoble   *(Isère)*

9. M. François Duviard
   2 avenue Montjoli
   Toulouse   *(Haute-Garonne)*

10. Mme. Estève
    12 rue Charles Lafitte
    Arras   *(Pas-de-Calais)*

11. Comité National des Exportations
    254 avenue de Charles de Gaulle
    Strasbourg   *(Bas-Rhin)*

12. Docteur Georges Marsan
    6 Pont des Charrettes
    Carcassonne   *(Aude)*

13. Mlle Vaur
    36 avenue du Docteur Picault
    Rouen   *(Seine-Maritime)*

A l'aéroport

M. Sériex goes to the airport to collect Victor, arriving from Paris. Victor goes straight to the Sériex factory rather than to his hotel. At the factory M. Sériex is called urgently to the telephone and Victor is taken round the factory by M. Tatti the foreman (*le contremaître*).

Dialogue

Personnages: M. Sériex
Victor
M. Tatti, le contremaître
Une employée

A l'aéroport

1. VOIX AU
HAUT-PARLEUR – Le vol Air Inter 703 en provenance de Paris vient d'atterrir ...
M. SÉRIEX – *(Il regarde sa montre)* Ouf! Juste à l'heure! ...
(Il se dit) Mais c'est quelle porte?
(Il lit sur le tableau des arrivées) Vol AI 703, porte numéro 5.
(Dix minutes plus tard)
2. M. SÉRIEX – *(Il appelle)* Victor, Victor, ici! ... Alors, vous avez fait bon voyage?
VICTOR – Oui, merci. J'ai fait un voyage excellent!
3. M. SÉRIEX – Eh, bien! Allons d'abord à votre hôtel.
VICTOR – Ce n'est pas la peine de perdre du temps. Allons directement à votre usine.

A l'usine

4. M. SÉRIEX – Vous avez déjà visité nos ateliers?
VICTOR – Non, jamais. C'est ma première visite.
5. M. SÉRIEX – Allons d'abord au hangar.
(Ils entrent dans le hangar. M. Tatti, le contremaître est là, en bleu de travail.)
6. M. SÉRIEX – Tenez, voilà M. Tatti! ... Victor, je vous présente M. Tatti, le contremaître. C'est un de nos plus fidèles employés ...
7. UNE EMPLOYÉE – Monsieur Sériex, téléphone, c'est urgent. C'est le Caire!
M. SÉRIEX – Le Caire! ... J'arrive!
8. M. SÉRIEX – *(à Victor)* Victor, veuillez m'excuser. Mais je vous laisse en de bonnes mains.
9. M. TATTI – Monsieur Melville, soyez le bienvenu dans notre usine. Permettez-moi de vous montrer notre dernière réalisation ... Voici le 'Faucon', un de nos derniers modèles.
VICTOR – Pardon, c'est quel nom?
M. TATTI – Le 'Faucon'.
VICTOR – C'est un avion superbe! Un véritable géant!
10. M. TATTI – Oui, c'est vrai. Mais c'est un géant très rapide. Il atteint Mach 2.
11. VICTOR – Dîtes-moi, Monsieur Tatti, vous fabriquez seulement le fuselage dans cette usine?
M. TATTI – Oui, c'est ça. La voilure, le moteur ... tout ça, c'est fabriqué ailleurs! Mais nous montons les pièces ici, bien sûr!
12. VICTOR – Quelle est votre production?
M. TATTI – Environ seize avions ... Tenez, l'année dernière nous avons vendu pas mal d'avions aux pays arabes.
VICTOR – Ah! C'est intéressant ça!

✈ Questions

1. Quel est le vol en provenance de Paris?
2. M. Sériex est en retard?
3. Victor a fait bon voyage?
4. Pourquoi Victor ne va pas d'abord à son hôtel?
5. Où vont Victor et M. Sériex?
6. Victor a déjà visité les ateliers de M. Sériex?
7. Où vont-ils d'abord?
8. M. Tatti, qui est-ce?
9. Le 'Faucon' qu'est-ce que c'est?
10. Qu'est-ce que l'usine de M. Sériex fabrique?
11. Qu'est-ce qui est fabriqué ailleurs?
12. Quelle est la production de l'usine Sériex?
13. A quel pays ont-ils vendu pas mal d'avions l'année dernière?

Explanations

6.1 Quel(s)/quelle(s)? *(What/which?)*

Mais c'est **quelle** porte? *(But which door is it?)*
C'est **quel** nom? *(What name is it?)*

le	nom	quel	nom?
la	porte	quelle	porte?
les	noms	quels	noms?
	portes	quelles	portes?

6.2 Let's (do something)

Allons à votre hôtel. *(Let's go to your hotel.)*
Entrons dans le hangar. *(Let's go into the hangar.)*

To say *'let's'* (do something) in French, the **nous** form of the present tense is used, without **nous**.

6.3 Notre/nos *(our)*

Vous avez déjà visité **nos** ateliers? *(Have you already visited our workshops?)*
Soyez le bienvenu dans **notre** usine. *(Welcome to our factory.)*

le	moteur	notre	moteur
la	visite		visite
les	ateliers	nos	ateliers
	usines		usines

Notre is used for both masculine and feminine singular and **nos** for both masculine and feminine plural. Like **votre/vos**. (See paragraphs 3.2. and 4.1.)

6.4 Au/à la/à l'/aux (to/to the) – indirect object

Il donne un verre **à** Victor. (He gives a glass to Victor.)
Elle donne son billet **au** contrôleur. (She gives her ticket to the inspector.)
Je donne mon numéro **à la** téléphoniste. (I give my number to the operator.)
Vous donnez votre argent **à l'**employée. (You give your money to the assistant.)
Nous avons vendu pas mal d'avions **aux** Arabes. (We've sold quite a few planes to the Arabs.)

Some useful phrases	
Juste à l'heure	*Just in time*
Vous avez fait bon voyage?	*Did you have a good journey?*
J'ai fait un voyage excellent	*I had an excellent journey*
Ce n'est pas la peine de perdre du temps	*It's not worth wasting time*
J'arrive!	*I'm coming!*
Veuillez m'excuser	*Please excuse me*
Soyez le bienvenu dans/à …	*Welcome to …*
Permettez-moi de …	*Allow me to …*
Dites-moi	*Tell me*
L'année dernière	*Last year*
Pas mal de …	*Quite a lot of …*

Expansion: A l'aéroport Charles de Gaulle

There are now three Paris airports: Orly (for international and internal flights), Le Bourget (mainly for private aircraft), and Charles de Gaulle (at Roissy en France, near Le Bourget, the new one completed in 1974 for international flights.)

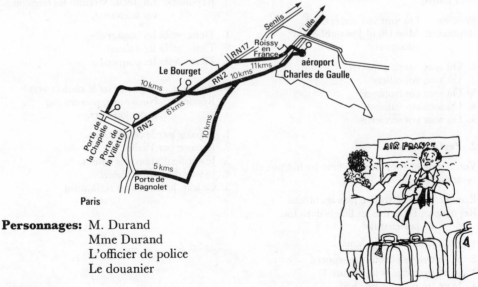

Personnages: M. Durand
Mme Durand
L'officier de police
Le douanier

VOIX AU
HAUT-PARLEUR – Vol Air France 603 à destination de Londres. Embarquement

immédiat porte numéro 15.

M. DURAND	– *(à sa femme)* Vite, vite. C'est notre avion.
MME DURAND	– Du calme, du calme … Tiens mettons nos bagages sur le chariot.

(Au contrôle des passeports)

OFFICIER DE POLICE	– Vos passeports, s'il vous plaît.
M. DURAND	– Oui, tout de suite. *(Il cherche dans la poche de son manteau, puis dans la poche de sa veste.)* Mon Dieu, nos passeports! J'ai oublié nos passeports! Non, ce n'est pas possible! …
MME DURAND	– Du calme, du calme … Tu as mis les passeports dans ton portefeuille.
M. DURAND	– Ah, oui! C'est vrai. Mon Dieu, quelle peur!

(A la douane à Londres-Heathrow)

M. DURAND	– Passons par le couloir vert 'rien à déclarer'.
DOUANIER	– *(à M. Durand)* Rien à déclarer?
M. DURAND	– Mais non, vous voyez bien, je passe par le couloir vert!
DOUANIER	– Eh, bien! Vérifions. Ouvrez votre valise.
M. DURAND	– Ça alors. Quel toupet!
M. DURAND	– *(Il cherche ses clefs.)* Mes clefs! J'ai perdu mes clefs! Non, ce n'est pas possible! …
MME DURAND	– Du calme, du calme! … Tu as mis tes clefs dans la poche gauche de ta veste.
M. DURAND	– Ah, oui! C'est vrai. Mon Dieu, quelles émotions! Je suis épuisé!

Expansion exercises

◉1. Perfect tense ; nos

Catastrophe! You've forgotten everything for your journey.

Ecoutez: Où sont vos passeports?
Répondez: Mon Dieu! J'ai oublié nos passeports!

1. Où sont vos passeports?
2. Où sont vos billets?
3. Où sont vos bagages?
4. Où sont vos valises?
5. Où sont vos serviettes?

◉2. Perfect tense

You're telling your friend where he has put all his travelling things.

Ecoutez: Je ne trouve plus les billets!
Répondez: Tu as mis les billets dans ton portefeuille!

1. Je ne trouve plus les billets!
2. Je ne trouve plus les passeports!
3. Je ne trouve plus les timbres!
4. Je ne trouve plus les clefs!
5. Je ne trouve plus la lettre!

◉3. Let's …

a. Ecoutez: Tiens, voilà les bagages!
   Répondez: Eh, bien. Mettons les bagages sur le chariot.

1. Tiens, voilà les bagages!
2. Tiens, voilà les valises!
3. Tiens, voilà les paquets!

b. Ecoutez: Je passe par le couloir vert.
   Répondez: Nous aussi, passons par le couloir vert.

1. Je passe par le couloir vert.
2. Je passe par Paris.
3. Je vérifie d'abord les valises.
4. Je vais d'abord à l'hôtel.
5. Ce soir, je mange au restaurant.

Practice

1. Un de nos...

You're saying that the engine, plane, car etc, is one of your latest models.

Ecoutez: C'est un moteur excellent!
Répondez: Eh, oui! C'est un de nos derniers modèles!

1. C'est un moteur excellent!
2. C'est un avion superbe!
3. C'est une voiture remarquable!
4. C'est une montre magnifique!
5. C'est un train moderne!

2. Votre

You're telling someone that it's your first visit to their factory, town, country etc.

Ecoutez: Vous avez déjà visité nos ateliers? *(usine)*
Répondez: Non, c'est ma première visite dans votre usine.

1. Vous avez déjà visité nos ateliers? *(usine)*
2. Vous avez déjà visité Toulouse? *(ville)*
3. Vous avez déjà visité la France? *(pays)*
4. Vous avez déjà visité notre Société? *(bureau)*
5. Vous avez déjà visité notre café? *(établissement)*

3. Perfect tense

Practising saying that you have had a good trip, a good meal etc.

Ecoutez: Alors, vous avez fait bon voyage?
Répondez: Oui, j'ai fait un voyage excellent.

1. Alors, vous avez fait bon voyage?
2. Alors, vous avez fait un bon repas?
3. Alors, vous avez fait une bonne visite?
4. Alors, vous avez fait un bon travail?
5. Alors, vous avez fait une bonne publicité?

4. Au/à la/à l' – indirect object

Ecoutez: Il a vendu seize avions à l'Italie? *(les pays arabes)*
Répondez: Mais non! Aux pays arabes.

1. Il a vendu seize avions à l'Italie? *(les pays arabes)*
2. Ils ont vendu les moteurs à la Suisse? *(l'Espagne)*
3. Il a donné les paquets à Georges? *(le contremaître)*
4. Ils ont vendu l'usine à la compagnie allemande? *(la compagnie française)*
5. Il a donné sa valise à sa femme? *(le porteur)*

5. Role-playing

Listen carefully to the complete dialogue first, and then play the part of Victor.

M. TATTI Bonjour, Victor!
VICTOR ......
M. TATTI Soyez le bienvenu!
VICTOR ......
M. TATTI Oui. C'est un de nos tout derniers modèles.
VICTOR ......
M. TATTI Oui. Mais c'est un géant très rapide.
VICTOR ......
M. TATTI Oui, c'est ça, nous fabriquons seulement le fuselage.
VICTOR ......
M. TATTI Oui. Nous montons les pièces ici.
VICTOR ......
M. TATTI Environ seize avions.
VICTOR ......
M. TATTI Oui, c'est vrai nous avons vendu pas mal d'avions aux pays arabes.
VICTOR ......

6. Let's (do something)

a. Exemple: *(Aller)* à l'hôtel.
Allons à l'hôtel!

1. *(Aller)* au cinéma.
2. *(Aller)* au Louvre.
3. *(Manger)* au restaurant.
4. *(Boire)* du vin.
5. *(Acheter)* des billets de théâtre.
6. *(Prendre)* un taxi.
7. *(Descendre)* à Opéra.
8. *(Visiter)* la ville.
9. *(Regarder)* la télévision.
10. *(Parler)* français.

b. And now, working in pairs, make up a dialogue using some of the above verbs.

You	*Your friend*
1. Suggest going into town	2. Disagree. Suggest staying at home and watching television.
3. Disagree. Suggest going to the theatre	4. Agree. Suggest taxi – and also eating out before-hand.
5. Agree. Suggest buying the tickets first.	6. Agree.

c. Now, still working in pairs, make up another dialogue, deciding to do other things.

7. Quel(s)/quelle(s)

Complete the following sentences using *quel(s)* or *quelle(s)* as appropriate.

1. Le Faucon, ... avion!
2. . . . . . . est votre voiture?
3. C'est à . . . . . . nom, s'il vous plaît Madame?
4. Mon Dieu, ... émotions! Je suis épuisée.
5. . . . . . . ateliers avez-vous déjà visité?
6. . . . . . . est votre destination?
7. . . . . . . est votre adresse?
8. Mm! . . . . . . vin!
9. Mais . . . . . . toupet il a, ce douanier!
10. . . . . . . bière préférez-vous, la brune ou la blonde?

8. Pas mal de, assez de, ne ... plus de

Complete the following sentences using *pas mal de, assez de, ne ... plus de* as appropriate.

1. Je suis désolée, je n'ai . . . . . . timbres!
2. Vous avez . . . . . . monnaie pour téléphoner à Londres?
3. Oh, là, là! Il a . . . . . . enfants!!
4. Non, merci. Je ne veux . . . . . . café.
5. Vous avez . . . . . . soupe?
6. Elle a acheté . . . . . . camembert mais juste . . . . . . vin!!

Extra

9. Future tense

Ecoutez: Il a déjà acheté sa GX?
Répondez: Non. Il achètera sa GX le mois prochain.

1. Il a déjà acheté sa GX?
2. Elle a déjà vendu sa maison?
3. Tu as déjà fini tes examens?
4. Ils ont déjà terminé le nouveau modèle?
5. Elles ont déjà organisé la gala?
6. Vous avez déjà visité les Etats-Unis?

10. Comprehension and role-playing

a. Listen to the tape.

b. Now answer these questions.

1. Le passeport de Monsieur X est-il en règle?
2. A quelle date a-t-il expiré?
3. A quelle date se passe la scène?
4. Que fait le C.R.S. (Compagnie Républicaine de Sécurité)?
5. Que fait le chef?
6. Qu'est-ce qu'il conseille à Monsieur X?

c. Now play the part of Monsieur X, who has an out-of-date passport.

C.R.S	Votre passeport, Monsieur.
MONSIEUR X	. . . . . .
C.R.S.	Il n'est pas en règle.
MONSIEUR X	. . . . . .
C.R.S.	Il a expiré le seize.
MONSIEUR X	. . . . . .
C.R.S	Aujourd'hut, c'est le dix-sept.
MONSIEUR X	. . . . . .
C.R.S.	Suivez-moi Monsieur.
(Au bureau du chef)	
LE CHEF	Vous êtes en situation irrégulière.
MONSIEUR X	. . . . . .
LE CHEF	Allez, va! Exceptionnellement, nous vous délivrons un permis d'entrée. Mais allez demain à votre ambassade! Tenez, voilà votre passeport.
MONSIEUR X	. . . . . .

Le savoir-faire

CONTROLE DE LA DOUANE	**PASSAGERS EN TRANSIT**
CONTROLE DES PASSEPORTS	**BOUTIQUE DETAXEE**
FROMAGES-VINS-LIQUEURS	**BUREAU DE CHANGE**
ENREGISTREMENT DES BAGAGES	**TELEPHONE**

BUREAU D'INFORMATIONS   **ARRIVEES**   **DEPARTS**

BANQUE   **TOILETTES**   **LIVRAISON DES BAGAGES**

1. Here is a selection of signs that you will see in a French airport. You probably understand most of them. But better safe than sorry!

   a. If you want to collect your luggage, which sign will you follow?
   b. If you want to cash a cheque, which sign will you look for?
   c. If you want to check the gate number of your flight, which board will you look for?
   d. If you want to buy duty-free goods, which sign will you look for?
   e. If you are continuing your journey on a connecting flight, which sign will you follow?

2. You know how difficult it is to catch airport announcements over a loudspeaker. So here is some practice in understanding them.

a. Listen carefully to this announcement.
b. And now answer the following questions by choosing the correct answer.

1. Which flight was mentioned?
   a. AF 502   b. AF 602   c. AI 502
2. What was the plane doing?
   a. Going to Nice   b. Coming from Nice   c. Stopping at Nice
3. What time will the flight leave?
   a. 21h.30   b. 21h.   c. 21h.03
4. What are passengers being invited to partake of?
   a. Drinks only   b. A full meal   c. A light meal
5. What do you need in order to get it?
   a. Your plane ticket   b. A ticket that you have to buy   c. No ticket at all

Débrouillez-vous

You have just arrived at Charles de Gaulle airport on flight AF 023 from London. You have gone to collect your luggage but it isn't there. You think something must have happened to it between London and Paris.

1. Where would you go to enquire?
   a. Enregistrement des bagages.
   b. Livraisons des bagages.
   c. Bureau d'informations.

2. In reply to the question '*Vous désirez?*', what would you say?
   a. Je ne trouve pas mes bagages.
   b. Où est mon bagage?
   c. Je ne cherche pas mes bagages.

3. In reply to the question '*Quel est votre vol?*', what would you reply?
   a. AF 302.
   b. BE 203.
   c. AF 023.

4. In reply to the question '*En provenance d'où?*', what would you reply?
   a. En provenance de Paris.
   b. En provenance de Londres.
   c. En provenance de Rome.

5. In answer to the request '*Décrivez vos bagages*', how would you say, 'one big black suitcase and one small red one'?
   a. Une petite valise noire et une grande valise rouge.
   b. Une grande valise noire et une petite valise noire.
   c. Une grande valise noire et une petite valise rouge.

6. In reply to the question '*Quel est votre nom?*', which is the most likely answer?
   a. Londres.
   b. L'hôtel Georges V.
   c. John Smith.

7. In reply to the question '*Quelle est votre adresse à Paris?*', which is the most likely answer?
   a. 101 The Glade, Croydon, Surrey.
   b. Chez M. et Mme Vincent, 92 Bld Haussman, Paris 8ème.
   c. Poste restante.

8. Finally, how would you respond to the remark '*Nous allons faire le nécessaire*'?
   a. Merci beaucoup.
   b. Je vous en prie.
   c. Non, ce n'est pas possible!

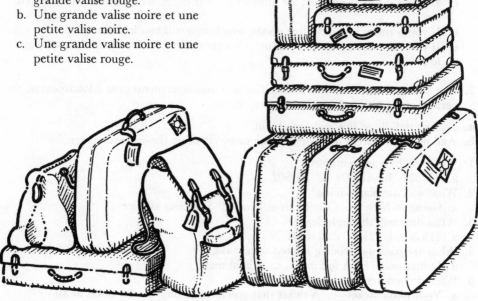

Testez-vous!

Find out how much you have remembered from what you have learned in the units 4–6. Choose the right alternative from the three offered.

1. Je ne trouve pas mon billet! . . .
   (i) Il est perdu!
   (ii) Il est à l'Opéra!
   (iii) Il est en 1ère classe!

2. Votre billet, Madame!
   (i) Oui, tout de suite.
   (ii) Oui, je comprends.
   (iii) Oui, merci.

3. Où allez-vous?
   (i) C'est loin!
   (ii) De l'Opéra.
   (iii) A Opéra.

4. Il cherche son billet dans *sa/son/ses* portefeuille.

5. Ils vont *au bureau/à l'Opéra/à l'hôtel* du chef de station.

6. Vous êtes ici *à l'/au/à la* Opéra.

7. Trouvez *ta/ton/votre* billet!

8. Où est *votre/ta/ton* manteau, chérie?

9. J'habite dans *le No 6/six/sixième*.

10. Vous habitez Paris?
    (i) En France.
    (ii) Non, Strasbourg.
    (iii) Non, l'hôtel.

11. Voyager sans billet . . .
    (i) . . . c'est compris.
    (ii) . . . c'est ça.
    (iii) . . . c'est illégal.

12. Vous ne travaillez pas aujourd'hui?
    (i) Mais si, je travaille!
    (ii) Mais oui, je travaille!
    (iii) Mais je ne sais pas.

13. Je regrette, je n'ai plus *les/des/de* timbres.

14. *C'est/Ce sont/Ils sont* des lettres?

15. Vous faites la queue *pour toujours/pour l'Angleterre/pour acheter des timbres*?

16. Hier *je parle/je vais parler/j'ai parlé* au téléphone.

17. Mais *quelle/quel/quelles* vie!

18. Ah, ces téléphones, *tous/toutes/tout* les mêmes!

19. Vous *connaître/connais/connaissez* le Sud-Ouest?

20. Tenez, vous avez oublié votre serviette!
    (i) Vraiment, ça ne va pas!
    (ii) C'est vous le chef de station.
    (iii) J'ai perdu dix minutes pour rien.

21. Excusez-moi, mais je n'ai pas *de la/de/du* monnaie.

22. Vous désirez?
    (i) Cinq timbres par avion.
    (ii) Voilà un jeton.
    (iii) De rien, de rien.

23. C'est en quoi?
    (i) A l'anglaise.
    (ii) En Angleterre.
    (iii) En anglais.

24. Merci Mademoiselle, vous êtes bien aimable.
    (i) Merci.
    (ii) De rien.
    (iii) C'est égal.

25. Vous avez fait bon voyage?
    (i) Je fais un voyage excellent.
    (ii) Je vais faire un voyage excellent.
    (iii) J'ai fait un voyage excellent.

26. Vous avez déjà visité la ville?
    (i) Non, pas maintenant.
    (ii) Non, merci
    (iii) Non, jamais.

27. Allons d'abord *à la/à l'/au* hôtel.

28. Victor, soyez *le bienvenu/la bienvenue/les bienvenus*!

29. Mettons *sa/notre/nos* bagages sur le chariot!

30. Tu as mis les passeports dans *ton/votre/ta* poche.

A l'hôtel

After visiting the Sériex factory, Victor goes to his hotel to check in. Before going up to his room, he asks for an early alarm call for the following morning (since he is going back to the Sériex factory again) and at the same time orders breakfast.

In the course of this unit the future tense is introduced, and there is a good deal of practice in asking for things.

Dialogue

Personnages: La patronne
Victor

(A la réception)

1. PATRONNE– Bonsoir Monsieur, vous désirez?
   VICTOR – J'ai réservé une chambre pour trois jours.
2. PATRONNE– Oui. A quel nom, s'il vous plaît?
   VICTOR – Melville, Victor Melville.
3. PATRONNE– *(Elle regarde dans son registre à l'entête 'Réservations'.)*
   Melville? Je suis désolée, non, je ne vois pas votre nom.
   VICTOR – Vous êtes sûre?
4. VICTOR – J'ai réservé par téléphone, hier matin de Paris ...
   PATRONNE– Ah! Vous avez téléphoné! ... Alors, attendez un instant.
5. PATRONNE– *(Elle téléphone.)* Allô, Jules, c'est toi? Un certain M. Melville a téléphoné hier matin de Paris ... oui, de Paris, pour réserver une chambre pour trois jours. Hein! Tu as oublié! Nom de Dieu!!
6. PATRONNE– *(à Victor)* Excusez-moi, Monsieur, c'est mon mari, il a oublié.
   VICTOR – Alors, ça va quand même, vous avez une chambre?
7. PATRONNE– Bon, je vous donne la chambre numéro treize.
8. PATRONNE– Malheureusement elle donne sur la rue.
9. PATRONNE– Mais demain, vous aurez la chambre numéro quinze, elle est très calme.
   VICTOR – Bon, parfait.
10. PATRONNE– Eh, dites, Monsieur, la chambre, vous la voulez bien pour trois jours, n'est-ce pas?
    VICTOR – Oui, c'est ça.
11. VICTOR – A propos, je partirai tôt demain matin, pouvez-vous me réveiller à sept heures?
12. PATRONNE– D'accord, je vous passerai un coup de fil dans votre chambre.
13. PATRONNE– Le petit déjeuner, vous le prendrez dans votre chambre?
    VICTOR – Non, non, ne vous dérangez pas, je descendrai dans la salle à manger.
14. PATRONNE– Que prendrez-vous? Du thé, du chocolat ou du café?
    VICTOR – Du café, s'il vous plaît.
15. PATRONNE– Du café avec du lait, c'est bien ça?
    VICTOR – Oui, bien sûr.
16. PATRONNE– Bien. Et ... des tartines ou des croissants?
    VICTOR – Je prendrai des croissants bien chauds – je les aime beaucoup – et aussi du beurre et de la confiture ... J'adore le petit déjeuner à la française!

⊘ Questions

1. Victor a réservé une chambre pour cinq jours?
2. La patronne trouve la réservation dans son registre?
3. Comment Victor a réservé une chambre?
4. Quand est-ce qu'il a téléphoné?
5. Que fait la patronne?
6. Qu'est-ce qu'elle dit à son mari?
7. Pourquoi la réservation n'est pas dans le registre?
8. Quel est le numéro de la chambre de Victor?
9. La chambre, il la veut pour quatre jours?
10. Victor demande à la patronne de le réveiller à quelle heure?
11. Pourquoi?
12. Où Victor prendra son petit déjeuner?
13. Que prendra-t-il?

Explanations

7.1 Expressing the future

There are three different ways of expressing the future. They are sometimes interchangeable. The choice depends on whether the language is more or less familiar, written or spoken, the attitude of the speaker (the strength or the intention of probability).

1. Present tense

Je vous **donne** la chambre numéro treize.
(I'll give you Room No 13.)

Je reviens tout de suite.
(I'll be back straight away.)

On dîne chez moi demain.
(We'll be dining at my place tomorrow.)

Note that in these examples there is an element of intention or probability, and that they are all examples of the spoken language.

2. Aller + infinitive

Je vais partir tôt cet après-midi.
(I'm leaving/going to leave early this afternoon.)

Vous allez poster ces lettres tout de suite?
(You're going to post those letters straight away?)

Elle va bientôt **arriver**?
(She'll be arriving soon?)

Note that in these examples also there is an element of intention or probability, and that they are examples of the spoken language (See paragraph 4.8.)

3. The future tense

(i) Demain **vous aurez** la chambre numéro 15.
(Tomorrow you will have Room No 15.)
The future in this example refers to a future event.

(ii) **J'irai** à Paris en automne, j'espère.
(I shall go to Paris in the autumn, I hope.)

Téléphone! **Ce sera** encore pour Françoise!
(Telephone! It will be for Françoise again!)
The future in this last example has an element of conjecture.

(iii) **Je partirai** tôt demain matin.
(I'll be leaving early tomorrow morning.)

Le petit déjeuner, **vous** le **prendrez** dans votre chambre?
(You'll take breakfast in your room?)
The future in these examples refers to a future event and has an element of
probability (but less obvious than if present tense or *aller* + infinitive had been
used.)

7.2 Future tense of 'donner' – all forms

Je	donnerai	
Tu	donneras	
Il Elle	} donnera	un dîner
Nous	donnerons	
Vous	donnerez	
Ils Elles	} donneront	

To form the future, add the future endings to
the infinitive of the verb.

7.3 Future tense of 'prendre' – all forms

Je	prendrai	un croissant
Tu	prendras	des tartines
Il Elle	} prendra	le petit déjeuner
Nous	prendrons	un whisky
Vous	prendrez	le métro?
Ils Elles	} prendront	un parapluie

In infinitives ending in **-re**, the final **e** is
dropped before adding the future
endings.

7.4 Future tense of 'être' – all forms

Je	serai	épuisée
Tu	seras	content
Il Elle	} sera	en retard
Nous	serons	enchantés
Vous	serez	la bienvenue
Ils Elles	} seront	à l'heure

7.5 Future tense of 'faire' – all forms

Je	ferai	des sandwichs
Tu	feras	le thé
Il Elle	} fera	froid le petit déjeuner
Nous	ferons	le voyage ensemble
Vous	ferez	la connaissance de Mme Sériex
Ils Elles	} feront	le dîner

7.6 Du/de la/de l'/des *(some, any)*

Je prendrai **des** croissants, et aussi **du** beurre et **de la** confiture.
(I will have (some) croissants, and also some butter and jam.)

le pain	**du**	pain
la confiture	**de la**	confiture
l'eau	**de l'**	eau
les croissants	**des**	croissants

N.B. Du, **de la**, **de l'**, **des** *must not* be omitted, as is commonly done with English 'some'.

7.7 Rappel!

Je prendrai	**du** pain
	de la confiture
	de l'eau
	des croissants

MAIS

Je **n'**ai **pas**	**de** pain
	de confiture
	d'eau
	de croissants

7.8 Le *(him, it)*/la *(her, it)*/les *(them)* – pronouns

(La chambre) Vous **la** voulez pour trois jours?
(You want it for three days?)
(Le petit déjeuner) Vous **le** prendrez dans votre chambre?
(Will you take it in your room?)
(Les croissants) Je **les** aime beaucoup.
(I like them very much.)

Vous prenez	la chambre?	Je **la** prends.
	le métro?	Je **le** prends.
	les croissants?	Je **les** prends.

Note the position of the pronouns **le**, **la**, **les** – directly before the verb.

7.9 Present tense of 'pouvoir' *(to be able)* – all forms

Je	peux	venir à sept heures
Tu	peux	attendre un instant?
Il / Elle	peut	réserver la chambre
Nous	pouvons	revenir plus tard
Vous	pouvez	manger maintenant
Ils / Elles	peuvent	rester à la maison

Learn this important irregular verb by heart.

7.10 Numbers (11–20)

11 **onze** 12 **douze** 13 **treize** 14 **quatorze** 15 **quinze**
16 **seize** 17 **dix-sept** 18 **dix-huit** 19 **dix-neuf** 20 **vingt**

Some useful phrases		Months	
Je suis désolé(e)	*I'm terribly sorry*	janvier	*January*
Vous êtes sûr(e)	*Are you sure?*	février	*February*
Par téléphone	*By phone*	mars	*March*
Attendez un instant	*Wait a minute*	avril	*April*
Ça va quand même?	*Anyway, is that all right?*	mai	*May*
Pouvez-vous me réveiller à ...	*Can you wake me at ...*	juin	*June*
Bien sûr	*Of course*	juillet	*July*
Ne vous dérangez pas	*Don't bother/don't worry*	août	*August*
C'est bien ça?	*That's right, isn't it?*	septembre	*September*
A la française	*French style*	octobre	*October*
Je vous passerai un coup de fil	*I'll give you a ring*	novembre	*November*
		décembre	*December*

Le savoir-faire

A. When writing a letter to make a hotel reservation there are certain set phrases which you can use.

Vocabulaire	
Monsieur/Madame	*Dear Sir/Madam*
je voudrais réserver . . .	*I should like to book . . .*
une chambre à un lit/à deux lits/avec un grand lit	*a single room/a twin-bedded room/a double-bedded room*
avec WC/bain/douche	*with WC/bath/shower*
pour trois jours	*for three days*
un emplacement pour une voiture/deux tentes	*a pitch* (on a camp site) *for one car/two tents*
j'arriverai/nous arriverons le . . .	*I/we shall arrive on the . . .*
je resterai/nous resterons jusqu'au . . .	*I/we shall be staying until . . .*
je partirai/nous partirons le . . .	*I/we shall be leaving on the . . .*
veuillez m'envoyer vos prix/ votre tarif par retour du courrier	*please send me your prices by return of post*
en vous remerciant à l'avance	*thanking you in advance*
veuillez agréer, cher Monsieur/ chère Madame, mes salutations distinguées; avec mes remerciements	*Yours truly/faithfully*

Je voudrais réserver	1 2 3	chambre(s) emplacements(s)	à 1 lit à 2 lits avec 1 grand lit pour 1 voiture pour 2 voitures pour 3 voitures	avec bain avec douche avec WC et 1 tente et 2 tentes et 3 tentes
J'arriverai	le 1 le 2 le 3 etc	janvier février mars etc	au matin au soir dans l'après midi	et je resterai et nous resterons et je partirai et nous partirons
Veuillez m'envoyer	vos prix votre tarif	par retour du courrier aussitôt que possible	en vous remerciant par avance veuillez agréer avec mes remerciements	cher Monsieur chère Madame

Using the table, write:

1. A letter booking a double-bedded room for two with a shower, for arrival on March 1st in the morning and a stay of one week.
2. A letter booking a single room with a bath and WC, arrival on August 5th and departure on August 23rd, asking also for information about prices.
3. A letter booking two camp-site pitches for two cars and three tents, arriving on the evening of July 14th, departure July 21st, requesting information about rates by return.

B. Here are the answers to letters 2 and 3. Translate them into English. Look at the vocabulary below to help you understand the replies.

Cher Monsieur Smith,

Je vous remercie de votre lettre du 10/3/..

Je suis heureux de vous réserver une chambre avec salle de bains du 5 au soir au 23 au matin. Le prix est de 35F par jour. Le petit déjeuner est en supplément – 6F par personne. Pour confirmer votre réservation, il est préférable de nous envoyer des arrhes.

Dans l'attente de vous lire, veuillez agréer, Cher Monsieur Smith, mes sentiments les meilleurs.

Jean Bon

Cher Monsieur King,

Je vous remercie de votre lettre du 3/4/..

Je suis heureux de vous réserver deux emplacements pour deux voitures et trois tentes. Le prix est de 5F par jour pour l'emplacement + 6F par adulte et 3F par enfant. Pour confirmer votre réservation, il est préférable de nous envoyer des arrhes aussitôt que possible.

Dans l'attente de vous lire, veuillez agréer, Cher Monsieur King, mes sentiments les meilleurs.

Roger Gros

jusqu'au	2 3 4 etc
le	2 3
mes salutations distinguées	

Vocabulaire	
le prix par jour	*the rate per night*
le petit déjeuner est en supplément	*breakfast is extra*
envoyer des arrhes	*to send a deposit*
la pension complète	*full board*
la demi-pension	*half board* (i.e. bed, breakfast and evening meal)
pour confirmer votre réservation	*to confirm your reservation*
par adulte/par enfant	*per adult/per child*

Expansion: Dans la chambre numéro 13

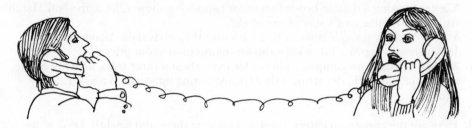

Personnages: Victor
La standardiste
Mlle Sériex

VICTOR — *(Il appelle le standard.)* Allô, Mademoiselle, passez-moi le 272-13-26 s'il vous plaît ... oui, oui, à Toulouse.

VICTOR — *(cinque minutes plus tard)* Allô, oui?

STANDARDISTE— Je suis désolée, mais le 272-13-26 à Toulouse est occupé.

VICTOR — Rappelez-moi dès que vous aurez la communication.

STANDARDISTE— Bien, Monsieur.

VICTOR — Bon. Je mets la radio. *(Il met la radio.)*

SPEAKER — Et maintenant la météo ... Dans le sud de la France, le temps demain sera doux et ensoleillé dans la matinée, légèrement pluvieux dans l'après-midi. La température atteindra un maximum de 14°. Dans le nord, il fera froid ...
(Le téléphone sonne, Victor éteint la radio, décroche le téléphone.)

VICTOR — Allô, oui? C'est bien le 272-13-26. Oui? Ah! Bonsoir Madame, puis-je parler à M. Sériex?

MLLE SÉRIEX — Je suis désolée, mon père n'est pas là ... Qui est à l'appareil?

VICTOR — Victor Melville.

MLLE SÉRIEX — Ah! Monsieur Melville! Papa a beaucoup parlé de vous ... Je serai enchantée de faire votre connaissance demain soir.

VICTOR — Euh ... C'est à dire que ... Justement ...

MLLE SÉRIEX — Vous viendrez dîner demain soir, n'est-ce pas?

VICTOR — Euh, oui, bien sûr, je viendrai ... Eh bien, au revoir Mademoiselle.

MLLE SÉRIEX — Au revoir, Monsieur.

Expansion exercises

⊘ 1. Telephone numbers

The numbers you give to the operator are engaged and you ask her to try others, but all in vain.

Ecoutez: Allô, oui? *(272-13-25)*
Répondez: Passez-moi le 272-13-25, s'il vous plaît.

Ecoutez: Je suis désolée, c'est occupé. *(272-13-26)*
Répondez: Ah? Eh bien passez-moi le 272-13-26.

1. Allô, oui? *(272-13-25)*
2. Je suis désolée, c'est occupé. *(272-13-26)*
3. Je suis désolée, c'est occupé. *(272-13-27)*
4. Je suis vraiment désolée, mais c'est occupé. *(272-13-28)*
5. Oh, je suis vraiment désolée, Monsieur, mais c'est occupé. *(272-13-29)*
   Je suis désolée, Monsieur, mais ils sont tous occupés!

⊘ 2. Who's speaking?

Practising asking to speak to a particular person on the telephone. You're told he's not there, and you then ask who's speaking.

Ecoutez: Allô, oui? *(M. Sériex)*
Répondez: Puis-je parler à M. Sériex?

Ecoutez: Je suis désolée, M. Sériex n'est pas là.
Répondez: Qui est à l'appareil?

1. Allô, oui? *(M. Sériex)*
   Je suis désolée, M. Sériex n'est pas là.
2. Allô, oui? *(M. Melville)*
   Je suis désolée, M. Melville n'est pas là.
3. Allô, oui? *(Mme Sériex)*
   Je suis désolée, Mme Sériex n'est pas là.
4. Allô, oui? *(M. Morel)*
   Je suis désolée, M. Morel n'est pas là.

⊘ 3. Enchanté

How to accept an invitation gracefully. (Careful of the verb in No. 5).

Ecoutez: Alors, demain vous viendrez dîner, n'est-ce pas?
Répondez: Oui, je serai enchanté de venir dîner.

1. Alors, demain vous viendrez dîner, n'est-ce pas?
2. Alors, demain vous viendrez déjeuner, n'est-ce pas?
3. Alors, demain vous viendrez prendre le thé, n'est-ce pas?
4. Alors, demain vous viendrez boire un verre, n'est-ce pas?
5. Alors, demain vous viendrez à mon hôtel, n'est-ce pas?

⊘ 4. Je viendrai à ... (time)

Ecoutez: A propos, à quelle heure viendrez-vous au bureau? *(8h.)*
Répondez: Je viendrai à huit heures. Ça va?

1. A propos, à quelle heure viendrez-vous au bureau? *(8h.)*
2. A propos, à quelle heure viendrez-vous à l'usine? *(4h.)*
3. A propos, à quelle heure viendrez-vous à la maison? *(6h.)*
4. A propos, à quelle heure viendrez-vous à l'appartement? *(9h.)*
5. A propos, à quelle heure viendrez-vous à l'atelier? *(10h.)*

Le savoir-lire

météo
Quelques pluies passagères

En France aujourd'hui

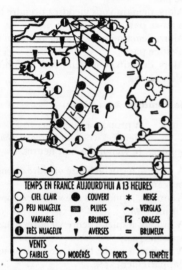

TEMPS EN FRANCE AUJOURD'HUI A 13 HEURES

○ CIEL CLAIR	● COUVERT	✳ NEIGE
◐ PEU NUAGEUX	▨ PLUIES	~ VERGLAS
◑ VARIABLE	⸴ BRUINES	⌇ ORAGES
◖ TRÈS NUAGEUX	▾ AVERSES	= BRUMEUX

VENTS
○ FAIBLES ⟲ MODÉRÉS ⟲ FORTS ⟲ TEMPÊTE

REGION PARISIENNE. — Ciel devenant très nuageux à couvert en début de journée, avec quelques faibles pluies ensuite. Températures en légère baisse. Vents modérés de sud-ouest.

AILLEURS. — Une zone de temps couvert et faiblement pluvieux située le matin de la Normandie aux Charentes se décalera vers l'est pour atteindre ce soir les régions axées des Flandes au massif Central et au Languedoc. Elle s'accompagnera de vents modérés de sud-ouest et d'orages isolés dans le Midi.

A son avant, il fera tout d'abord beau puis le ciel se couvrira progressivement. A son arrière, le ciel deviendra variable avec éclaircies prédominantes.

Les températures baisseront légèrement à l'arrivée des pluies.

DEMAIN. — Le matin, il pleuvra de l'Alsace aux Alpes et à la Corse ; partout ailleurs, il fera beau après dissipation de nombreux brouillards. L'après-midi, de nouvelles pluies gagneront toute la moitié ouest du pays tandis que se produira une nette amélioration dans l'Est.

Vocabulaire

la chaleur	*heat*	la neige	*snow*
l'orage	*storm*	le veglas	*ice*
le nuage	*cloud*	l'averse (f)	*shower*
le vent	*wind*	l'éclaircie (f)	*bright period*
la pluie	*rain*	le brouillard	*fog*

Questions

1. Look at the main headline and the map.
   What will the weather be like in general to-day in France?
2. Look at the section: RÉGION PARISIENNE.
   What will the weather be like in Paris?
3. Look at the section: AILLEURS.
   Where will there be storms in the evening?
4. Look at the section: DEMAIN.
   What is the weather forecast for tomorrow
   (i) in the Alps?
   (ii) in Corsica?
   (iii) in the east of France?

To talk about the weather, learn these useful expressions by heart.

Vocabulaire	
Il fait beau	*It is a nice day*
Il fait chaud	*It is hot*
Il fait froid	*It is cold*
Il fait doux	*It is mild*
Il pleut	*It is raining*
Il neige	*It is snowing*
Il y a du vent	*It is windy*
Il y a des nuages	*It is cloudy*
Le temps est pluvieux	*It is rainy (weather)*
Le temps est ensoleillé	*It is sunny (weather)*
Le temps est nuageux	*It is cloudy (weather)*

Exercise

	Région	Temps	Informations supplémentaires
Hier	dans le nord	couvert	avec des orages isolés
Aujourd'hui	dans le sud	pluvieux	avec des nuages passagers
Demain	dans l'ouest	ensoleillé	avec des vents faibles/variables
Ce matin	dans l'est	beau	
Ce soir	dans les Alpes	froid	avec quelques faibles pluies
Au week-end	dans la région parisienne	chaud	
	en Corse	nuageux	
	en Alsace		

Read *La Météo* again, and look at the vocabulary box carefully. Now choosing an item from each of the first three columns of this table (and perhaps one from the fourth) make up your own weather forecasts, using *être* or *faire*.

Practice

◉ 1. Future tense

Someone asks you if you have done something.
Answer that you will do it tomorrow.

Ecoutez: Vous avez réservé ma place?
Répondez: Non, je la réserverai demain.

1. Vous avez réservé ma place?
2. Vous avez pris votre billet?
3. Vous avez téléphoné à Londres?
4. Vous avez réservé votre chambre?
5. Vous avez fait votre valise?
6. Vous avez visité le Louvre?

◉ 2. Future tense

A friend is asking you what your prospects are
for next year if you pass your exam.

Ecoutez: Alors, que feras-tu l'année
           prochaine? *(aller à Londres)*
Répondez: J'irai à Londres.

1. Alors, que feras-tu l'année prochaine? *(aller
   à Londres)*
2. Ah! Tu as de l'argent? *(non – travailler)*
3. Ah, oui! Dis-moi tu connais l'anglais? *(non –
   apprendre)*
4. Tu as du courage! Et puis? *(acheter une
   voiture)*
5. C'est une bonne idée! Et tu rentreras en
   France? *(non – voyager beaucoup)*.
6. Ah! oui, où iras-tu? *(visiter le Pays de Galles,
   l'Ecosse et l'Irlande)*

◉ 3. Pas de ...

How to turn down things (to eat or drink).

Ecoutez: Vous prenez du thé avec de la
           crème, n'est-ce pas?
Répondez: Non, non! Pas de crème, merci!

1. Vous prenez du thé avec de la crème, n'est-
   ce pas?
2. Vous prenez du café avec du lait, c'est bien
   ça?
3. Vous voulez des tartines avec du chocolat,
   non?
4. Vous aimez les croissants avec de la
   confiture, n'est-ce pas?
5. Vous buvez le chocolat avec du sucre, c'est
   bien ça?
   Oh! là, là! Qu'il est difficile, cet Anglais!

◉ 4. Du/de la/des

Ecoutez: Vous avez quelque chose à boire,
           n'est-ce pas? *(le vin)*
Répondez: Oui, j'ai du vin.

1. Vous avez quelque chose à boire, n'est-ce
   pas? *(le vin)*
2. Et à manger? *(les sandwichs)*
3. Et pour cet après-midi, vous avez quelque
   chose à boire? *(la bière)*
4. Et à manger? *(le saucisson)*
5. Et pour ce soir, vous avez quelque chose à
   boire? *(le champagne)*
6. Et à manger? *(le caviar)*
   Ah! quel luxe!

◉ 5. Dès que + future tense

Ecoutez: Je suis désolée, Monsieur,
           mais je n'ai pas de réponse.
Répondez: Rappelez-moi dès que vous
           aurez une réponse.

1. Je suis désolée, Monsieur, mais je n'ai pas
   de réponse.
2. Je suis désolé, Madame, mais je ne trouve
   pas votre valise.
3. Je suis désolé, Mademoiselle, mais je n'ai
   pas trouvé de taxi.
4. Je suis désolée, Monsieur, mais je ne trouve
   pas votre message.
5. Je suis désolé, Madame, mais je n'ai pas la
   communication.

6. Le/la/les – pronouns

Read the sentences carefully. Then choose the
correct answer.

1. Vous réservez une chambre du treize
   jusqu'au vingt août.
   Que dites-vous à la patronne?
   a. Je la veux pour une semaine.
   b. Je la veux pour quinze jours.

2. La patronne vous demande: 'Où prendrez-
   vous votre petit déjeuner?'
   Que lui répondez-vous?
   a. Je l'ai pris au salon.
   b. Je le prendrai dans ma chambre.

3. Vous sortez avec des amis après le travail.
   Vous voulez la voiture. Que dites-vous à
   votre femme?
   a. Je la veux pour ce soir.
   b. Je la prendrai peut-être.

4. Vous partez en voyage d'affaires, mais vous n'avez pas eu le temps d'acheter votre billet à l'avance.
   Que direz-vous?
   a. Je l'achèterai demain.
   b. Je voyagerai sans billet.

5. Vous partez en voyage d'affaires, mais vous n'avez pas eu le temps de préparer vos bagages.
   Que direz-vous?
   a. Je les ai déjà faits.
   b. Je les ferai demain.

6. Votre collègue français vous propose de visiter le Louvre, mais vous l'avez déjà visité plusieurs fois.
   Que dites-vous?
   a. Je le visiterai avec plaisir.
   b. Merci. Je l'ai déjà visité.

7. Je voudrais …

Here is your shopping list, ask for the things on it. Start your sentences with *Je voudrais* …

Vin rouge
Pain
Beurre
Confiture
Sucre
Lait
Crème
Croissants
Cigarettes

8. Pas de …

Unfortunately, nearly all the things you have asked for in Ex. 7 are out of stock. Play the rôle of the shop assistant. Start your sentences with: *Je suis désolé(e), mais je n'ai pas de* ….

9. Pouvez-vous …?

Practising how to ask for something politely.

Exemple: Pouvez-vous me réveiller à 7h., s'il vous plaît?

1. Ask the waiter to give you the menu.
2. Ask the waiter to give you some water.
3. Ask the waitress to give you some bread.
4. Ask the receptionist to call a taxi for you.
5. Ask the *patronne* to ring 702-55-13 for you.
6. Ask the secretary to post a letter for you.
7. Ask the secretary to book a room for two nights in a hotel.
8. Ask the secretary to get you a ticket for the Folies-Bergère.

10. Future tense

a. Victor is asked what his plans for the holidays are. You are Victor. Use the sentences below as guide-lines for your answers.

1. Aller en Espagne.
2. Prendre le bateau jusqu'à Dieppe.
3. Descendre en voiture jusqu'aux Pyrénées.
4. Faire du camping en France.
5. Manger le soir au restaurant.
6. Visiter villes, villages.

b. Now, using the ideas above, say what your own plans for the holidays are.

Extra

🔊 11. Dans la chambre d'hôtel

There's been some mistake …

Ecoutez: Monsieur, voilà le foie gras que vous avez demandé.
Répondez: Mais … je n'ai pas demandé de foie gras!

1. Monsieur, voilà le foie gras que vous avez demandé.
2. Voilà le caviar que vous avez commandé tout à l'heure, Monsieur.
3. Monsieur, les roses que vous avez achetées viennent d'arriver.
4. Les billets pour l'Opéra que vous avez réservés, Monsieur — les voilà!
5. Monsieur, voilà le champagne que vous avez commandé pour l'anniversaire de Madame!
   Le directeur: Vous m'avez demandé? Monsieur n'est pas satisfait de notre service ici?

Informations: Le système des téléphones en France

 Comment téléphoner en France? Vous n'avez que l'embarras du choix. Vous pouvez téléphoner d'un bureau de poste, d'un café, d'une station de métro ou d'une gare et bien entendu d'une cabine publique dans la rue (si vous avez de la chance).

D'un bureau de poste, vous pouvez téléphoner partout en France ou à l'étranger. Si vous voulez téléphoner en ville, vous demandez un jeton.
Si vous avez la monnaie, c'est plus rapide d'utiliser les téléphones qui opèrent avec des pièces.
Si vous voulez téléphoner n'importe où en France, vous donnez le numéro de téléphone de votre correspondant à la téléphoniste qui est au guichet. Quand elle obtient votre correspondant elle vous indique le numéro de votre cabine. Mais si le numéro de votre correspondant peut être obtenu en direct, c'est plus facile et plus rapide d'utiliser les téléphones qui opèrent avec des pièces de 0,20, 0,50 et 1F.

Dans un café, le prix de la communication varie. Le patron vous donne un jeton ou bien vous branche le téléphone public (qui très souvent se trouve près des toilettes). En général, c'est impossible de téléphoner à l'étranger ou en province d'un café.

Dans une station de métro ou dans une gare, vous avez deux sortes de téléphone: les téléphones qui opèrent avec un jeton (mais pas le même jeton qu'à la poste!) et ceux qui opèrent avec des pièces. Vous achetez le jeton au guichet des billets. Mais de plus en plus on trouve des téléphones qui opèrent avec des pièces de 0,20, 0,50 et 1F.

Dans la rue, on trouve de plus en plus d'abris-téléphones aux arrêts d'autobus. Ce sont des téléphones jaunes qui opèrent donc avec des pièces de 0,20, 0,50 et 1F. On trouve également de nouvelles cabines téléphoniques qui opèrent avec des pièces de 0,20, 0,50, 1F et 5F.

Si cela vous semble trop compliqué, eh bien trouvez un téléphone privé et plus de problèmes!!
Mais si vous n'avez plus d'argent, demandez un appel en PCV. (C'est votre correspondant qui paiera.)
Si vous ne voulez pas perdre de temps ou d'argent, demandez un avis d'appel. Enfin si votre correspondant n'a pas de téléphone, vous pouvez quand même lui téléphoner.
Vous demandez un préavis d'appel. L'employée du bureau de poste préviendra votre correspondant de l'heure et du jour de votre coup de fil. Eh, oui! 'Impossible n'est pas français!!'

And now answer the following questions.

1. From where can you make a telephone call?
2. Can you ring abroad from any telephone?
3. What is a *jeton*?
4. Which telephones use coins of 0,20, 0,50 and 1F?
5. Where do you find them?
6. What is the French for 'reversed charges'?
7. What is the French for 'personal call'?
8. What is a *préavis d'appel*?

Dans les ateliers

8

Victor goes back to the Sériex factory to visit the shopfloor. M. Sériex is again called urgently to the telephone and this time Victor is left in the company of Georges, the CGT (*Confédération Générale du Travail*) shopsteward (*le délégué syndical cégétiste*). They talk mainly about salaries, unions and workers' participation. The CFDT (*Confédération Française et Démocratique du Travail*), the second largest union, is also mentioned.

Dialogue

Personnages: M. Sériex
Victor
Georges, le délégué syndical cégétiste
Un employé

VICTOR – A propos, ce M. Tatti, il a toujours travaillé chez vous?

M. SÉRIEX – Tatti? Oui, il a fait son apprentissage chez nous! ... Entre nous, il a la langue bien pendue, hein! Mais c'est un brave type.
(Ils entrent dans l'atelier de montage.)

VICTOR – Tiens, vos machines sont françaises! ... Dites-moi, elles marchent sans problèmes?

M. SÉRIEX – Ah, vous savez, la technologie n'est pas infaillible!

VICTOR – Vous avez de bons rapports avec vos ouvriers?

M. SÉRIEX – Oh, là, là, oui, très bons! ... Tenez, voilà Georges. *(Il appelle)* Georges, Georges, viens ici un moment. *(à Victor)* Georges, c'est le délégué syndical. Têtu comme une mule, mais c'est un brave type.

EMPLOYÉ – M. Sériex, téléphone du Caire, c'est urgent.

M. SÉRIEX – Le Caire? J'arrive. *(à Victor)* Victor, veuillez m'excuser, mais c'est un appel très important ... *(à Georges)* Georges, occupe-toi de M. Melville.

EMPLOYÉ – M. Sériex, téléphone, c'est urgent.

M. SÉRIEX – Oui, oui, j'arrive ... Oh, là, là, quelle vie!

VICTOR – Dites-moi, Georges, vous représentez quel syndicat?

GEORGES – La CGT ... Nous sommes majoritaires dans l'usine.

VICTOR – Comment ça?

GEORGES – Eh bien, c'est-à-dire que nous avons la majorité des syndiqués. La CFDT, elle, vient en deuxième position.

VICTOR – Ah, je comprends ... Et cette fameuse participation, ça marche chez vous?

GEORGES – Vous plaisantez. La participation, c'est du vent! C'est une invention du patronat.

VICTOR – Alors, vous êtes contre?

GEORGES – Je n'ai pas dit ça ... Mais leurs promesses, c'est du vent ... Tenez, hier je suis allé à une réunion syndicale. Nous avons décidé de demander une augmentation de salaire de 15% à cause du coût de la vie ... Je sais d'avance leur réponse: Non, non, parce qu'il y a l'inflation, la crise économique etc ...

VICTOR – Mais c'est vrai, il y a une crise économique très grave, une inflation croissante ...

GEORGES – Je sais bien ... Mais notre demande, c'est justement à cause de ça!

❼ Questions

1. Pourquoi Tatti est un employé fidèle?
2. Est-ce que les machines Sériex sont anglaises?
3. Les machines marchent sans problèmes?
4. Comment sont les relations de M. Sériex avec ses ouvriers?
5. Qui est Georges?
6. Pourquoi M. Sériex dit: 'Victor, veuillez m'excuser'?
7. Qu'est-ce qu'il dit à Georges?
8. Georges représente quel syndicat?
9. Quel syndicat vient en deuxième position?
10. La participation, ça marche à l'usine Sériex?
11. Georges est contre la participation?
12. Qu'est-ce que les ouvriers ont décidé à la réunion syndicale?
13. Pourquoi?
14. Quelle sera la réponse du patronat?
15. Pourquoi?

Explanations

8.1 Ce/cette/ces *(this/that, these/those)*

A propos, **ce** M. Tatti ... *(By the way, this M. Tatti ...)*
Cette fameuse participation ... *(This famous participation ...)*
Ces jeunes, tous les mêmes ... *(These young people, they are all the same ...)*

le monsieur **l'**avion (m)	**ce** **cet**	monsieur avion
la participation	**cette**	participation
les jeunes	**ces**	jeunes

Note that if a masculine noun begins with a vowel, the form is **cet**.

8.2 Leur(s) *(their)*

Je sais d'avance **leur** réponse. *(I know their reply in advance.)*
Mais **leurs** promesses, c'est du vent. *(Their promises, they're just hot air.)*

le patron	**leur**	patron
la réponse		réponse
les syndiqués	**leurs**	syndiqués
promesses		promesses

Leur is used for both masculine and feminine singular, and **leurs** for both masculine and feminine plural. (Like **votre**, **vos**, Units 3 and 4.)

8.3 Rappel!

the	*my*	*your* (fam.)	*his/her*	*our*	*your*	*their*
le	**mon**	**ton**	**son**			
la l'	**ma** **mon**	**ta** **ton**	**sa** **son**	**notre**	**votre**	**leur**
les	**mes**	**tes**	**ses**	**nos**	**vos**	**leurs**

8.4 Perfect tense with 'être'

Some verbs form the perfect tense with **être**, not **avoir**. These are mostly verbs of movement.

Je **suis allé** à une réunion syndicale. *(I went to a union meeting.)*

Other verbs of this kind are:

arriver	**je suis arrivé(e)**
entrer	**je suis entré(e)**
partir	**je suis parti(e)**
descendre	**je suis descendu(e)**

(See paragraph 10.1.)

8.5 'Ne ... pas' with the perfect tense

Je **n**'ai **pas** dit ça. *(I did not say that.)*
La direction **n**'a **pas** accepté. *(The mangagement did not agree.)*
Il **n**'est **pas** arrivé. *(He has not arrived.)*

Note the position of **ne** and **pas**.

8.6 Il y a *(there is/there are)*

Il y a l'inflation, la crise économique. *(There is inflation, the economic crisis.)*

Il y a	la crise ...
	le patron ...
	les syndicats ...

Il y a does not change its form. It means both *'there is'* and *'there are'*.

8.7 De + adjective + noun

Vous avez **de** <u>bons</u> rapports avec vos ouvriers?
(Do you have good relations with your workers?)
Nous avons **des** rapports <u>excellents</u> avec votre compagnie.
(We have excellent relations with your firm.)

Note the difference when <u>the adjective precedes the noun.</u>

8.8 Adjective preceding noun

Vous avez de **bons rapports** avec vos ouvriers?
(Do you have good relations with your workers?)
Et cette **fameuse participation**, ça marche?
(And this famous participation idea, is it going all right?)

Usually an adjective follows the noun, but some very common adjectives (**bon**, **petit**, **grand** ...) always come before the noun. Other adjectives coming before the noun have either an ironic or an emphatic meaning.

Some useful phrases

Chez vous	*At your place (house, factory etc.)*
Comment ça?	*What do you mean?*
Oh là là, quelle vie!	*Oh dear, what a life!*
Ça marche?	*Is it going all right?*

Practice

◉ 1. Perfect tense

Ecoutez: Alors, il travaille chez vous?
Répondez: Eh, oui, il a toujours travaillé
                 chez nous.

1. Alors, il travaille chez vous?
2. Alors, elle achète chez vous?
3. C'est vrai, il mange chez vous?
4. C'est vrai, elles habitent chez vous?
5. Alors, ça marche chez vous?

◉ 2. Asking for information

Ecoutez: Oui? *(téléphone)*
Répondez: Excusez-moi, il y a un téléphone
                 près d'ici?
Ecoutez: Oui. Regardez, il y a un téléphone
                 près du bureau de poste.
                 (café)
Répondez: Ah! Merci bien ... Il y a
                 un café près d'ici?

1. Oui? *(téléphone)*
Oui. Regardez, il y a un téléphone près du bureau de poste.
2. *(café)*
Oui. Regardez, Il y a un café près du bureau de poste.
3. *(cinéma)*
Oui. Regardez, il y a un cinéma près du bureau de poste.
4. *(restaurant)*
Oui. Regardez, il y a un restaurant près du bureau de poste.
5. *(boîte aux lettres)*
Oui. Regardez, il y a une boîte aux lettres près du bureau de poste.
Ah! Merci bien . . . Il y a un bureau de poste par ici?

3. Perfect with 'être'

Ecoutez: Qu'avez-vous fait hier soir?
            (cinéma)
Répondez: Hier soir, je suis allé au cinéma.

1. Qu'avez-vous fait hier soir? *(cinéma)*
2. Et ensuite, qu'avez-vous fait? *(restaurant)*
3. Mireille, qu'a-t-elle fait hier soir? *(théâtre)*
4. Et Jean-Marie, qu'a-t-il fait? *(réunion syndicale)*
5. Et ensuite? Qu'a-t-il fait? *(usine)*

4. Perfect with negative

Ecoutez: Il paraît qu'il a perdu
            son billet.
Répondez: Mais non, il n'a pas perdu
            son billet!

1. Il paraît qu'il a perdu son billet.
2. Et aussi qu'il a oublié son passeport chez lui.
3. En plus de ça, il a complètement oublié de prendre de l'argent!
4. Mais, tais-toi, voyons! Et bien sûr il a raté l'avion!
5. Bien sûr, arrivé à Londres, il a perdu ses valises.

5. Perfect with negative

Make sentences that make sense out of the two columns.

1. Je veux aller à l'Opéra demain mais ...
2. Il répète que je suis contre la participation mais ...
3. Ils ont pris mon verre alors que ...
4. Je vais à Lyon demain mais ...
5. Ils m'ont offert un poste de contremaître mais ...
6. J'ai bien téléphoné à Toulouse mais ...

a. ... je n'ai pas dit ça!
b. ... je n'ai pas fini mon vin!
c. ... je n'ai pas téléphoné à Londres.
d. ... je n'ai pas réservé de chambre d'hôtel.
e. ... je n'ai pas accepté!
f. ... je n'ai pas pris de billet!

6. Possessive adjectives

Work in groups of three. Student 1 draws a noun from the following list, and students 2 and 3 respond using the same noun:
voiture (f)/*valise* (f)/*parapluie* (m)/*manteau* (m)/*sac* (m)/*clef* (f).

Student 1: *(voiture)*
            Mon Dieu! Je ne trouve plus ma voiture!
Student 2: Quoi! Tu as encore perdu ta voiture!
Student 3: Eh, oui! Il a perdu sa voiture!

7. Leur/leurs

Complete the following exercise, writing *leur* or *leurs* as appropriate.

Vous connaissez les Dupont-Durand? Alors, vous connaissez ... enfants! ... deux filles et ... fils! Ah! Vous connaissez aussi ... maison de Versailles!! Oui, je sais, ce sont des gens très bien. Et vous connaissez aussi ... usines à Boulogne, vous les avez visitées! Et vous avez aussi visité ... appartement à Passy. Je vois, vous êtes ... voisin!

8. De + adjective/des + noun

Complete the following sentences, writing *de* or *des* (as appropriate) plus one of the following expressions: *bons rapports/patrons sympathiques/belles chambres/bons menus/employés fidèles.*

Exemple: Ils ont ... avec leurs ouvriers.
            Ils ont de bons rapports avec leurs ouvriers.

1. Jacques et Jules sont contents de travailler pour cette société, car ils ont ...
2. Les Sériex ont de la chance, vous savez! Ils ont ...
3. Arrêtez-vous chez Mme Angèle, voyons! Elle a ... Vous y serez très bien!
4. Le café *A la Tour Blanche* a changé de propriétaire. Allez-y! Ils ont ... maintenant.
5. M. Lefranc a encore des problèmes! Que voulez-vous, il n'a jamais eu ... avec ses ouvriers!

Informations: Structure-type d'une compagnie française

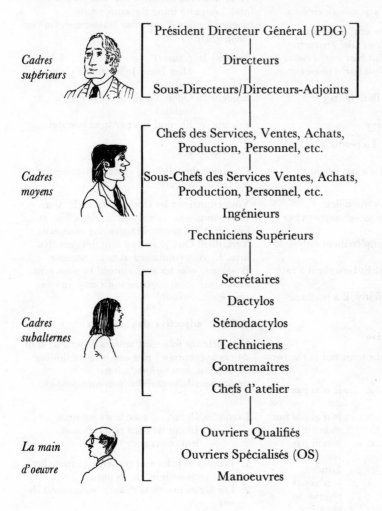

Cadres
supérieurs

Président Directeur Général (PDG)

Directeurs

Sous-Directeurs/Directeurs-Adjoints

*(siègent
au Conseil
d'Administration)*

Cadres
moyens

Chefs des Services, Ventes, Achats,
Production, Personnel, etc.

Sous-Chefs des Services Ventes, Achats,
Production, Personnel, etc.

Ingénieurs

Techniciens Supérieurs

Cadres
subalternes

Secrétaires

Dactylos

Sténodactylos

Techniciens

Contremaîtres

Chefs d'atelier

La main
d'oeuvre

Ouvriers Qualifiés

Ouvriers Spécialisés (OS)

Manoeuvres

Vocabulaire	
le PDG	*chairman and managing director*
le sous-directeur	*associate director*
le chef	*manager*
la dactylo	*typist*
la sténodactylo	*shorthand typist*
l'ouvrier qualifié	*skilled worker*
l'ouvrier spécialisé	*semi-skilled worker*
le manoeuvre	*unskilled worker*
le cadre	*managerial staff*
la main d'oeuvre	*work force*

Now see if you have understood how a French company is structured. Choose the correct answer.

1. Who sits on the Board of Directors?
   a. The PDG alone.
   b. The PDG and the other directors.
   c. The PDG and the managers.

2. What is a *manoeuvre*?
   a. A skilled worker.
   b. The work force.
   c. An unskilled worker.

3. Which category do *secrétaires, dactylos*, etc belong to?
   a. *Cadres supérieurs.*
   b. *Cadres subalternes.*
   c. *Cadres moyens.*

4. What is a *contremaître*?
   a. A foreman.
   b. A qualified worker.
   c. A manager.

5. Which category does an *ingénieur* belong to?
   a. *Cadre subalterne.*
   b. *Main d'oeuvre.*
   c. *Cadre moyen.*

Extra

Draw a diagram labelled in French showing the structure of your own company.

⊘Expansion: A la réunion syndicale

Personnages: Georges, le délégué syndical cégétiste
Marc, un syndiqué cégétiste
Jean-Marie, un syndiqué cégétiste

GEORGES — Comme d'habitude, la
Direction n'a pas accepté notre
demande. Elle a rejeté nos
revendications. Camarades,
nous devons prendre une
décision.

MARC — Ah, ces patrons, quels abrutis!
C'est toujours comme ça.

JEAN-MARIE — Georges, tu n'as pas parlé aux
officiels?

GEORGES — Bien sûr que si! Hier soir après le travail, je suis allé voir les officiels.

JEAN-MARIE — Alors, qu'est-ce qu'ils ont dit?

GEORGES — J'ai expliqué notre situation ... notre demande d'augmentation des
salaires de 15% à cause du coût de la vie, notre refus des licenciements à
cause de la crise économique etc ...

JEAN-MARIE — Alors, qu'est-ce qu'ils ont dit?

GEORGES — Une grève s'impose.

MARC — Tu as parlé aux délégués syndicaux de la CFDT et de FO?

GEORGES — Oui, ils sont d'accord avec nous. Tous leurs syndiqués suivront aussi
l'ordre de grève.

Expansion exercises

☎ 1. Etre d'accord avec ...

Ecoutez: Tu as parlé au délégué CFDT?
Répondez: Oui. Il est d'accord avec nous.

1. Tu as parlé au délégué CFDT?
2. Tu as parlé au contremaître?
3. Vous avez parlé aux ouvriers de l'atelier de montage?
4. Vous avez parlé aux officiels CGT?
5. Tu as parlé au délégué syndical?

☎ 2. Perfect + negative

Ecoutez: Alors, la direction accepte notre demande?
Répondez: Non. Comme d'habitude, elle n'a pas accepté notre demande.

1. Alors, la direction accepte notre demande?
2. Alors, les ouvriers acceptent notre offre?
3. Alors, le contremaître accepte nos revendications?
4. Alors, le directeur accepte notre décision?
5. Alors, le délégué syndical accepte les licenciements?

☎ 3. Listening comprehension

a. Listen carefully to the passage.

b. And now answer the following questions.

1. What did he ask for?
   a. A 10% rise.
   b. A 15% rise.

2. What did the management offer?
   a. A 12% rise.
   b. A 10% rise.

3. What did he do?
   a. He accepted.
   b. He refused.

4. What did he also do?
   a. He accepted the redundancies.
   b. He rejected the redundancies.

5. What is the cause of the trouble?
   a. The economic boom.
   b. The economic crisis.

6. What did he tell the management?
   a. We'll strike.
   b. We won't strike.

☎ 4. Vrai ou faux?

Ecoutez: Paris est une grande ville industrielle.
Ecrivez: Vrai.

1. Paris est une grande ville industrielle.
2. Les Français aiment boire le vin.
3. Toulouse est au nord de la France.
4. Le Général de Gaulle a été Président de la République.
5. La CGT, c'est une compagnie française de voyages.
6. Orly, c'est un des aéroports de Marseille.
7. Sartre, c'est le gérant d'un grand hôtel parisien.
8. En France il n'y a pas beaucoup de cafés.

Informations: Les syndicats français

A.

Syndicat	CGT	CFDT	CGT/FO
Date de formation	1895	1964	1947
Affiliation politique	PCF	PS	Partis du Centre
Nombre	2 millions	700/800.000	600.000
% Population active	11%	4%	3,8%

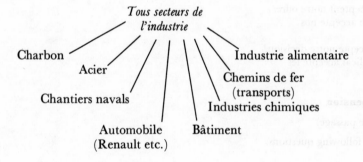

Tous secteurs de l'industrie

Charbon

Acier

Chantiers navals

Automobile (Renault etc.)

Bâtiment

Industries chimiques

Chemins de fer (transports)

Industrie alimentaire

Vocabulaire

le charbon	*coal*
l'acier (m)	*steel*
les chantiers navals (m)	*shipbuilding*
le bâtiment	*construction industry*
les industries chimiques (f)	*chemical industry*
les chemins de fer (m)	*railways*
l'industrie alimentaire (f)	*food industry*

B. Les syndicats français ne sont pas organisés selon le métier des syndiqués. On les trouve dans n'importe quel secteur de l'industrie. Dans une même usine il y a deux, trois ou quatre syndicats représentés. Les syndicats français sont plus politisés que les syndicats britanniques. Les syndicats français sont des groupes de pression sur la scène politique française.

CGT   = Confédération Générale du Travail
CFDT = Confédération Française Démocratique du Travail
FO   = Force Ouvrière

Partis politiques

PS   = Parti Socialiste
PCF = Parti Communiste Français

Autres partis

RPR = Rassemblement pour la République (gaulliste)
UDF = Union Démocratique Française
PSU = Parti Socialiste Unifié
Radicaux de Gauche

C. Choose the correct answer.

1. Which of these three unions is the biggest one?
   a. The CFDT.
   b. The CGT.
   c. The FO.

2. Which political party is the CFDT connected with?
   a. The PCF.
   b. The Centre Parties.
   c. The PS.

3. On the trade union table what do the percentages represent a part of?
   a. Working population.
   b. Whole population.
   c. Unemployed.

4. What fact differentiates the French unions from the British ones?
   a. They are to be found in any industrial sector.
   b. They are to be found in only a few sectors.
   c. They are organised according to trade.

5. In which sector would you put Citroën?
   a. *Chemins de fer.*
   b. *Automobile.*
   c. *Chantiers navals.*

6. Where would you put SNCF?
   a. *Chemins de fer.*
   b. *Acier.*
   c. *Bâtiment.*

En voiture pour la foire au vin

Victor is being entertained by M. Sériex and his wife. They set off from Toulouse to Bordeaux in M. Sériex's Citroën GS, as Mme Sériex, a native of Bordeaux, knows that the wine fair will be in progress. (This always takes place in the Autumn, in September or October.)

Dialogue

Personnages: M. Sériex Mme Sériex Victor

M. SÉRIEX	– *(toujours un peu pressé)* Vous êtes prêts? ... Bien. Alors, en voiture! Nous devons partir tout de suite. *(à Victor)* C'est assez loin jusqu'à Bordeaux.
VICTOR	– Il y a combien de kilomètres jusqu'à Bordeaux?
M. SÉRIEX	– 160 environ.
	(Ils montent tous en voiture.)
M. SÉRIEX	– Victor. Attachez votre ceinture de sécurité. C'est plus sûr, ici.
MME SÉRIEX	– *(à M. Sériex)* Tu as assez d'essence? ...
M. SÉRIEX	– *(irrité)* Mais oui, j'en ai assez. Je viens d'en acheter!
MME SÉRIEX	– *(à Victor)* Vous savez, Victor, il est terrible! Il tombe toujours en panne d'essence.
	(Quelques minutes plus tard)
MME SÉRIEX	– Attention, Joseph! Il y a un agent de police juste devant! Il siffle! ... Qu'est-ce qui se passe?
M. SÉRIEX	– Ce sont les feux. En panne, comme d'habitude! Zut alors, il y a aussi un détour sur 30 km à cause des travaux ... *(Il s'énerve.)* *(à un automobiliste devant)* Alors, tu avances, oui ou non? Ma parole! Il ne se dépêche pas! Il se croit en vacances! ... *(à Victor)* Dites-moi, Victor, c'est comme ça aussi la circulation chez vous?
VICTOR	– Oh, oui. Vous savez. Je crois que c'est partout pareil.
M. SÉRIEX	– Ah là là, ces essuie-glaces! Encore en panne! *(à Mme Sériex)* Tiens, passe-moi le chiffon. Il y a trop de poussière sur ce pare-brise. Je ne vois rien du tout.
MME SÉRIEX	– Tiens, le voilà.
	(Après deux heures environ ils arrivent à Bordeaux. M. Sériex gare la voiture. Ils descendent tous de voiture et se dirigent vers le stand de dégustation gratuite.)
	(Au stand de dégustation gratuite)
M. SÉRIEX	– Tenez, Victor, goûtez ce St. Emilion! Quel bouquet, quel corps, quelle saveur! ... Tenez, essayez ce Pomerol! ...
MME SÉRIEX	– Tenez, Victor, goûtez ce Sauterne, maintenant.
M. SÉRIEX	– Encore un verre, goûtez cet Entre-Deux-Mers ...
	(Après quelque temps)
VICTOR	– *(un peu saoul)* Ces vins ... délicieux! ... Vraiment ... vous me gâtez ...
M. SÉRIEX	– Achetons quelques bouteilles ... *(Il cherche la liste des prix.)* Mais où est la liste des prix? ... Ah! La voilà. *(à l'employée)* Mademoiselle, s'il vous plaît, une douzaine de St. Emilion 71, une douzaine de Pomerol 70 et une demi-douzaine d'Entre-Deux-Mers 72 ... Et vous Victor, vous prenez quelque chose?
VICTOR	– *(toujours saoul)* Euh, oui, moi aussi, je boirai bien un petit quelque chose. Donnez-moi, pardon, donnez-moi une demi-douzaine de chaque.

Questions

1. Pourquoi M. Sériex dit: 'Nous devons partir tout de suite'?
2. Il y a combien de kilomètres jusqu'à Bordeaux?
3. Pourquoi M. Sériex dit à Victor: 'Attachez votre ceinture de sécurité'?
4. M. Sériex a assez d'essence?
5. Pourquoi il en a assez?
6. Pourquoi Mme Sériex dit que son mari est terrible?
7. Pourquoi Mme Sériex crie: 'Attention, Joseph!'?
8. Pourquoi il y a un agent de police?
9. Pourquoi M. Sériex s'énerve?
10. Pourquoi M. Sériex demande le chiffon?
11. Quels vins goûte Victor?
12. Combien de bouteilles est-ce que les Sériex achètent?
13. Et Victor, combien de bouteilles est-ce qu'il achète?

Explanations

9.1 Ne ... rien *(nothing, not anything)*

Je **ne** vois **rien** du tout. *(I can't see anything at all.)*

Note word order of **ne ... rien** – the same as for **ne ... pas**. (See paragraph 4.4.)

9.2 Le/la voilà *(here it is)*, les voilà *(here they are)*

Passe-moi le chiffon. – Tiens, **le voilà.**
(Hand me the cloth. – Here it is.)
Où est la liste des prix? Ah! **la voilà.**
(Where's the price-list? Ah, here it is.)

Où est	**le** chiffon?	**Le**	voilà
	la liste?	**La**	
Où sont	**les** clefs	**Les**	

Note the position of **le, la les** before **voilà**.

9.3 **Pronouns with perfect tense**

Vous avez demandé	**le** prix?	Je **l'**ai demandé
	la carte?	Je **l'**ai demandée
Vous avez acheté	**les** vins?	Je **les** ai achetés
	les cigarettes?	Je **les** ai achetées
Vous avez fait	**les** courses?	Je **les** ai faites
Vous avez mis	**les** lettres à la poste?	Je **les** ai mises

Note position of **le, la, les** before the parts of **avoir**.
The past participle agrees with the preceding pronoun, but with regular verbs there is no difference in sound. But note what happens with **faire, mettre**, etc.

9.4 Combien de ...?*(how much, many ...?)*; trop de ...*(too much, many ...)*; assez de ...*(enough ...)*

Il y a **combien de** kilomètres jusqu'à Bordeaux?
(How many kilometres to Bordeaux?)
Tu as **assez d'**essence?
(Have you got enough petrol?)
Il y a **trop de** poussière sur ce pare-brise.
(There is too much dust on the windscreen.)

Vous avez	**combien**	**de**	beurre?
	assez		
	trop		tartines?

Note after **combien**, **trop** and **assez**, **de** remains unchanged.

9.5 En *(of it, of them, some)*

Tu as assez d'essence? Oui j'**en** ai assez.
(Have you enough petrol? Yes, I have enough (of it))

J'ai	de la bière des cigarettes	J'**en** ai	
	deux enfants	J'**en** ai	deux
	une fille		une
	un fils		un
	assez de vin		assez

Note the position of **en**, before the verb. **En** often has no direct English equivalent.

9.6 Venir de ... *(to have just ...)*

Je **viens d'**en acheter. *(I have just bought some.)*
Le vol **vient d'**atterrir. *(The flight has just landed.)*

To describe something which has just been done, or just happened, the present tense of **venir de** + infinitive is used.

Some useful phrases	
Attention!	*Careful!/Look out!*
Qu'est-ce qui se passe?	*What's happening?*
En panne	*Broken down*
Ma parole!	*Good grief!* (lit. *My word!*)
Je boirai bien un petit quelque chose	*I wouldn't mind a drink*

Practice

1. Le/la/l'/les (pronouns) + perfect

Someone is asking you if the garage mechanic
has done the things he's supposed to have
done. You're saying he has.

Ecoutez: Il a vérifié la pression des pneus?
Répondez: Oui. Il l'a vérifiée.

1. Il a vérifié la pression des pneus?
2. Il a vérifié le niveau d'huile?
3. Et l'eau, il l'a vérifiée.
4. Il a fixé les freins?
5. Il a fait la vidange?
6. Et les bougies, il les a changées?
   Et alors, qu'est-ce que tu attends? – La
   monnaie!

2. En

Ecoutez: Vous avez de l'essence?
Répondez: Oui, j'en ai.

1. Vous avez de l'essence?
2. Il a de l'argent?
3. Tu as du vin?
4. Elle a des enfants?
5. Vous avez des timbres?

3. Ne … rien à …

How to say you haven't anything to declare
(eat, say etc.). Careful of the word order!

Ecoutez: Vous avez quelque chose à
          déclarer?
Répondez: Non! Je n'ai rien à déclarer.

1. Vous avez quelque chose à déclarer?
2. Vous avez quelque chose à boire?
3. Vous avez quelque chose à manger?
4. Vous avez quelque chose à faire?
5. Vous avez quelque chose à dire?

4. Combien de …?

Practising finding out how many …

Ecoutez: Il y a environ 160 kilomètres de
          Toulouse à Bordeaux.
Répondez: Pardon? Combien de kilomètres
          environ?
Ecoutez: 160 environ.

1. Il y a environ 160 kilomètres de Toulouse à
   Bordeaux.
   160 environ.
2. Il y a environ 40 allumettes dans chaque
   boîte.
   40 environ.
3. Il y a environ 500 employés dans cette
   usine.
   500 environ.
4. Il y a environ 10 avions dans chaque
   hangar.
   10 environ.
5. Il y a environ 5 litres par gallon.
   5 environ.

5. Mon/ma, ton/ta

Catastrophe – your companion has lost or
forgotten lots of things! You however manage
to find them all.

Ecoutez: Mon Dieu, ma clef! J'ai perdu
          ma clef!
Répondez: Mais non, ta clef, la voilà!

1. Mon Dieu, ma clef! J'ai perdu ma clef!
2. Mon Dieu, mon passeport! J'ai oublié mon
   passeport!
3. Mon Dieu, mon argent! J'ai oublié mon
   argent!
4. Mon Dieu, mon sac! J'ai perdu mon sac!
5. Mon Dieu, ma valise! J'ai perdu ma valise!
6. Mon Dieu, ma serviette! J'ai perdu ma
   serviette!

6. Nous devons

How to say what you (plural) have to do.

Ecoutez: C'est vrai, vous partez tout de
          suite?
Répondez: Nous devons partir tout de suite.

1. C'est vrai, vous partez tout de suite?
2. Quoi, vous rentrez immédiatement?
3. C'est vrai, vous travaillez ce soir?
4. Quoi, vous payez un supplément?
5. C'est vrai, vous quittez le pays demain?

7. Accepting or refusing

Practise saying that you'd love some more or that you've had enough or too much of something.

a.	**b.**	**c.**
soupe	pain	gâteau
viande	salade	café
vin	fromage	sucre
légumes	fruits	cognac

a. Encore un peu de soupe?
Oui, je veux bien merci!
Oui, merci.

b. Vous voulez encore du fromage?
Non merci, ça va.
Non merci, j'en ai assez pour le moment.

c. Tenez, prenez encore du rouge!
Non merci, ça suffit.
Oh! non merci, j'en ai trop!

8. Il y a ..., ce sont/c'est ..., je voudrais

Here are three exercises using shopping vocabulary.

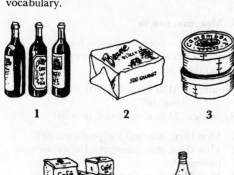

1 **2** **3**

4 **5**

Look at the pictures and answer the questions.

a. Ecoutez: Combien de bouteilles est-ce qu'il y a?
Répondez: Il y a trois bouteilles.

1. Combien de bouteilles de vin est-ce qu'il y a?
2. Combien de paquets de beurre est-ce qu'il y a?
3. Combien de boîtes de camembert est-ce qu'il y a?
4. Combien de paquets de café est-ce qu'il y a?
5. Combien de bouteilles de limonade est-ce qu'il y a?

b. Ecoutez: Ces trois bouteilles, qu'est-ce que c'est?
Répondez: Ce sont des bouteilles de vin.

1. Ces trois bouteilles, qu'est-ce que c'est?
2. Ce paquet, qu'est-ce que c'est?
3. Ces deux boîtes, qu'est-ce que c'est?
4. Ces quatre paquets, qu'est-ce que c'est?
5. Cette bouteille, qu'est-ce que c'est?

c. Ecoutez: Vous désirez?
Répondez: Je voudrais trois bouteilles de vin, s'il vous plaît.

1. Vous désirez?
2. Et avec ceci?
3. Autre chose?
4. Et puis?
5. C'est tout?

9. Agreements

Match the answers to the questions.

1. Vous connaissez la ville?
2. Vous avez écrit les lettres pour Londres?
3. Vous avez demandé la liste des prix?
4. Vous avez visité le Louvre?
5. Vous avez changé les pneus?
6. Vous avez pris votre valise?
7. Vous avez donné la voiture à la révision?
8. Vous avez mis la télévision?
9. Vous avez fait votre travail?
10. Vous avez pris votre billet?

a. Oui, je l'ai déjà visité.
b. Oui, je les ai changés.
c. Oui, je l'ai prise.
d. Oui, je l'ai déjà visitée.
e. Oui, je l'ai demandée.
f. Oui, je l'ai donnée.
g. Oui, je l'ai pris.
h. Oui, je l'ai fait.
i. Oui, je l'ai mise.
j. Oui, je les ai écrites.

Extra

10. Role-playing

Here's a role-playing situation at the grocer's in which you play the part of the customer. (Use the pictures of Ex. 8 for your answers.)

1. EPICIER Bonjour, Monsieur, vous désirez?
   ......
   EPICIER Oui. Qu'est-ce que vous voulez, du blanc, du rouge, du rosé?
   ......
   EPICIER Voilà, Monsieur. Et avec ceci?
2. ......
   EPICIER Oui. Salé ou pas salé?
   ......
   EPICIER Voilà, Monsieur. C'est tout?
3. ......
   EPICIER Vous l'aimez comment, bien fait ou pas trop fait?
   ......
   EPICIER Et avec ceci?
4. ......
   EPICIER Du Kenya ou du Brésil?
   ......
   EPICIER C'est tout?
5. ......
   EPICIER Et voilà la limonade, Monsieur. Et avec ceci?
   ......

Le savoir-vivre

	Vin blanc		
	sec Bourgogne Bordeaux Loire	*demi-sec* Bordeaux Alsace	*doux* Bordeaux
Apéritif	*	*	
Poisson	*		
Volaille	*	*	
Viande blanche	*	*	
Viande rouge et plats épicés			
Gibier			
Plats froids	*	*	
Fromage			
Dessert			*
Fruits			*
Comment servir le vin	Frais	Frais	Bien frappé (plus un vin est doux, plus il se boit frappé)

A. Very often in France the same wine is drunk throughout the meal. But if you are faced with a choice in a restaurant, it is useful to know in general which wines are thought to go best with which courses. The table should help you – without turning you into a wine snob!

Vin Rosé	Vin rouge		Vins pétillants
Bordeaux Provence Loire	*léger* Beaujolais Bourgogne Bordeaux	Bordeaux Bourgogne Rhône-Sud	Champagne Loire
	*		Ont leur propre loi. Les vins secs pétillants accompagnent tout un repas du début à la fin. En général on boit les demi-secs pétillants avec les fruits
*	*		
*	*		
		*	
		*	
*	*	*	
	*	*	
Frais	Chambré ou non selon goût. Chambrer = aérer le vin avant le repas	Chambré	Frappé

B.

1. What are the wines that go best with poultry or veal?
2. Is a full red wine (St. Emilion for example) drunk as an aperitif?
3. What is recommended to go with spicy dishes?
4. What would you usually drink with cheese?
5. What would you choose to go with game?
6. Which wine is to be avoided with everything except dessert and fruit?
7. Which wine would you usually drink with fish?
8. What is exceptional about the light red Beaujolais wine?
9. What is the meaning of *frappé* and *chambré*?
10. What are the two areas which produce both red and white wines?

⊘ Expansion: Les cauchemars de l'automobiliste

M. and Mme Durand are about to set off on their holiday. M. Durand, an experienced driver, has had his car serviced the day before … But that night he sleeps very badly and has a nightmare …

M. DURAND   – *(Il met le contact, la voiture ne démarre pas.)*
Mon Dieu, qu'est-ce qui se passe, qu'est-ce qu'elle a encore, cette sacrée voiture!! … Je viens de la donner à la révision, alors, elle doit marcher! … Ah, là, là, … Ce n'est pas l'essence … j'ai fait le plein hier … et de la super par dessus le marché! … Ce n'est pas l'huile … Le garagiste en a mis hier … Tiens, les phares ne s'allument pas! … Ça alors! …
(Il descend de voiture.)

MME DURAND   – Du calme, voyons, il n'y a pas le feu!

M. DURAND   – *(Il claque la portière.)* Merde alors! … La portière, elle ne se ferme plus! … Ah! Mon Dieu, quelle horreur! Les pneus … les pneus … Ils ont … ils sont …

MME DURAND   – Quoi, les pneus, explique-toi, voyons!

M. DURAND   – Eh bien, ils sont crevés tous les quatre … Ah! Quelle horreur, la galerie … elle est tombé … Les valises, ah, là, là, quelle calamité! Elles sont toutes ouvertes! …

MME DURAND   – Je t'ai prévenu, Gaston, tu ne les as pas bien fixées sur la galerie.

M. DURAND   – Bon … Je vais les mettre dans le coffre … Ah! Le coffre … Il est défoncé … Les outils ont disparu … La roue de secours aussi! … Ah! Quelle vie … Je n'en peux plus! …

MME DURAND   – Mais va donc inspecter le moteur, voyons!

M. DURAND   – Oui … Oui … Tu as raison. *(Il essaye de soulever le capot.)* Merde! Le capot ne s'ouvre plus … Ah! bon, ça y est … Ah! Mon Dieu, quelle horreur!! … Non, ce n'est pas possible … Mais pourtant hier … Mais c'est incroyable! … Le moteur, il a … il est …

MME DURAND   – Quoi, le moteur, explique-toi, voyons!

M. DURAND   – Le moteur, il a disparu!! … Vraiment, je n'y comprends rien! … Merde alors, ça c'est le comble, il pleut! *(Il rentre dans la voiture.)* Eh! Ernestine, regarde, les essuie-glaces, ils …

MME DURAND   – *(Elle cherche un foulard dans son sac.)* Sois logique, voyons … Si le moteur a disparu et si tout est en panne, les essuie-glaces aussi! …

M. DURAND   – Mais, non, regarde … Ils marchent! Vraiment. Je n'y comprends rien!

Informations: La voiture

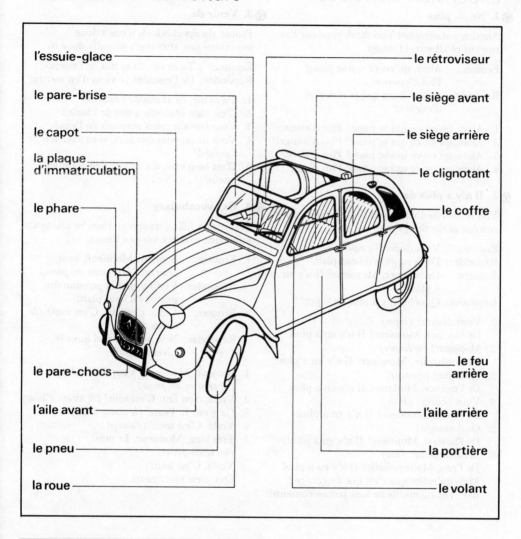

l'essuie-glace

le pare-brise

le capot

la plaque d'immatriculation

le phare

le pare-chocs

l'aile avant

le pneu

la roue

le rétroviseur

le siège avant

le siège arrière

le clignotant

le coffre

le feu arrière

l'aile arrière

la portière

le volant

Vocabulaire	
la courroie	*fan belt*
le réservoir d'essence	*petrol tank*
la boîte de vitesse	*gearbox*
la bougie	*plug*
la batterie	*battery*
le niveau d'huile	*oil level*
la vidange	*oil change*
la crevaison	*puncture*
les amortisseurs (m)	*shock absorbers*
le carburateur	*carburettor*
le distributeur d'allumage	*distributor*

Expansion exercises

1. Ne ... plus

Another catastrophe! You think your car has run out of all sorts of things.

Ecoutez: Alors, qu'est-ce qui se passe!
Plus d'essence?

Répondez: Je crois bien que je n'ai plus d'essence!

1. Alors, qu'est-ce qui se passe? Plus d'essence?
2. Alors, qu'est-ce qui se passe? Plus d'antigel?
3. Alors, qu'est-ce qui se passe? Plus d'huile?
4. Alors, qu'est-ce qui se passe? Plus d'eau?

2. Il n'y a plus de ...

You're horrified when you find the garage has run out of the things that you need.

Ecoutez: Vous désirez? *(super)*
Répondez: De la super, s'il vous plaît.
Ecoutez: De la super, Monsieur? Il n'y en a plus!
Répondez: Quoi? Il n'y a plus de super?

1. Vous désirez? *(super)*
De la super, Monsieur? Il n'y en a plus!
2. Monsieur? *(ordinaire)*
De l'ordinaire, Monsieur? Il n'y en a plus!
3. Madame? *(essence)*
De l'essence, Madame? Il n'y en a plus!
4. Vous désirez? *(huile)*
De l'huile, Monsieur? Il n'y en a plus!
5. Oui? *(antigel)*
De l'antigel, Monsieur? Il n'y en a plus!
6. Mademoiselle? *(eau)*
De l'eau, Mademoiselle? Il n'y en a plus!
Mais qu'est-ce que c'est que ce garage!!
Bah! Les clients, ils ne sont jamais contents!!

3. Venir de

People always check up if one's done something just after one's actually done it.

Ecoutez: Tu es sûr, tu as mis de l'essence?
Répondez: De l'essence? Je viens d'en mettre!

1. Tu es sûr, tu as mis de l'essence?
2. C'est bien vrai, elle a mis de l'huile?
3. Vous êtes sûr, vous avez mis de l'eau?
4. Vous deux, vous êtes sûrs, vous avez mis de l'antigel?
5. C'est bien vrai, il a mis de l'air dans les pneus?

4. Car vocabulary

You're at a filling station and you're asking the attendant to check various things.

1. Ecoutez: Bonjour, Monsieur, vous désirez? *(la pression des pneus)*
Répondez: Vérifiez-moi la pression des pneus, s'il vous plaît.
2. Ecoutez: Voilà, c'est fait. C'est tout? *(le niveau d'huile)*
Répondez: Non, vérifiez-moi aussi le niveau d'huile.

1. Bonjour, Monsieur. Vous désirez? *(la pression des pneus)*
2. Voilà, c'est fait. C'est tout? *(le niveau d'huile)*
3. Ça y est. Et l'eau? *(le niveau d'eau)*
4. Voilà. C'est tout? *(l'antigel)*
5. Très bien, Monsieur. Et puis? *(les essuie-glaces)*
Voilà, C'est tout?
Oui, c'est tout, merci.

Le savoir-faire

① Interdit de stationner sur chaussée et accôtement

② RISQUE DE VERGLAS

③ UN TRAIN PEUT EN CACHER UN AUTRE

④ ROULEZ AU PAS

⑤ Route déviée – Déviation

⑥ DANGER ! PRIORITÉ À DROITE

⑦ PASSAGE PROTÉGÉ

⑧ ATTENTION ! SORTIE DE CAMIONS

⑨ CHAUSSÉE DÉFORMÉE

⑩ Véhicules lents, serrez à droite

⑪ Poids lourds

⑫ Toutes directions

⑬ Centre ville

⑭ Autoroute à péage

1. *No parking on hard shoulder (motorways)*
2. *Icy patches on the road*   3. *One train can hide another one (level crossings)*   4. *Dead slow*
5. *Diversion*   6. *Traffic coming from the right has priority*   7. *Level crossing with a barrier*
8. *Careful! Lorries turning*   9. *Bad road surface*   10 *Slow vehicles, keep to the right*
11. *Heavy vehicles, follow this route (used in town to avoid the town centre)*   12. *All routes*
13. *Town centre*   14. *Toll motorway*

Exercise

And now for some practice on these signs.

1. If you want to go to the town centre, which of these three signs would you follow?
   a. *Poids lourds.*
   b. *Toutes directions.*
   c. *Centre ville.*

2. If you see the sign *Route déviée*, what would it mean?
   a. Bad road surface.
   b. Icy patches on the road.
   c. Diversion.

3. If you see the sign *Priorité à droite*, what would you do?
   a. Accelerate.
   b. Slow down.
   c. Turn right.

4. What does the sign *Passage protégé* mean?
   a. Level crossing without barrier.
   b. Level crossing with barrier.
   c. No speed limit.

5. If you see the sign *Véhicules lents, serrez à droite*, what does it mean?
   a. Watch out for slow vehicles, keep to the right.
   b. Slow vehicles keep to the right.
   c. Slow vehicles overtake on the right.

6. When you see the sign *Autoroute à péage*, what does it mean?
   a. Motorway is closed.
   b. Toll motorway.
   c. By-pass.

Débrouillez-vous

Your car has just broken down on a road in France. You have tried to fix it but you have realised that you cannot do it by yourself. You need a mechanic. You decide to hitch-hike to the nearest town. A French car stops.

CONDUCTEUR	Qu'est-ce qui vous arrive?
VOUS	*(Tell him your car has broken down.)*
CONDUCTEUR	Pas de chance, hein!
VOUS	*(Ask him to drive you to the nearest town.)*
CONDUCTEUR	D'accord, allez, montez!
	(Au garage)
GARAGISTE	Vous désirez?
VOUS	*(Tell him your car has broken down.)*
GARAGISTE	Où ça?
VOUS	*(Tell him at about 5 km from here.)*
GARAGISTE	Qu'est-ce que c'est?
VOUS	*(Tell him you think it is the fan belt but also maybe the plugs.)*
GARAGISTE	Votre voiture, c'est quelle marque?
VOUS	*(Tell him it's a Mini.)*
GARAGISTE	Ah, là, là! Je n'ai pas les pièces! Je dois les commander.
VOUS	*(Ask him how long it will take.)*
GARAGISTE	Deux ou trois heures environ.
VOUS	*(Answer according to what you decide to do.)*

Testez-vous!

1. La chambre, à quel nom, s'il vous plaît?
   (i) Paris.
   (ii) Sabine Lebret.
   (iii) l'Hôtel Buckingham.

2. Hier j'ai téléphoné et . . .
   (i) je réserve une chambre.
   (ii) j'ai réservé une chambre.
   (iii) je vais réserver une chambre.

3. C'est quel numéro la chambre de Victor?
   (i) C'est la 13.
   (ii) C'est le 13.
   (iii) C'est 13.

4. Je dois partir tôt demain matin.
   (i) A quelle heure?
   (ii) A quel nom?
   (iii) A quel aéroport?

5. La chambre, vous *la/le/les* voulez pour trois jours?

6. Le petit déjeuner, je *le/la/les* prendrai dans ma chambre.

7. Je prendrai *du/de la/des* café avec *des/du/de la* croissants et aussi *du/des/de la* confiture et *des/du/de la* beurre.

8. Vous voulez du lait?
   Non, merci pas *du/de la/de* lait.

9. Mademoiselle! Passez-moi *la/le/les* 702 58 12 à Paris, s'il vous plaît.

10. C'est occupé? Rappelez-moi . . .
    (i) dès que vous viendrez.
    (ii) dès que vous aurez la communication.
    (iii) dès que la température atteindra 14°.

11. C'est bien le 033-12-10?
    (i) puis-je parler à Claire, s'il vous plaît?
    (ii) qui est à l'appareil?
    (iii) je suis désolé.

12. Ah, non, je suis désolée. Ici, c'est le 346-28-54!
    (i) Allô, j'écoute.
    (ii) Excusez-moi, Mademoiselle.
    (iii) Je sais.

13. Tiens! Vos machines sont *français/française/françaises*.

14. Vous avez *de/des/les* bonnes relations avec vos employés?

15. Georges? C'est *le/la/les* délégué syndical.

16. Hier *je vais/j'ai/je suis allé* au cinéma.

17. Tu as parlé *aux/à l'/au* employés?

18. Nous sommes en grève parce que nous voulons
    (i) du chocolat.
    (ii) une augmentation de 10%.
    (iii) le métro.

19. En voiture! Nous devons
    (i) boire à la foire.
    (ii) manger bientôt.
    (iii) partir tout de suite.

20. *Ce sont/Il y a/C'est* 160 km jusqu'à Bordeaux.

21. Tu as assez d'essence?
    (i) Oui, je l'ai.
    (ii) Oui, j'en veux.
    (iii) Oui, j'en ai assez.

22. Oh! Regardez cet avion!
    (i) Je n'ai rien.
    (ii) Je ne veux rien.
    (iii) Je ne vois rien.

23. Ah! *Cette/Ce/Cet* hôtel! C'est vraiment loin!

24. Passe-moi le chiffon!
    Tiens, *le/la/les* voilà.

25. Ah! *Quel/Quelle/Quels* vins! Ils sont vraiment *excellents/excellente/excellentes*.

26. En panne! Ce n'est pas possible.
    (i) je viens de la donner à la révision.
    (ii) je vais la donner à la révision.
    (iii) je la donnerai à la révision.

27. Le plein, Monsieur?
    (i) Oui, de la super.
    (ii) Oui, c'est complet.
    (iii) Oui, c'est normal.

28. Les pneus! *Ils/Elles/Ce* sont *crevé/crevés/crevée tout/toutes/tous* les quatre!

29. Ah! Les valises! Elles, *s'est/se sont/c'est ouvert/ouvertes/ouverts*!

30. Non, merci! J'ai déjà mangé trop *de/des/–* gâteaux!

Le contrat

M. Sériex and Victor now feel confident of each other. They are both now in Paris to discuss the contract and its terms. Filturbo will provide the Sériex factory with a consignment of engines for their aircraft.

🎧 Dialogue

Personnages: Jacques
Victor
M. Sériex

JACQUES — Quel plaisir de vous revoir! *(à M. Sériex)* Mais qu'est-ce qu'il y a? Ça ne va pas, Monsieur Sériex?

M. SÉRIEX — Si, si, ça va ... C'est que je me suis dépêché à votre bureau pour ne pas arriver en retard! Et une fois ici, qu'est-ce que je trouve? Les ascenseurs en panne!! Alors. Je suis monté a pied! ... Ah! là, là! La vie parisienne, ce n'est pas pour un méridional comme moi!

JACQUES — Je suis désolé pour vous, Monsieur Sériex. *(à Victor)* Alors, Victor ... Votre séjour à Toulouse, il s'est bien passé?

VICTOR — Oui. Merci. Mon séjour a été très intéressant ... et aussi très divertissant. *(Il se tourne vers M. Sériex.)* Je suis très content de nos relations commerciales ... sans parler de nos relations personnelles.

M. SÉRIEX — *(à Jacques)* Il est vraiment très aimable!
(à Victor) Merci, cher Victor. Et maintenant, parlons affaires, voulez-vous?

VICTOR — Volontiers.

M. SÉRIEX — Votre offre m'intéresse. Je suis prêt à passer commande si vous m'accordez un rabais de 15% sur vos prix.

VICTOR — Nous sommes prêts exceptionnellement à vous faire un rabais de 15% sur le prix mais pour une série de commandes.

M. SÉRIEX — Oui. Cela me convient ... Parlons paiement. Quelles sont vos conditions?

VICTOR — Eh bien, le paiement est à 30 jours de fin de mois dès réception de facture.

M. SÉRIEX — Pas d'escompte?

VICTOR — Bien sûr que si. Escompte de 2,5%, pour paiement au comptant.

M. SÉRIEX — Quelles sont vos garanties?

VICTOR — Eh bien, s'il y a des pièces défectueuses, nous nous engageons à les réparer ou à les remplacer, et cela si nous sommes prévenus dans les 24 mois après livraison.

M. SÉRIEX — C'est correct ... Je dois dire que c'est un plaisir de faire affaire avec vous, Victor! ... Ah! Encore une chose, la livraison, elle est FOB, CAF ou franco domicile?

VICTOR — Nos prix sont toujours CAF. Mais par contre la TVA est en sus.

M. SÉRIEX — Cela va sans dire, mon cher Victor! *(à Jacques)* Dites-moi, Morel, vous opérez bien comme toutes les agences importatrices?

JACQUES — Oui, bien sûr. Mais nous nous spécialisons de plus en plus dans l'import-export. En ce qui concerne Filturbo, nous avons un accord spécial. Nous faisons la commercialisation, la publicité, bref nous représentons leurs intérêts en France. De plus, je dois ajouter que nous sommes les seuls agents dépositaires du modèle Filturbo. Si vous avez des problèmes, n'hésitez pas à nous contacter.

M. SÉRIEX — Parfait, parfait. *(à Victor)* Alors, si tout va bien, j'espère que vous pourrez presser la livraison des moteurs, n'est-ce pas?

VICTOR — Comptez sur moi, Joseph, je ferai l'impossible.

JACQUES — Eh bien alors, nous fêterons la signature du contrat dans un bon restaurant parisien, d'accord?

VICTOR ET
M. SÉRIEX — D'accord!

Questions

1. Pourquoi est-ce que M. Sériex est monté à pied?
2. Comment s'est passé le séjour de Victor à Toulouse?
3. Est-ce que l'offre de Victor intéresse M. Sériex?
4. Qu'est-ce que M. Sériex est prêt à faire?
5. Victor est d'accord?
6. Quelles sont les conditions de paiement?
7. Est-ce qu'il y a un escompte?
8. Quelles sont les garanties de Filturbo?
9. Les garanties ont une limite?
10. Comment est la livraison?
11. Est-ce que la TVA est en sus?
12. Dans quoi est-ce que Aviagence se spécialise?
13. Qui est l'agent dépositaire du modèle Filturbo?
14. Où est-ce qu'ils fêteront la signature du contrat?

Explanations

10.1 Perfect tense with 'être' – all forms

	(être)	(past participle)
Hier	**je suis**	mont**é(e)** à pied
	tu es	mont**é(e)** en voiture
	il est	mont**é** chez moi
	elle est	mont**ée** en voiture
	nous sommes	mont**é(e)s** à Paris
	vous êtes	mont**é(e)s** à la Tour Eiffel
	ils sont	mont**és** en ascenseur
	elles sont	mont**ées** à pied

Note the agreement of the past participles and the subject.
(See paragraph 8.4.)

10.2 Reflexive verbs

Reflexive verbs are quite common in French. There are a number of straightforward ones which convey the idea of an action done to oneself, e.g. **se laver** (*to wash oneself*). In others the idea of self is less obvious, e.g. **s'engager** (*to undertake*), **se dépêcher** (*to hurry*).

Nous nous engageons à les réparer. (*We undertake to repair them.*)
Il s'énerve. (*He gets angry.*)
Je me suis dépêché. (*I hurried.*)

10.3 Reflexive verbs – present tense, all forms

	se spécialiser	
Je me	spécialise	en politique
Tu te	spécialises	dans l'import-export?
Il Elle }se	spécialise	en anglais
Nous nous	spécialisons	dans la publicité
Vous vous	spécialisez	en quoi?
Ils Elles }se	spécialisent	dans les produits de première qualité

10.4 Reflexive verbs – perfect tense, all forms

Je	me suis	spécialisé(e)
Tu	t'es	spécialisé(e)
Il	s'est	spécialisé
Elle	s'est	spécialisée
Nous	nous sommes	spécialisé(e)s
Vous	vous êtes	spécialisé(e)s
Ils	se sont	spécialisés
Elles	se sont	spécialisées

Reflexive verbs form the perfect with **être**.

10.5 Numbers from 21

21 **vingt et un**	31 **trente et un**	82 etc. **quatre-vingt-deux** etc.
22 **vingt-deux**	32 etc. **trente-deux** etc.	90 **quatre-vingt-dix**
23 **vingt-trois**	40 **quarante**	91 **quatre-vingt-onze**
24 **vingt-quatre**	50 **cinquante**	92 etc. **quatre-vingt-douze** etc.
25 **vingt-cinq**	60 **soixante**	100 **cent**
26 **vingt-six**	70 **soixante-dix**	101 **cent un**
27 **vingt-sept**	71 **soixante et onze**	102 etc. **cent deux** etc.
28 **vingt-huit**	72 etc. **soixante-douze** etc.	200 **deux cents**
29 **vingt-neuf**	80 **quatre-vingts**	220 **deux cent vingt**
30 **trente**	81 **quatre-vingt-un**	1000 **mille**

Some useful phrases

Quel plaisir de vous revoir!	*How nice to see you again!*
Qu'est-ce qu'il y a?	*What's the matter?*
Il s'est bien passé?	*Did it go all right?*
Sans parler de ...	*Not to mention ...*
Je suis prêt à ...	*I am prepared/willing/*
(+ *infinitive*)	*ready to ...*
Bien sûr que si!	*But of course (there is)!*

Practice

⊘ 1. Il/elle s'est bien passé(e)

You're practising saying that something has gone well.

Ecoutez: Alors, et votre séjour à Toulouse?
Répondez: Oh! Il s'est bien passé!

1. Alors, et votre séjour à Toulouse?
2. Et votre visite à l'usine?
3. Alors, et la signature du contrat?
4. Et votre accord avec Aviagence?
5. Alors, et votre réunion syndicale?

⊘ 2. Se dépêcher

The excuse is always for being late and being in a hurry.

Ecoutez: Vous avez encore oublié le dossier. Pourquoi?
Répondez: J'étais en retard. Alors je me suis dépêché.

1. Vous avez encore oublié le dossier. Pourquoi?
2. Elle a encore oublié les brochures. Pourquoi?
3. Tu as encore oublié les circulaires. Pourquoi?
4. Il a encore oublié les lettres publicitaires. Pourquoi?
5. Vous avez encore oublié le contrat. Pourquoi?

⊘ 3. Let's ...

Ecoutez: Le client est là pour parler affaires.
Répondez: Eh bien parlons affaires!

1. Le client est là pour parler affaires.
2. Marc est là pour manger.
3. Nous aimerions aller déguster du vin.
4. Nous sommes prêts à passer commande.
5. Je suis prête à parler paiement.
6. Il voudrait prendre le métro.

⊘ 4. Etre prêt à ...

Ecoutez: C'est vrai, il va passer commande?
Répondez: Oui, il est prêt à le faire.

1. C'est vrai, il va passer commande?
2. C'est vrai, vous allez faire un rabais?
3. Vraiment, ils vont discuter notre offre.
4. C'est vrai, vous allez être l'agent de Filturbo en France? *(Care with the verb!)*
5. Vraiment, elle va travailler chez Sériex?

⊘ 5. Sans + infinitive

Ecoutez: Il n'a pas téléphoné. Il a conclu l'accord tout de suite.
Répondez: Il a conclu l'accord sans téléphoner?

1. Il n'a pas téléphoné. Il a conclu l'accord tout de suite.
2. Elle n'a pas discuté. Elle a payé tout de suite.
3. Je n'ai pas parlé de rabais. J'ai passé commande tout de suite.
4. Elle n'a pas consulté l'agence. Elle est partie à l'étranger.
5. Je n'ai pas consulté mon chef. J'ai accepté tout de suite.

⊘ 6. Present of reflexive verbs

You are saying what various firms specialise in.

Ecoutez: Filturbo ne fait plus les moteurs? *(non, la voilure)*
Répondez: Non, Filturbo se spécialise dans la voilure.

1. Filturbo ne fait plus les moteurs? *(non, la voilure)*
2. France Avia ne fait plus les avions à réaction? *(non, les supersoniques)*
3. L'Aviagence ne fait plus l'importation? *(non, l'exportation)*
4. France Vin ne fait plus les blancs? *(non, les rouges)*
5. Air England ne fait plus la carlingue? *(non, les moteurs)*

⊘ 7. Si *(yes)* in answer to a negative question

Ecoutez: Vous ne prenez pas votre parapluie?
Répondez: Si, si, je le prends.

1. Vous ne prenez pas votre parapluie?
2. Vous ne prenez pas votre voiture?
3. Vous ne prenez pas vos clefs?
4. Vous ne prenez pas votre passeport?
5. Vous ne prenez pas vos valises?
6. Vous ne prenez pas votre manteau?

8. Le/la/les – pronouns

Careful of the word order!

Ecoutez: Et s'il y a des pièces
défectueuses?

Répondez: Nous nous engageons à les réparer.

1. Et s'il y a des pièces défectueuses?
2. Et si les moteurs tombent en panne?
3. Et si la carlingue, après quelques mois, est défectueuse?
4. Et si les roues sont défectueuses?
5. Et si l'avion tout entier n'est pas bon?

9. Il/elle m'intéresse

Practise saying something interests you.

Ecoutez: Ce livre, il vous intéresse?
Répondez: Oui, il m'intéresse beaucoup.

1. Ce livre, il vous intéresse?
2. Cet avion vous intéresse?
3. Ce moteur vous intéresse?
4. Notre offre vous intéresse?
5. Notre proposition de vente vous intéresse?
6. Le contrat vous intéresse?

10. N'hésitez pas à ...

Ecoutez: Si j'ai besoin de vous, je peux
vous contacter?

Répondez: Bien sûr! N'hésitez pas à nous
contacter.

1. Si j'ai besoin de vous, je peux vous contacter?
2. Si j'ai besoin de vous, je peux vous écrire?
3. Si j'ai besoin de vous, je peux vous téléphoner?
4. Si j'ai besoin de vous, je peux vous demander des renseignements?
5. Si j'ai besoin de vous, je peux aller vous voir?

11. Spelling

Practise spelling on the telephone.

a. First listen to the following conversation.
b. Imagine you are Eileen Holly and the operator asks you to spell your name. Spell it.
c. Imagine the operator is asking you yourself to spell your real name. Spell it.
d. Now spell both your name and address and give your telephone number to someone on the phone.

Code des P. et T.

A	Anatole	I	Irma	R	Raoul
B	Berthe	J	Joseph	S	Suzanne
C	Célestin	K	Kléber	T	Thérèse
D	Désiré	L	Louis	U	Ursule
E	Eugène	M	Marcel	V	Victor
E	Emile	N	Nicolas	W	William
F	François	O	Oscar	X	Xavier
G	Gaston	P	Pierre	Y	Yvonne
H	Henri	Q	Quintal	Z	Zoé

Extra

12. Reflexive verbs

Match the answers to the questions.

1. Alors, vous êtes dans le commerce maintenant?
2. Que fait-il au juste? Toujours en Sorbonne?
3. Alors, vous n'êtes plus dans les chemins de fer?
4. Ça leur rapporte gros, leur commerce?
5. Ah! Enfin une agence qui s'intéresse au neuf!
6. Dites donc, vous pensez à l'avenir, vous!

a. Non, nous nous spécialisons dans l'aviation.
b. Toujours! Maintenant il se spécialise dans les langues vivantes.
c. Oui. Depuis peu je me spécialise dans l'import/export.
d. Eh! Oui, je me spécialise dans l'assurance-vie.
e. Ils se spécialisent dans les plastiques.
f. Bien sûr! Nous nous spécialisons dans les immeubles modernes.

Le savoir-faire

A. Letter writing

French people say that the only time they are consistently polite to each other is when they write business letters!

It is important to learn the various ways of addressing people in letters. You should also learn which beginnings and endings can be combined, so that your letter sounds 'correct', and conveys the right tone for the situation.

Here are some common formulae.

	Formal	Less formal	Friendly
Salutations	Monsieur/ Madame/ Messieurs (*to a business firm*)	*If you have not met, as under 'Formal'.* *If you have already met:* Cher Monsieur X Chère Madame X	Cher Jacques Chère Mireille
Opening sentences	Nous accusons réception de votre lettre du ... Je vous prie de bien vouloir ... Nous nous référons à notre lettre du ...	Nous vous remercions de votre lettre en date du ... En réponse à votre lettre du ... nous vous prions de ...	Merci d'avoir répondu si rapidement à ma lettre. J'espère que tout va bien chez vous.
Endings	Dans l'attente de vous lire, veuillez agréer, Monsieur/Madame/Messieurs, mes/nos salutations les plus distinguées. Je vous prie d'agréer, Monsieur/ Madame/ Messieurs, mes/nos salutations les plus distinguées. Nous vous prions d'accepter, Monsieur/ Madame/ Messieurs, l'assurance de mes/nos sentiments les meilleurs.	Veuillez croire, cher Monsieur X, en mes/nos sentiments les meilleurs. Dans l'attente de vous lire, veuillez accepter, chère Madame X, mes sincères salutations.	Amitiés Bien amicalement

There is not very much difference in tone between the 'Formal' and the 'Less Formal', but in general the shorter formulae are increasingly preferred. What is important to remember is that when you start your letter with the *Monsieur/Madame/Messieurs* formula, you have to end it with the same one. The same applies to *Cher Monsieur X, Chère Madame X.*

Exercise

Choose a suitable combination of salutation, opening sentence and ending for the following situations:

a. You are writing to a friend's relatives to ask if you could visit them.
b. You are writing to a firm to enquire about employment opportunities.
c. You are answering an advertisement in a newspaper.
d. You are writing to a hotel in Paris to book a room.
e. You are writing to a *Syndicat d'Initiative* in Bordeaux for information about the town.
f. You are writing to a French company for information.
g. You are writing to someone at work whom you haven't met.
h. You are writing to someone at work whom you know well.

B. Different types of letters

1. *Asking for information about brochures and price lists*

Nantes, le 12 avril 19..

Monsieur,

Je vous prie de bien vouloir m'envoyer aussitôt que possible votre catalogue/vos brochures et votre liste de prix/vos prix courants concernant votre produit/votre article cité ci-dessous.

En vous remerciant à l'avance, je vous prie de bien vouloir agréer, Monsieur, mes salutations les plus distinguées.

D. Saval

Birmingham, le 19 avril 19..

Cher Monsieur Saval,

Nous vous référons à votre lettre en date du 12 avril 19.. et avons le plaisir de vous envoyer ci-inclus notre dernier catalogue ainsi que notre liste de prix.

Si vous avez besoin de renseignements supplémentaires, n'hésitez pas à nous écrire à nouveau, nous serons enchantés de vous répondre.

Dans l'attente de vous lire, veuillez agréer, cher Monsieur Saval, mes sincères salutations.

2. *Asking for discount, delivery, etc.*

Rennes, le 21 september 19..

Monsieur,

Nous aimerions savoir, si possible par retour du courrier, vos conditions de paiement, vos conditions d'expédition et vos délais de fourniture concernant le produit ci-dessous.

Dans l'attente de vous lire, je vous prie de croire, Monsieur, en mes sentiments les meilleurs.

L. Fornier

Londres, le 24 septembre 19..

Cher Monsieur Fournier,

En réponse à votre lettre du 21 septembre dernier, j'ai l'honneur de vous faire savoir que nos conditions de paiement et délais de fourniture sont les suivants:

– Le paiement est à 30 jours de fin de mois dès réception de facture.
– Un escompte de 2,5% est alloué pour paiement au comptant.
– Les délais de fourniture sont négociables.

En vous remerciant de votre intérêt, veuillez croire, cher Monsieur Fournier, en mes sentiments les meilleurs.

3. *Query about delay in delivering*

Marseille, le 4 juillet 19..

Messieurs,

J'aimerais attirer votre attention sur le fait que vous deviez nous livrer votre produit à la date du 12 juin dernier. Vous avez, à ce jour, plus de trois semaines de retard.

Veuillez nous envoyer votre produit dans les plus brefs délais; sans cela nous serons obligés d'annuler notre commande.

Veuillez agréer, Messieurs, nos salutations distinguées.

M. Grandjard

Southampton, le 9 juillet 19..

Cher Monsieur Grandjard,

Nous accusons réception de votre lettre en date du 4 juillet et nous vous prions de bien vouloir accepter toutes nos excuses pour ce retard de livraison. Par suite d'une demande considérable de notre produit, nous n'avons pas été en mesure de respecter les dates de livraison. Mais nous pouvons vous assurer que nous venons de vous envoyer votre produit et que vous le recevrez dans la semaine.

Nous vous prions de croire, cher Monsieur Grandjard, en nos sentiments les meilleurs.

C. Letter practice

Exercise 1

Write a résumé in English of the following letter:

Votre offre devra nous parvenir
au plus tard pour le: 10 mai 19..

Courbevoie, le 7 avril 19..

Messieurs,

Veuillez nous envoyer, aussitôt que possible, le prix et conditions générales d'achat pour 250 rames d'équipements phoniques suivant specification F.2.3.46 ci-jointe et Specification Technique SNCF ci-jointe également.

Votre offre devra nous indiquer les délais de fourniture les plus réduits, vos conditions d'expédition Franco Domicile (Courbevoie), l'option consentie pour votre remise de prix, TVA en sus.

Veuillez nous adresser votre offre en deux exemplaires.

Dans l'attente de vous lire, veuillez agréer, Messieurs, nos salutations distinguées.

Antoine Bourel
Chef du Service Achats

Exercise 2

Write a résumé of the following letter:

Toulouse, le 31 mars 19..

A l'attention de M. Martin (Poste intérieur 198)

Cher Monsieur Martin,

Nous vous remercions de l'intérêt que vous portez à notre matériel (Liaisons phoniques PL88.)

Nous espérons que notre offre vous intéressera. Notre équipement est conçu et fabriqué pour satisfaire des standards très élevés. La RATP a trouvé que notre équipement réalise une performance excellente. Cela nous a permis d'obtenir le contrat FR/SO/C4358621 correspondant à l'equipement de la ligne de métro No. 12 et le contrat No. FR/SO/885 23 541 correspondant à l'équipement de la ligne de Sceaux.

Nous serions enchantés de vous rendre visite pour discuter notre offre plus en details si vous le désiriez. N'hésitez pas à nous contacter si vous avez besoin de renseignements supplémentaires.

Dans l'attente de vous lire, je vous prie de croire, cher Monsieur Martin, en l'assurance de mes sentiments les meilleurs.

Edouard Crozier
Directeur Général

Exercise 3

Write an answer to the following letter:

Bordeaux, le 2 février 19..

Messieurs,

Je vous prie de bien vouloir m'envoyer vos brochures et votre liste de prix concernant votre article paru dans la revue 'Le Nouvel Economiste' de janvier dernier.

Dans l'attente de vous lire et en vous remerciant à l'avance, je vous prie d'accepter, Messieurs, mes salutations distinguées.

Daniel Gérard
Chef des Ventes

Exercise 4

Write a letter to the French company Machinex asking them to send you as soon as possible their delivery dates, despatch conditions and discount for an order of 200 machines.

Expansion: Une conversation téléphonique

TÉLÉPHONISTE	– Oui, j'écoute.
VICTOR	– Mademoiselle, passez-moi le 346-44-79 à Paris, s'il vous plaît.
TÉLÉPHONISTE	– Mais vous avez Paris en direct!
VICTOR	– Je sais, mais je n'arrive pas à obtenir le numéro.
TÉLÉPHONISTE	– Bien, ne quittez pas ... Voilà ça sonne ... Parlez, Toulouse.
VICTOR	– Allô, allô, c'est vous Jacques? ... Oui, c'est Victor. Où suis-je? Mais à Toulouse naturellement!
JACQUES	– Qu'est-ce qui se passe? Des problèmes?
VICTOR	– Non, non. Tout va très bien. Notre offre intéresse M. Sériex ... Allô, allô ... Mademoiselle, ne coupez pas! Allô, Ah! C'est vous ... Je répète ... Notre offre intéresse M. Sériex ...
JACQUES	– Parfait, parfait! Quand rentrez-vous à Paris?
VICTOR	– Pardon? Qu'est-ce que vous dites? Oh, là, là, la ligne est mauvaise ... Parlez plus fort! Je vous entends à peine.
JACQUES	– *(Il crie.)* Quand rentrez-vous à Paris?
VICTOR	– Ne criez pas comme ça! Je ne suis pas sourd! ... Quand je rentre à Paris? Demain soir. A propos, pourriez-vous confirmer la réservation de ma chambre d'hôtel pour demain soir?
JACQUES	– Allô, allô! Quoi? Qu'est-ce que vous dites? Je vous entends à peine!
VICTOR	– Quoi? Qu'est-ce que vous dites? Je ne vous entends pas! Allô! Allô! Oh! Quel bruit! Il a raccroché!
TÉLÉPHONISTE	– Vos trois minutes se sont écoulées. La communication est finie.

Expansion exercises

❶ 1. Telephone numbers

Ecoutez: Allô, oui … j'écoute.
(348-44-79 Londres)
Répondez: Passez-moi le 348-44-79 à
Londres, s'il vous plaît.

1. Allô, oui … j'écoute. *(348-44-79 Londres)*
2. Allô, oui … j'écoute. *(348-22-35 Paris)*
3. Votre numéro … *(348-27-33 Rome)*
4. Allô, oui. *(348-26-36 Bruxelles)*
5. J'écoute. *(348-25-34 Genève)*

❷ 2. Writing telephone numbers down

Listen carefully to the telephone numbers
given to you on the phone and write them
down.

❸ 3. Asking for help

And now what do you say when you can't get
through directly and have to ask the operator
for help?

Ecoutez: Mais vous avez Londres en direct!
Répondez: Je sais, mais je n'arrive pas à
obtenir mon numéro à Londres!

1. Mais vous avez Londres en direct!
2. Mais vous avez Paris en direct, Monsieur!
3. Mais vous avez Rome en direct!
4. Mais vous avez Bruxelles en direct, voyons,
Monsieur.

❹ 4. Wrong numbers

a. Ecoutez: Allô, oui? *(M. Morel)*
Répondez: Puis-je parler à M. Morel,
s'il vous plaît?

b. Ecoutez: M. Morel? … Quel numéro
demandez-vous? *(348-21-36)*
Répondez: Le 348-21-36.

c. Ecoutez: Ah! Non, je suis désolée. Ici,
c'est le 348-21-35.
Repondez: Ah! Excusez-moi,
Mademoiselle!

1. a. Allô, oui? *(M. Morel)*
b. Monsieur Morel? … Quel numéro
demandez-vous? *(348-21-36)*
c. Ah! Non, je suis désolée. Ici, c'est le 348-
21-35.

2. a. Allô, oui? *(Mlle Lebret)*
b. Mademoiselle Lebret? … Quel numéro
demandez-vous? *(348-45-22)*
c. Ah! Non, je suis désolée. Ici, c'est le 348-
45-21.

3. a. Allô, oui? *(M. Melville)*
b. Monsieur Melville? … Quel numéro
demandez-vouz? *(348-28-36)*
c. Ah! Non, je suis désolée. Ici, c'est le 345-
26-38.

❺ 5. Role-playing

Victor is phoning Jacques in Paris from
Toulouse.

a. First listen to the dialogue.

b. And now play the part of Victor.

TÉLÉPHONISTE	Allô, oui. J'écoute.
VICTOR	……
TÉLÉPHONISTE	Mais vous avez Paris en direct!
VICTOR	……
TÉLÉPHONISTE	D'accord. Voilà – ça sonne. Parlez, Toulouse.
VICTOR	……
JACQUES	Oui, c'est moi. Victor! Mais où êtes-vous?
VICTOR	……
JACQUES	Qu'est-ce qui se passe? Des problèmes?
VICTOR	……
JACQUES	Quand rentrez-vous à Paris?
VICTOR	……
JACQUES	Allô, allô! Qu'est-ce que vous dites?
VICTOR	……
JACQUES	Allô, allô! Je vous entends à peine!
VICTOR	……

A la foire de Paris

Victor is now at his hotel in Paris. He is reading an article on *la foire de Paris* in the paper *Le Monde*. He strikes up a conversation with one of the other visitors in the hotel. After a while Victor excuses himself to join Mireille and Jacques Morel at the Parc des Expositions at the Porte de Versailles.

Dialogue

Personnages: Victor
Un monsieur
Mireille Morel
Jacques Morel

A l'Hôtel Buckingham

VICTOR — Tiens, un article sur la foire de Paris!

MONSIEUR — Ah, bon? Qu'est-ce qu'ils en disent?

VICTOR — *(Il lit.)* 'De notre reporter special, Marie-Christine Saval – comme toujours en automne, la foire de Paris vient de s'ouvrir à la Porte de Versailles. Selon un rituel déjà bien établi, le Ministre de l'Industrie, Monsieur ...'

MONSIEUR — Alors, on est venu spécialement pour la foire de Paris, hein?

VICTOR — Non ... pas vraiment ... en fait ...

MONSIEUR — *(Il continue sans écouter Victor.)* Vous êtes anglais, n'est-ce pas? ... Oui, ça se voit ... Alors, fini le Grand Empire Britannique, hein? ... Ah, là, là! Il est loin, le 19ème siècle! ... Les Indes pour vous, l'Afrique pour nous! Et maintenant rien, plus rien! Même l'Algérie! Ils l'ont abandonnée! Même l'Algérie! ... Oui, Monsieur ...

VICTOR — Oui ... Je sais ... Que voulez-vous, l'impérialisme, c'est dépassé ... Excusez-moi, mais je dois rejoindre des amis à la foire de Paris ... Au revoir, Monsieur.

A la foire de Paris

MIREILLE — Non, rien. Rien du tout! ... Mais tu dois bien l'avouer ... Victor a un certain 'je ne sais quoi' typiquement anglais ... Ah! Le voilà qui vient!

VICTOR — Bonjour Madame ... euh, bonjour Mireille. Bonjour Jacques!

MIREILLE — Bonjour Victor ... Ça va? Content d'être de retour à Paris?

VICTOR — Oui, très content.

JACQUES — Eh bien, par où on commence?

VICTOR — J'aimerais d'abord visiter les stands de nos concurrents ... Je dois faire un rapport pour ma société ... On peut commencer par le pavillon allemand.

JACQUES — Mais bien sûr, Victor, c'est vous qui décidez!

MIREILLE — J'ai une idée. Vous, les hommes, allez au pavillon allemand si ça vous intéresse. Moi, ce qui m'intéresse, ce sont les pavillons des pays de l'Orient. Donnons-nous rendez-vous à ce café, là, dans environ une heure. Ça va?

JACQUES — Parfait! ... Allons-y!

Au pavillon allemand

VICTOR — Vraiment, ces Allemands, ils sont si efficaces! ... Regardez-moi ça! C'est très impressionnant!

JACQUES — Vous importez beaucoup de produits allemands?

VICTOR — De plus en plus. Nos importations ne cessent d'augmenter surtout depuis notre entrée dans le Marché Commun. Filturbo utilise maintenant des machines allemandes. Nous les trouvons plus sûres, mieux finies et, à la longue, elles sont moins chères.

JACQUES — Oui, je vois ... Mais les Allemands doivent maintenant compter avec la concurrence japonaise.

VICTOR — Oui, c'est exact ... Tenez, Jacques, passez-moi cette brochure rouge, s'il vous plaît ... Oui, c'est ça, merci ...

JACQUES — Victor, je vous laisse. Je dois aller au stand Aviagence. Venez m'y rejoindre dans ... disons un quart d'heure, une demi-heure. D'accord?

VICTOR — D'accord.

Au stand Aviagence (une demi-heure plus tard)

VICTOR — Mais il n'est pas mal du tout votre stand! En fait je le trouve même très bien!

JACQUES — Merci. Merci. Alors, vous avez eu du succès?

VICTOR — Oui, pas mal. J'ai obtenu beaucoup de renseignements fort intéressants sur leurs dernières machines. Surtout en ce qui concerne les prix, rabais, facilités de paiement, etc. Je suis allé aussi au pavillon japonais ... Regardez toutes ces brochures, tous ces fascicules ... Tenez, regardez celui-là, il est vraiment passionnant!

JACQUES — *(Il regarde le fascicule japonais.)* Victor, regardez leurs prix! Et leurs facilités de paiement! Crédits à long et moyen terme, intérêt bas, livraison franco domicile! ... Mais leurs machines, ils ne les vendent pas! Ils les donnent, ma parole!

VICTOR — Eh, oui! C'est ça la concurrence japonaise! Nous la connaissons bien, vous savez – leurs produits, sont toujours moins chers, toujours plus modernes! Et pourtant leur commerce, ça leur rapporte ...

JACQUES — *(Il consulte sa montre.)* Oh, là, là, vite Victor. Allons au café. Mireille nous y attend depuis déjà un bon quart d'heure!

Questions

1. Sur quoi est l'article?
2. Est-ce que la foire de Paris vient de finir?
3. Qu'est-ce qui est dépassé?
4. Que pense Mireille de Victor?
5. Est-ce que Victor est content d'être de retour à Paris?
6. Par où commencent-ils la visite de la foire?
7. Qu'est-ce qui intéresse Mireille?
8. Où se donnent-ils rendez-vous?
9. Dans combien de temps?
10. Est-ce que Filturbo importe beaucoup de produits allemands?
11. Depuis quand les importations de Filturbo ne cessent d'augmenter?
12. Pourquoi est-ce que Filturbo utilise maintenant des machines allemandes?
13. Comment est le stand Aviagence?
14. Sur quoi est-ce que Victor a obtenu des renseignements?
15. Où est-il aussi allé?
16. Et leur commerce, ça leur rapporte?

Explanations

11.1 On *(you, we, one)*

On est venu spécialement pour la foire de Paris?
(Have you come specially for the foire de Paris?)
On peut commencer par le pavillon allemand.
(We can begin with the German pavilion.)

On is literally *'one'* – note that it is followed by the third person of the verb. It is used more widely than the English *'one'*, particularly in conversation and for *'you'* or *'we'*.

11.2 Devoir *(ought to, must)* – present tense all forms

Je	dois	rejoindre mes amis	
Tu	dois	bien l'avouer	
Il Elle	} doit	nous attendre	Another important irregular verb which you should learn by heart.
Nous	devons	partir tout de suite	
Vous	devez	visiter la ville	
Ils Elles	} doivent	compter avec la concurrence japonaise	

11.3 Plus ..., moins ...

Les machines allemandes sont **plus** sûres.
(The German machines are more reliable.)
Elles sont **moins** chères.
(They are cheaper.)
Leurs produits sont **plus** modernes.
(Their products are more modern.)

11.4 Y *(there)*

Je dois aller au stand Aviagence, venez m'**y** rejoindre.
(I must go to the Aviagence stand, come and join me there.)
Allons au café, Mireille nous **y** attend.
(Let's go to the café, Mireille is waiting for us there.)

Y means literally *'there'* or *'to it'*, but mainly occurs in set phrases such as **allons-y, j'y vais, ça y est, vous y êtes, j'y suis**. Note the position of **y**.

11.5 Me *(me)*, vous *(you)*, nous *(us)* – pronouns

Ce qui **m'**intéresse. *(What interests me.)*
Si ça **vous** intéresse. *(If that interests you.)*
Elle **nous** attend. *(She's waiting for us.)*

Note the position of **me**, **nous**, **vous** before the verb.

11.6 Pronouns with 'ne ... pas'

Ils **ne les** vendent **pas**. *(They don't sell them.)*

Note the position of the pronoun.
It is the same with the other pronouns.

11.7 Depuis *(for – time)* with present tense

Elle nous **attend depuis** déjà un quart d'heure.
(She has been waiting for us for a quarter of an hour.)

Note that **depuis** is used with the present tense (not as you might expect from English, the perfect). This is because **depuis** implies a period of time which is still going on.

11.8 Seasons

en automne	*in autumn*
en hiver	*in winter*
au printemps	*in spring*
en été	*in summer*

Note **au printemps**.

Some useful phrases

Ça se voit	*That's obvious*
Le voilà qui vient!	*Here he comes!*
Allons-y!	*Let's go!*
Regardez-moi ça!	*Just look at that!*
Pas mal	*Not bad; quite a bit*
En ce qui concerne ...	*Concerning ...*
J'y suis	*I'm with you/I've got it*

Practice

1. Le/la/les – pronouns

You're practising saying things are fine, okay.

Ecoutez: Comment trouvez-vous notre stand? *(très bien)*
Répondez: Mais je le trouve très bien.

1. Comment trouvez-vous notre stand?
   (très bien)
2. Comment trouvez-vous nos brochures?
   (pas mal du tout)
3. Comment trouvez-vous notre catalogue?
   (pas mal du tout)
4. Comment trouvez-vous notre offre?
   (assez bien)
5. Comment trouvez-vous notre machine?
   (très bien)
6. Comment trouvez-vous nos concurrents?
   (assez bien)

2. On

You're asking where different things can be bought.

Ecoutez: Je peux vous aider? *(timbres)*
Répondez: Où est-ce qu'on peut acheter des timbres?
Ecoutez: A la poste, bien sûr!

1. Je peux vous aider? *(timbres)*
   A la poste, bien sûr!

2. Vous voulez quelque chose, Monsieur?
   (carnet de métro)
   Mais au guichet, bien sûr!

3. Vous cherchez, Monsieur? *(croissants)*
   A la boulangerie.

4. Vous désirez, Monsieur? *(vin)*
   Chez Nicolas, près de la gare.

5. Je peux vous être utile? *(cigarettes)*
   Au bureau de tabac.

3. Present tense of 'devoir' – all forms

Ecoutez: Vous venez prendre un verre avec moi?
Répondez: Je regrette beaucoup, mais je dois partir tout de suite.
Ecoutez: A la prochaine, alors!

1. Vous venez prendre un verre avec moi?
   A la prochaine, alors!
2. Est-ce que M. Sériex peut dîner avec nous ce soir?
   Quel dommage!
3. Vous deux, vous voulez voir notre stand?
   Demain, peut-être.
4. Christine, soyez gentille, appelez-moi Jacques, voulez-vous?
   Ah! C'est vrai, il est déjà tard!
5. Est-ce que les Morel peuvent rester déjeuner?
   Ce n'est que partie remise, j'espère!
6. Chéri, tu peux rester pour m'aider un peu?
   Ah! Les hommes, tous les mêmes!!

4. Present tense with 'depuis'

You're practising saying how long you have been doing certain things.

Ecoutez: Vous attendez depuis longtemps?
         (de 12h.30 à 12h.45)
Répondez: J'attends depuis un quart d'heure.

1. Vouz attendez depuis longtemps? *(de 12h.30 à 12h.45)*
2. Vous l'attendez depuis longtemps? *(de 15h.00 à 17h.00)*
3. Vous travaillez depuis longtemps? *(de 1968 à 1979)*
4. Vous le cherchez depuis longtemps? *(de 10h.00 à 13h.00)*
5. Vous mangez depuis longtemps? *(de 12h.30 à 14h.30)*

5. Present tense with 'depuis'

Ecoutez: Et vos importations, elles
augmentent?
Répondez: Elles ne cessent d'augmenter
depuis notre entrée dans le
Marché Commun.

1. Et vos importations, elles augmentent?
2. Et vos exportations, elles baissent?
3. Et l'inflation alors, elle augmente?
4. Et le chômage, dites-moi, il augmente?
5. C'est vrai ça, vos concurrents, eux, ils
travaillent?

6. Le/la/les (pronouns) + negative

Emphatic denials.

Ecoutez: Comment! Vous achetez ces
produits?!
Répondez: Mais non! Je ne les achète pas!

1. Comment! Vous achetez ces produits?
2. Alors vous acceptez ces prix?
3. C'est vrai vous refusez ce crédit?
4. Quoi! Vous donnez vos machines?
5. C'est vrai, vous vendez votre compagnie?
6. Pas possible! Vous baissez votre rabais?

7. Role-playing

Victor meets Jacques in the café.

a. First listen to the dialogue.

b. Now play the part of Victor.

JACQUES	Bonjour, Victor!
VICTOR	......
JACQUES	J'attends Mireille.
VICTOR	......
JACQUES	Depuis déjà une demi-heure!
VICTOR	......
JACQUES	J'accepte avec plaisir!
VICTOR	......
JACQUES	D'accord. Allons-y.
VICTOR	......
JACQUES	Un pernod, s'il vous plaît.
VICTOR	......
GARÇON	Bien, Monsieur. *(Il crie.)* Deux pernods, deux!
VICTOR	......
JACQUES	Le film, oui, beaucoup.
VICTOR	......
JACQUES	Oui, Mireille aussi. Elle l'a beaucoup aimé. Vous devez aller le voir.
VICTOR	......

8. Le/la/les (pronouns) + perfect tense

You're the hard-working secretary of a
demanding boss.

Ecoutez: Madame Laloy! Vous avez fini le
rapport?
Répondez: Oui, Monsieur le Directeur,
je l'ai fini.

1. Madame Laloy! Vous avez fini le rapport?
2. Bien. Vous avez rédigé le contrat, n'est-ce
pas?
3. Parfait. Vous avez envoyé les brochures à
Aviagence?
4. Bon! Vous avez terminé les lettres pour
Filturbo?
5. Parfait. Et vous les avez mises à la poste,
n'est-ce pas?
6. A propos! Vous avez contacté Sériex?
Eh bien, ne restez pas là! Allez travailler,
voyons!

Extra

⑨ 9. Le/la/les (pronouns) + perfect tense + negative

You're the junior 'Girl Friday', who works for the hard-working secretary.

Ecoutez: Mademoiselle Barbier! Vous avez fini le rapport?

Répondez: Non, Madame Laloy, je ne l'ai pas encore fini!

1. Mademoiselle Barbier! Vous avez fini le rapport?
2. Quoi! Bon ... Vous avez tapé le contrat, n'est-ce pas?
3. Pas encore! Vous avez envoyé les brochures à Aviagence, hein?
4. Non! Ça alors! Alors vous avez terminé les lettres pour Filturbo?
5. Non! Et le colis pour Aviagance, vous l'avez envoyé?
6. Quoi! Pas encore! Et Sériex, vous l'avez contacté, j'espère?
   Mais ... Ce n'est pas possible! Je ne peux pas y croire!

10. Y

a. Exemple: Vous allez au bureau maintenant?
Oui. J'y vais tout de suite.

You can vary the answer by saying *à l'instant même* or *immédiatement* instead of *tout de suite*.

1. Vous allez au bureau maintenant?
2. Vous allez à l'usine maintenant?
3. Vous allez à la foire maintenant?
4. Vous allez au stand Aviagence maintenant?
5. Vous allez à la gare maintenant?
6. Vous allez au cinéma maintenant?

b. Now do the same exercise but using the perfect tense.

Exemple: Vous êtes déjà allé au bureau?
Oui, j'y suis allé.

c. And now say that you are going to do all these things (use *aller*).

Exemple: Tu es déjà allé au bureau?
Non pas encore, mais je vais y aller.

11. On

Plan your evening! Choose where you'll go, what you'll eat and drink, etc.

Exemple: Où est-ce qu'on mange? *(restaurant/ maison/café)*
On mange au restaurant.

1. Alors, où est-ce qu'on mange? *(restaurant/ maison/café)*
2. Et qu'est-ce qu'on prend? *(sandwichs/ steak-frites/salade)*
3. Et avec cela, qu'est-ce qu'on boit? *(bière/vin/eau minérale)*
4. Et comme digestif? *(Cognac/Chartreuse/ Bénédictine)*
5. Bien. Et maintenant où est-ce qu'on va? *(foire/cinéma/théâtre/concert)*
6. Et comment on y va? *(taxi/voiture/métro/bus)*

Le savoir-lire

Understanding a French newspaper article in all its detail is quite difficult. But it's perfectly possible to get quite a lot of the gist of an article if you know how to set about it. Here are some hints.

1. First read through the article quickly. You probably will not understand very much.

2. Read it through again trying to pick out the key-words or key-phrases. Some of the key-words are likely to be words you know already. Others will be similar to English words and so you'll be able to guess the meaning (but you must be careful as they may not correspond exactly).

3. Make a note of these key-words and underline the ones you don't know.

4. Pick out any negatives.

A.

Wait and See

Les joueuses avaient au début de ce tournoi de Wimbledon demandé que le montant de leur prix soit aligné sur celui des joueurs. Le comité du tournoi leur a fait savoir qu'il n'en était pas question et en outre l'Association des joueurs, par la voix de son président John Newcombe, a estimé cette revendication tout à fait illogique. Les dames et demoiselles ont donc pris la décision de s'abstenir l'an prochain et d'aller à la même époque disputer une autre compétition. Mais d'ici là les choses s'arrangeront, sans doute!

SENTENCE 1

Les joueuses avaient au début de ce tournoi de Wimbledon demandé que le montant de leur prix soit aligné sur celui des joueurs.

KEY WORDS: *joueuses – tournoi de Wimbledon – demandé – prix – aligné – joueurs*

If you understand these words, at least you would know that it is something to do with the Wimbledon Tennis Tournament, something to do with the players and something to do with money.

Prix may puzzle you. 'Price' doesn't seem quite right, but in connection with a tournament you'll probably hit on the word 'prize'. You may not know *aligné* but could work out that it means 'aligned' – and therefore 'brought into line' and possibly 'equalised'. By this time you may have worked out that the whole thing is about equal pay for men and women tennis players.

SENTENCE 2

Le comité du tournoi leur a fait savoir qu'il n'en était pas question et en outre l'Association des joueurs par la voix de son président John Newcombe, a estimé cette revendication tout à fait illogique.

KEY WORDS: *comité du tournoi – pas question – Association des joueurs – a estimé – revendication – illogique*

From these key-words you may be able to work out that the committee is not agreeing to the women's claim and that the Association of men players has 'estimated' (thought?) the claim (*revendication* – Unit 8) 'illogical' (ridiculous?).

SENTENCE 3
Les dames et demoiselles ont donc pris la décision de s'abstenir l'an prochain et d'aller à la même époque disputer une autre compétition.

KEY-WORDS: *dames et demoiselles – décision de s'abstenir – l'an prochain – aller disputer une autre compétition*

From the first four key-phrases you can work out without difficulty that the women had decided to 'abstain' (not to take part?) next year. The last phrase might puzzle you – *disputer une autre compétition* – but *une autre compétition* will suggest that the women will take part (*disputer*) in another competition.

SENTENCE 4
Mais d'ici là les choses s'arrangeront sans doute!

This last sentence is not important for the meaning of the article, but you may have guessed that it means there's a chance that things will 'arrange themselves' (sort themselves out?) by next year.

B.

Le "12"
ne répond plus

Pour protester contre la chaleur insupportable à l'intérieur des locaux des renseignements téléphoniques d'Auteuil, le personnel a déclenché depuis jeudi une grève illimitée. Cette grève contre la chaleur, 40 degrés, est selon la direction des P.T.T. suivie par 160 des standardistes sur 200.

Les usagers, branchés sur le secteur d'Auteuil, devront faire preuve de patience, car l'attente pour obtenir un renseignement risque d'être longue.

Lundi, les 200 agents décideront si le "12" répond à nouveau. Les syndicats posent comme condition que la direction accepte de faire climatiser les salles, ce qui est demandé "depuis trois ans".

Here you are given the key-words and you have to work out the gist of the article, using what you know already, a bit of guesswork, and if you are really stuck, a dictionary.

KEY-WORDS
SENTENCE 1: *protester – chaleur insupportable – locaux téléphoniques – personnel – jeudi – grève illimitée*

SENTENCE 2: *grève contre la chaleur – 40 degrés – 160 standardistes sur 200*

SENTENCE 3: *usagers – patience – attente – obtenir renseignements – longue*

SENTENCE 4: *lundi – 200 agents – décideront*

SENTENCE 5: *syndicats – condition – direction – climatiser les salles*

Now give a summary in English of what the article is about.

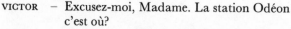 Expansion: Dans la rue

Victor has been walking through the narrow streets of the
Quartier Latin, visiting many interesting places. He has
just been visiting the Panthéon, where many famous
Frenchmen are buried. It is 7.30 and he has an
appointment with a French friend near the métro station
Odéon. Unfortunately, he gets lost in the Place de la
Contrescarpe.

VICTOR — Excusez-moi, Madame. La station Odéon
c'est où?

DAME — Oh! Là, là! Mais ce n'est pas du tout par ici!
… La station Odéon, attendez voir … Ah!
voilà. Prenez la rue, là, à votre droite …

VICTOR — Celle-là, à droite du café?

DAME — Non! Pas celle-là, celle-ci, à gauche du café, c'est la Rue Descartes. Vous
allez tout droit, puis vous prenez la première à gauche … C'est la Rue …

VICTOR — Alors, Rue Descartes … Tout droit, puis première à gauche, c'est la Rue …
Quelle rue c'est?

DAME — Je ne me rappelle plus, mais ça ne fait rien, c'est très facile … Vous ne
pouvez pas vous tromper. Puis vous longez le Panthéon, vous connaissez le
Panthéon, n'est-ce pas?

VICTOR — Oui, oui, je le connais. Je viens de le visiter!

DAME — Parfait! Alors, vous longez le Panthéon, puis vous passez devant la
Bibliothèque Ste. Geneviève, sur votre droite …

VICTOR — Je longe le Panthéon … Je passe devant la Bibliothèque Ste. Geneviève à
droite …

DAME — Oui, c'est ça … Puis vous continuez tout droit dans la Rue Cujas …

VICTOR — Oui … Tout droit dans la Rue Cu … la Rue Cu … Quoi?

DAME — La Rue Cujas. Vous la descendez jusqu'au Boulevard St. Michel … Vous
traversez le Boul'Mich.

VICTOR — Je traverse quoi?

DAME — Vous traversez le Boul'Mich, le Boulevard St. Michel, quoi! Puis …

VICTOR — Attendez un moment que je répète … Je passe devant la Bibliothèque
Ste. Geneviève, à droite, je continue tout droit dans la rue Cujas, je
descends la Rue Cujas jusqu'au Boul' St. Michel …

DAME — Non, Boul'Mich.

VICTOR — Pardon, Boul'Mich … Je traverse le Boul'Mich … Ah, j'y suis! Et puis?

DAME — Puis vous prenez la Rue de Vaugirard, juste en face, vous la remontez, vous
tombez sur le carrefour de l'Odéon. Et voilà, vous y êtes!

VICTOR — Ah! Bon. Merci bien, Madame, vous êtes bien aimable!
*(Après une demi-heure, Victor arrive à la Place de l'Odéon. Il cherche le café à droite
du cinéma … Pas de cinéma!)*

VICTOR — Excusez-moi, Monsieur, vous savez où se trouve le café près du cinéma
Danton?

MONSIEUR— Le cinéma Danton? Mais c'est au carrefour de l'Odéon! Ce n'est pas ici! Ça,
c'est la Place de l'Odéon!

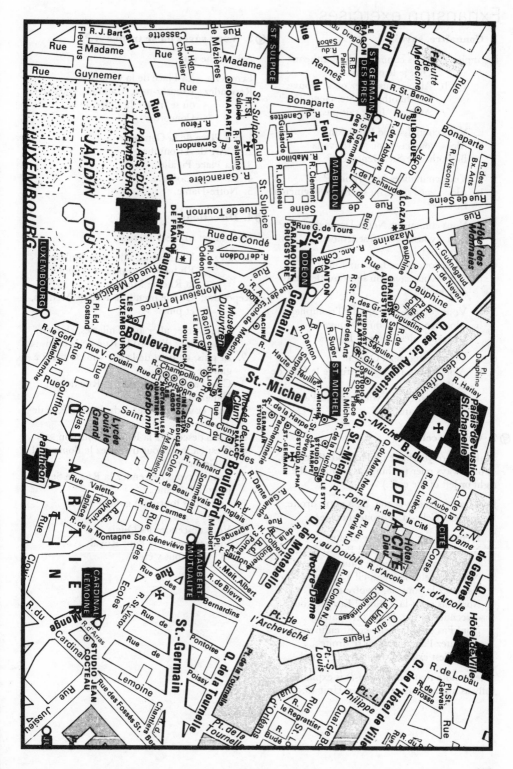

Expansion exercises

1. Connaître, savoir

Exemple: a. Vous connaissez le Panthéon?
Oui, je le connais.
b. Alors, vous savez où se trouve
la Bibliothèque Ste. Geneviève?
Ah, non! Je ne sais pas.

1. a. Vous connaissez le Panthéon?
   b. Alors, vous savez où se trouve la
   Bibliothèque Ste. Geneviève?

2. a. Vous connaissez la Sorbonne?
   b. Alors, vous savez où se trouve le cinéma
   Le Rex?

3. a. Vous connaissez Notre-Dame de Paris?
   b. Alors, vous savez où se trouve le
   commissariat?

4. a. Vous connaissez la Tour Eiffel?
   b. Alors, vous savez où se trouve le Palais
   de Chaillot?

5. a. Vous connaissez l'Arc de Triomphe?
   b. Alors, vous savez où se trouve le
   Drugstore des Champs Elysées?

6. a. Vous connaissez l'Opéra?
   b. Alors, vous savez où se trouve le Café de
   la Paix?
   Et vous dites que vous habitez Paris
   depuis dix ans!!

2. Celle-là/celui-là

Making sure you have understood directions.
(You always refer to things as being to the
right or left of the café.)

Ecoutez: Prenez la rue, là, à votre droite.
Répondez: Celle-là, à droite du café?

1. Prenez la rue, là, à votre droite . . .
2. Non! Pas celle-là, celle-ci! Puis vous prenez
   le boulevard, là, à votre gauche . . .
3. Non! Pas celui-là, celui-ci! Puis vous
   traversez le pont, là, à votre droite . . .
4. Non! Pas celui-là, celui-ci! Ensuite vous
   descendez la rue, là, à votre gauche . . .
5. Non! Pas celle-là, celle-ci. Et enfin vous
   remontez l'avenue, à votre droite . . .
   Oui! C'est exact. Et voilà vous y êtes!

(Please note that *celle-là/celui-là* is explained
fully as a grammatical point in Unit 15.)

3. Vous savez où se trouve . . .?

Asking the way.

Ecoutez: La Place de la Concorde.
Répondez: Excusez-moi, Madame, vous savez
où se trouve la Place de la
Concorde?

1. La Place de la Concorde.
2. L'Arc de Triomphe.
3. La Place Pigalle.
4. Le Sacré-Coeur.
5. Notre-Dame.

4. Directions

How to get to the Tuileries.

Ecoutez: Vous voulez aller aux Tuileries?
Eh bien, vous prenez d'abord
la Rue de Médicis . . .
Répondez: Oui, je prends la Rue de Médicis,
et puis?

1. Vous voulez aller aux Tuileries, eh bien,
   vous prenez d'abord la Rue de Médicis . . .
2. Et puis, au bout de la rue vous tournez à
   gauche . . .
3. C'est ça, puis descendez la Rue de
   Vaugirard . . .
4. Oui, et vous tournez à droite à la Rue de
   Tournon . . .
5. Vous descendez la Rue de Tournon . . .
6. C'est ça, puis vous traversez le Boulevard
   St Germain . . .
7. Ensuite, vous descendez la Rue de Seine
   jusqu'à la Seine . . .
8. Puis, vous tournez à gauche sur les
   Quais . . .
9. Vous descendez les Quais . . .
10. Vous traversez le Pont Royal . . .
    Et voilà, vous y êtes!

5. In the 'Quartier Latin'

Look at the Quartier Latin map below.

How would you go from:

a. The Gare du Luxembourg to the Panthéon?
b. The Gare du Luxembourg to the Musée de Cluny.
c. The Place St. Germain to Notre-Dame?

Practise saying in French the route you would take. Here are some sentences to help you start.

a. D'abord je descends le Boulevard St. Michel, puis ...
b. D'abord je prends le Boulevard St. Michel, puis ...
c. D'abord je descends le Boulevard St. Germain, puis ...

6. 'Connaître' and 'savoir'

Fill in the blanks using *connaître* or *savoir*, as appropriate.

Vous ... le sud-ouest? Alors, vous devez ... Perpignan! Ah! vous ... où se trouve Pau, mais vous n'y êtes jamais allé. Votre femme ... Pau. Ah! Je vois, elle y est née. Alors vous ... les spécialités du pays! Et vous ... jouer à la pétanque!? Alors, vous devez ... les meilleurs joueurs du pays, n'est-ce pas! Ah! Je vois, vous jouez avec eux! Vous ... où ils habitent! Ah! On vous a même invité! Dites-moi, vous ... y faire!

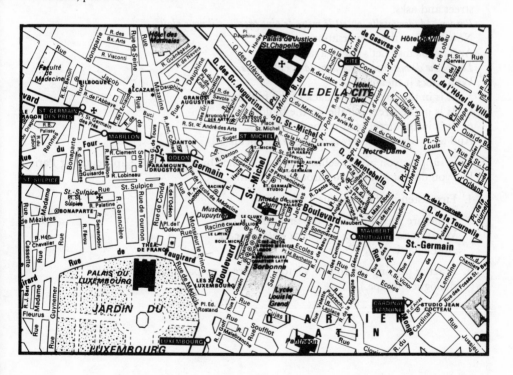

Débrouillez-vous

How to ask the way and understand directions. Follow Victor.

A. Victor wants the Post Office (*P. et T.*). He stops a man in the street and asks:
Pardon, Monsieur, pour aller à la poste, s'il vous plaît?
Listen now to the man's reply.
Have you understood as well as Victor? Draw a map of the route Victor takes.

B. This time Victor needs a bank. He stops a woman in the street and asks:
Pardon, Madame, pouvez-vous m'indiquer la banque la plus proche, s'il vous plaît?
Listen now to the woman's reply.
Just to make sure you have understood it all properly, what do the following sentences mean?
Vous traversez la place.
Vous prenez la rue qui est juste en face de vous.

C. And now Victor wants the nearest métro station. He stops a young woman in the street and asks:
Pardon, Mademoiselle, où est le métro le plus proche, s'il vous plaît?
Now listen to the conversation.
Any problems? Let's check again.
La bouche de métro se trouve dans la rue adjacente.
What does it mean?
a. It is in the street at the back of the building?
b. It is in the street parallel to the building?
c. It is in the street next to the building?
And also, what does *et vous tombez dessus* mean?

D. Now suppose you are travelling through France by car. You are approaching Paris but you do not want to go through the centre.

1. First listen to the dialogue.

2. What are the *Boulevards Périphériques*?
What does *Vous suivez le panneau Antony* mean?
And what is the N7?

3. Practise playing the role of Victor. (There is no paused version of this dialogue on tape.)

Grève à Aviagence

Victor goes to Aviagence to meet Jacques, who has asked him to call and have a word with him. He goes to find Aviagence is on strike! He first sees Sabine, who explains that the workers are demanding a wage increase *(une augmentation de salaire)*, and then Jacques, who adds that they also want an index-linked wage structure *(l'échelle mobile)*, a common demand in wage negotiations.

Dialogue

Personnages: Victor
Sabine
Jacques
Un gréviste

GRÉVISTE – Désolé, on ne passe pas!

VICTOR – Mais, j'ai rendez-vous avec ...

GRÉVISTE – Vous ne savez pas lire, non? *(Il montre la pancarte 'En Grève'.)* Nous sommes en grève.

SABINE – Victor! *(au gréviste)* Ça va Jean-Marie, laisse passer, je le connais.

GRÉVISTE – Ça va les gars, laissez passer!

VICTOR – Mais Sabine, qu'est-ce qui se passe? En grève? Mais depuis quand?

SABINE – Depuis ce matin seulement. J'ai essayé de vous joindre à l'hôtel mais vous n'étiez pas là. J'ai alors laissé un mot.

VICTOR – Je ne suis pas passé à l'hôtel. Je suis allé aux Galeries Lafayette. J'ai fait des courses pendant une heure, puis je suis venu directement ici ... Mais, dites-moi, cette grève, pourquoi?

SABINE – Vous savez comme moi que la situation économique est très mauvaise. Ce matin le gouvernement a annoncé le blocage des salaires. Alors, les gars se sont mis en grève.

VICTOR – Mais je ne vois pas ce que les mesures du gouvernement ont à faire avec cette grève?

SABINE – C'est à cause du blocage des salaires! La CGT et la CFDT sont en pourparlers avec la direction depuis déjà un mois. C'est pour négocier l'amélioration des conditions de travail et surtout une augmentation de salaire de 15%. Le gouvernement annonce 'blocage des salaires' jusqu'à nouvel ordre ... Pas d'augmentation possible!

VICTOR – Ah, je vois. Et vous, vous faites grève?

SABINE – *(Elle hésite.)* Euh ... C'est à dire que ... C'est difficile, vous comprenez ... Les gars, ils ont attendu pendant des semaines! Avec les salaires qu'ils ont, ils n'y arrivent plus! Le coût de la vie devient vraiment démesuré! Il faut bien qu'ils fassent quelque chose!

VICTOR – Et vous alors?

SABINE – C'est que ... c'est difficile ... Moi, j'aime bien mon travail, j'aime bien mon patron ... Mais il faut dire que moi non plus, je n'y arrive plus! J'ai demandé à Jacques une augmentation il y a un mois et j'attends toujours! Mais si ça continue, la voiture que j'ai achetée il y a un mois, je serai obligée de la revendre!

VICTOR – Tiens, voilà Jacques! Excusez-moi Sabine, je dois lui parler. Bon courage et à bientôt!

JACQUES – Victor! Enfin! Il a fallu que je discute avec le piquet de grève pour pouvoir entrer. Ah, là, là! Quelle situation! C'est une véritable catastrophe! Et il paraît que la plupart des cadres soutiennent les grévistes ... Entre nous, je m'y attendais! Les gars, ça fait déjà des semaines qu'ils l'attendent, leur augmentation! Moi, je les comprends. Que voulez-vous, la direction a trop traîné!

VICTOR — Ils veulent une augmentation de 15%, c'est bien ça?

JACQUES — Oui, c'est ça. Mais en plus ils demandent quatre semaines de congés payés et l'échelle mobile.

VICTOR — L'échelle mobile, qu'est-ce que c'est?

JACQUES — C'est une augmentation de salaire correspondant à l'accroissement du coût de la vie. Si l'inflation est de 15%, les salaires eux aussi devront augmenter de 15% ... Et c'est d'ailleurs sur ce point que la direction n'a pas voulu céder. Que voulez-vous! Il ne faut tout de même pas exagérer! C'est toujours la même chose avec eux. Vous leur donnez ça, ils exigent ça!

VICTOR — Dites-moi, Jacques, cette grève, est-ce qu'elle durera longtemps? Parce que dans ce cas, je partirai pour deux ou trois jours à Deauville.

JACQUES — Non, ne partez pas, Victor. Je ne pense pas que la grève durera très longtemps. De toute façon je peux vous assurer que nous ferons tout notre possible pour vous donner entière satisfaction.

◉ Questions

1. Qu'est-ce qu'il y a à Aviagence?
2. Depuis quand Aviagence est en grève?
3. Est-ce que Victor est passé à son hôtel avant d'aller à Aviagence?
4. Comment est la situation économique?
5. Qu'est-ce que le gouvernement a annoncé?
6. Pourquoi les gars de l'Aviagence sont en grève?
7. Que font la CGT et la CFDT depuis un mois?
8. Qu'est-ce qu'ils veulent négocier?
9. Est-ce que Sabine fait grève?
10. Pourquoi est-ce qu'elle ne fait pas grève?
11. Comment est le coût de la vie?
12. Quand est-ce que Sabine a demandé une augmentation de salaire?
13. Que pense Jacques de la situation?
14. Que veulent les employés d'Aviagence en plus de l'augmentation de 15%?
15. Qu'est-ce que c'est l'échelle mobile?
16. Sur quel point est-ce que la direction n'a pas voulu céder?
17. Que pense Jacques de l'échelle mobile?

Some useful phrases

Faire des courses	*To go shopping*
J'attends toujours	*I'm still waiting*
Je n'y arrive plus	*I can't manage any longer*
Bon courage!	*Good luck!*
Je m'y attendais	*I was expecting it*
Ne vous inquiétez pas	*Don't worry*
Nous ferons tout notre possible	*We'll do everything possible*
De toute façon	*In any event*

Explanations

12.1 'Pendant' *(for – time)* **with perfect tense**

J'ai fait des courses **pendant** une heure.
(I went shopping for an hour.)

Les gars ont attendu pendant des semaines.
(The men (blokes) have waited for weeks (and they're not waiting any longer).)

Pendant implies a period of time that is completed.

12.2 'Pour' *(for – time)* **with future tense**

Je partirai pour deux ou trois jours à Deauville.
(I'll go to Deauville for two or three days.)

Pour implies a period of time in the future.

12.3 Il y a *(ago)*

J'ai demandé une augmentation **il y a** un mois.
(I asked for a rise a month ago.)

Il y a implies a fixed point of time in the past. Note its position.

12.4 Rappel!

Hier	je l'**ai attendu**	**pendant** deux heures
Il y a un mois	je l'**ai attendu** aussi	**pendant** deux heures
Maintenant	je l'**attends**	**depuis** trois heures
Demain	je ne l'**attendrai** pas	**pour** longtemps

12.5 Il faut que ... *(it is necessary that ...)*

Il faut bien **qu**'ils fassent quelquechose.
(They've got to do something.)

Il a fallu que je discute avec le piquet de grève.
(I had to/was forced to argue with the picket.)

Il faut que ... is often used in French where in English a construction with 'I' would be used *(I have to, I must)*. It is either used in certain almost set phrases (**il faut que je parte**), or where a certain emphasis is implied or there is the idea of external compulsion. It is followed by the subjunctive. (You don't need to worry unduly about the subjunctive, but just learn the form as it comes up in the course.)

12.6 Rappel!

Je dois lui parler.
(I've got to talk to him/I'd better talk to him.)

C'est pas juste – **il faut** bien le dire.
(It's not fair – you've got to admit/you must admit.)

Il faut absolument que j'en parle au directeur.
(I absolutely must talk to the director about it.)

12.7 Present subjunctive of 'faire'

Il faut que	**je fasse** attention
Il faut que	**tu fasses** ton travail
Il faut qu'	**elle**⎫ **fasse** un rapport **il**⎭
Il faut que	**nous fassions** attention
Il faut que	**vous fassiez** un effort
Il faut qu'	**ils**⎫ **fassent** quelquechose **elles**⎭

Note that all forms sound the same except for the **nous** and **vous** forms.

12.8 Present subjunctive of -er verbs

Il faut que	**je discute** avec lui
Il faut que	**tu discutes** avec le directeur
Il faut qu'	**il**⎫ **discute** avec son patron **elle**⎭
Il faut que	**nous discutions** avec notre syndicat
Il faut que	**vous discutiez** avec votre délegué
Il faut qu'	**ils**⎫ **discutent** avec leurs collègues **elles**⎭

Note that the forms are the same as the 'ordinary' present (except for **nous** and **vous** forms).

12.9 Qui *(which, that, who)*, que *(which, that, whom)*

La voiture **qui** est dans la rue.
   (subject)   *(verb)*
(The car which is in the road.)

La voiture **que** Mireille a achetée.
   (object)   *(subject + verb)*
(The car which Mireille bought.)

Que is followed by a new subject (here **Mireille**), **qui** by a verb (here **est**).

J'ai acheté une voiture	**La** voiture **que** j'ai **achetée**
J'ai mangé des croissants	**Les** croissants **que** j'ai **mangés**

(See paragraph 13.3.)

When **que** is used in this way with the perfect tense, then the past participle agrees with the preceding object.

12.10 Ce que ... *(what . . .)*

Je ne vois pas **ce que** les mesures du gouvernement ont à faire avec cette grève.
(I don't see what the government's policies have got to do with this strike.)

Note the use of **ce que** (literally *'that which'*).

Practice

⊘ 1. Position of 'lui'

Ecoutez: Vous avez parlé au PDG?
Répondez: Non. Je vais lui parler maintenant.

1. Vous avez parlé au PDG?
2. Vous avez parlé à votre femme?
3. Elle a parlé au sous-chef des achats?
4. Tu as parlé à ta secrétaire?
5. Il a parlé au délégué syndical?
6. Elles ont parlé au patron?

⊘ 2. Position of 'leur'

Ecoutez: Vraiment, vous offrez 10%
          d'augmentation aux ouvriers?
Répondez: C'est exact, nous leur offrons
          10% d'augmentation.

1. Vraiment, vous offrez 10% d'augmentation
   aux ouvriers?
2. Vraiment, vous proposez l'échelle mobile à
   vos employés?
3. Vraiment, vous accordez la revendication à
   vos hommes?
4. Vraiment, vous donnez le choix à vos
   ouvriers?
5. Vraiment, vous refusez la participation à
   vos cadres?

⊘ 3. Position of 'vous'

Ecoutez: On est prêt à nous accorder 10%
          d'augmentation.
Répondez: Quoi! On veut vous accorder 10%!
          Mais ce n'est pas assez!

1. On est prêt à nous accorder 10%
   d'augmentation.
2. On est prêt aussi à nous donner quatre
   semaines de congés payés.
3. On est prêt également à nous offrir un
   nouveau poste.
4. On est prêt en plus à nous promettre
   l'échelle mobile.
5. On est prêt enfin à nous proposer la
   participation.
   Trop tard! Nous avons tout accepté!

⊘ 4. Ce que

Ecoutez: Nous voulons l'échelle mobile!
Répondez: Ce que vous voulez est impossible!

1. Nous voulons l'échelle mobile.
2. Nous demandons de voir le PDG.
3. Nous réclamons la participation.
4. Nous exigeons une augmentation de 30%.
5. Nous proposons un compromis.

⊘ 5. Il faut que + subjunctive

Something's got to be done! Careful of the verb
form.

Ecoutez: Alors, c'est vrai, ils sont
          en grève?
Répondez: Il faut bien qu'ils fassent
          quelque chose!

1. Alors, c'est vrai, ils sont en grève?
2. Vraiment, vous aussi, vous faites grève?
3. Il paraît qu'elles refusent de travailler.
4. Ainsi, vous soutenez les grévistes?
5. Ça alors, le gouvernement a dévalué le
   franc!

⊘ 6. Il y a

You're practising talking about something that
happened a while ago.

Ecoutez: Le gouvernement n'annonce pas le
          blocage des salaires? *(1 mois)*
Répondez: Mais il l'a annoncé il y a déjà
          un mois!

1. Le gouvernement n'annonce pas le blocage
   des salaires? *(1 mois)*
2. Ils ne vont pas arrêter la grève? *(3 jours)*
3. Ils n'ont pas encore obtenu leur
   augmentation? *(1 semaine)*
4. Ça alors, elles n'ont pas encore vu le PDG?
   (2 jours)
5. C'est vrai, ils n'ont pas encore demandé
   l'échelle mobile? *(15 jours)*

7. Il faut + infinitive

You have no choice in the matter. You have to do it.

Ecoutez: Non, vraiment, je ne comprends pas!
Répondez: Il faut comprendre, vous n'avez pas le choix!

1. Non, vraiment, je ne comprends pas!
2. Non et non! Je ne veux pas travailler!
3. Vous m'énervez, je ne veux pas être raisonnable.
4. Laissez-moi seul! Je refuse de rentrer.
5. Non! C'est à lui de préparer le repas!

8. Agreement of the past participle

Rephrase each pair of sentences into one sentence and write it out.

Exemple: Vous m'avez réservé un accueil chaleureux.
Je vous en remercie beaucoup.

Je vous remercie beaucoup de l'accueil chaleureux que vous m'avez réservé.

1. Vous me faites une offre très intéressante.
Je suis très heureux.
2. J'ai fait chez vous un repas excellent.
Je ne l'oublierai jamais.
3. Vous m'avez offert une hospitalité fort simple.
J'en garderai un souvenir inoubliable.
4. Vous avez pris des messages pour moi.
Je vous en suis très reconnaissant.
5. J'ai passé dans votre pays deux semaines exceptionnelles.
Je ne les oublierai jamais.
6. J'ai dégusté à Bordeaux un vin inimitable.
Je m'en souviendrai toujours.

9. Depuis, pendant, pour

Complete the following sentences using *depuis, pendant* or *pour* as appropriate.

Exemple: Les gars ils ont attendu leur augmentation ...
(depuis longtemps/pendant longtemps/ pour longtemps)
Les gars, ils ont attendu leur augmentation pendant longtemps.

1. Françoise? Il l'attend ...
(depuis 2 heures/pendant 2 heures/pour 2 heures)
2. Je partirai en France ...
(depuis 3 jours/pendant 3 jours/pour 3 jours)
3. Je fais des courses ...... Je suis crevée!
(depuis ce matin/pendant ce matin/pour ce matin)
4. J'ai dû travailler le soir ...... pour me payer mes études.
(depuis 3 ans/pendant 3 ans/pour 3 ans)
5. Les gars, ils sont en grève ...
(depuis ce matin/pendant ce matin/pour ce matin)
6. Son augmentation? Elle l'attend ...
(depuis 6 mois/pendant 6 mois/pour 6 mois)
7. Ils ont manifesté leur mécontentement ...
(depuis 1 semaine/pendant toute la journée/pour toute la journée)
8. J'irai aux Etats-Unis ...
(depuis 2 mois/pendant 2 mois/pour 2 mois)
9. Je vous téléphone ... Mais qu'est-ce que vous faites?
(depuis ce matin/pendant ce matin/pour ce matin)

10. Vocabulary practice

Complete the following sentences, writing in the appropriate word or expression chosen from the list below.

(l'échelle mobile/l'inflation/une crise économique/la Direction/les grévistes/le blocage des salaires)

1. Les ouvriers en grève, ce sont ...
2. ... signifie que l'argent perd de sa valeur, donc que les prix augmentent.
3. ... c'est une augmentation de salaire correspondant à l'accroissement du coût de la vie.
4. L'ensemble des cadres supérieurs qui dirigent une entreprise s'appelle ...
5. ... signifie qu'il y a inflation et augmentation des prix.
6. Interdire toute augmentation des salaires s'appelle ...

Informations: Le RER (ou Métro Régional)

Le RER, c'est à dire le Réseau Express Régional, va jusqu'en banlieue: vers l'ouest en direction de Saint Germain en Laye, vers le sud en direction de Saint Rémy-lès-Chevreuse et vers l'est en direction de Boissy Saint Léger. Il permet aux banlieusards d'aller à Paris rapidement et aux Parisiens d'aller en banlieue rapidement. Dans le RER le voyageur achète un billet pour sa destination particulière. De plus, le billet est plus cher s'il va d'Etoile à Saint Germain en Laye que s'il va d'Etoile à la Défense. Dans le RER les stations sont éloignées les unes des autres, car la banlieue parisienne est vaste.

Si le voyageur va régulièrement de la banlieue à Paris ou de Paris à la banlieue, il achète une carte hebdomadaire valable du lundi au samedi. Il peut acheter ou bien une carte hebdomadaire valable dans le RER seulement ou bien une carte hebdomadaire valable dans le RER et dans le métro.

Les personnes qui voyagent beaucoup dans le RER et dans le métro achètent plutôt la 'Carte Orange'. Ils paient une somme forfaitaire qui leur permet de voyager autant de fois qu'ils le désirent dans le RER et dans le métro. La Carte Orange est aussi valable dans les autobus parisiens, dans ceux de banlieue et dans les trains de banlieue. Alors, si vous habitez la banlieue et aimez voyager, achetez la Carte Orange, c'est un véritable investissement!

1. What is the difference between the RER and the métro?
2. How far from the centre of Paris does the RER go?
3. Can you travel anywhere on the RER with the same ticket?
4. What do regular commuters buy?
5. If you need to travel a lot on the RER, the métro, the buses or the suburban trains, what should you buy?

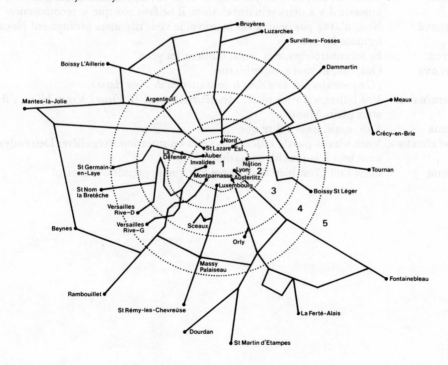

⊙Expansion: Nous sommes en grève: RATP

Personnages: Victor
Une vieille dame
Un employé de la RATP
Le contrôleur

VIEILLE DAME— Si ce n'est pas malheureux,
ça! En grève! Encore en
grève! De mon temps ...

EMPLOYÉ — On connaît la rengaine,
grand-mère. De votre
temps, pas de grève, pas de
trouble, rien ... Bref, à
vous croire, c'était le
paradis sur terre! Et puis,
de quoi vous plaignez-
vous, c'est gratuit
aujourd'hui!

VICTOR — *(à l'employé de la RATP)* Excusez-moi, Monsieur, le guichet est fermé, où
est-ce que je pourrai acheter un billet?

EMPLOYÉ — Vous n'avez pas besoin de billet, nous sommes en grève.

VICTOR — Ah, bon! Le métro ne marche pas?!

EMPLOYÉ — Si, il marche. Les agents de conduite, eux, ne font pas grève.

VICTOR — Et si je prends l'autobus, ça sera plus simple, n'est-ce pas?

EMPLOYÉ — Mais vous ne pouvez pas acheter de billets d'autobus, le guichet est
fermé. Allez, passez comme ça sans billet, c'est gratuit!

VICTOR — Vous êtes sûr, ce n'est pas illégal? Vous savez, j'ai failli avoir une
amende il y a deux semaines. Alors, il ne faut pas que je recommence.

EMPLOYÉ — Non, n'ayez pas peur, c'est la grève, je vous dis, alors profitez-en! Nous
fermons les yeux!

VICTOR — Et les contrôleurs, eux aussi, ferment les yeux?

EMPLOYÉ — Oui, oui, ils sont sympathisants!
(Cinq minutes plus tard dans le compartiment de 2ème classe)

CONTRÔLEUR— Vos billets, s'il vous plaît, Messieurs-Dames! *(à Victor)* Votre billet, s'il
vous plaît, Monsieur.

VICTOR — Euh, mais, c'est à dire que ...

CONTRÔLEUR— Vous n'avez pas de billet? Vous êtes en situation irrégulière. Descendez
avec moi à la prochaine station.

VICTOR — C'est fini! C'est bien la dernière fois que je prendrai le métro!

Expansion exercises

1. Negative imperative

Ecoutez: Et s'ils demandent 15%, je refuse?
Répondez: Non, ne refusez pas!

1. Et s'ils demandent 15%, je refuse?
2. Et s'il y a la grève, je viens?
3. Et s'il refuse, je pars?
4. Et s'il accepte, je signe?
5. Et s'il refuse, je cède?

2. Où est-ce que je pourrais ...?
  + infinitive

You're practising asking how to do/get things.

Ecoutez: Le guichet est fermé, je dois
            acheter un billet.
Répondez: Excusez-moi, Monsieur, le guichet
            est fermé, où est-ce que je
            pourrais acheter un billet?

1. Le guichet est fermé. Je dois acheter un
   billet.
2. Le téléphone est en panne. Je dois
   téléphoner.
3. Le restaurant est fermé. Je dois manger
   quelque chose.
4. Le métro est en grève. Je dois trouver un
   taxi.
5. La poste est fermée. Je dois acheter des
   timbres.
6. La banque est fermée. Je dois changer mon
   argent.

3. J'ai failli ...

A lot of terrible things nearly happened to you!

Ecoutez: C'est vrai, vous avez eu une
            amende?
Répondez: Non, j'ai failli avoir une amende.

1. C'est vrai, vous avez eu une amende?
2. Non! Tu as eu un accident?
3. Mon Dieu! Vous êtes tombé!
4. Vraiment, tu as raté l'avion?
5. C'est vrai ça, à cause de votre femme, vous
   avez couché dehors?
6. Incroyable! Vous avez perdu tout votre
   argent!!

4. Il ne faut pas que + subjunctive

You're being very strict with yourself.

Ecoutez: Mais, tu ne manges pas?
Répondez: Non, il ne faut pas que je mange
            trop.

1. Tu ne manges pas?
2. Ah! Tu es allé voir le docteur! ... Mais, tu
   ne fumes plus?
3. Et alors, tu ne travailles plus?
4. Ça alors, tu ne danses pas!
5. Allez, va! Amuse-toi encore un peu!
   Mais ce n'est pas une vie, ça!

Informations
1. La Carte Orange

une seule carte pour tous vos déplacements dans la région parisienne?

C'est maintenant possible grâce à la carte orange!
Elle donne droit:
- à un nombre illimité de voyages
- sur toutes les lignes exploitées par la SNCF et la RATP dans la région parisienne:–trains desservant Paris et sa banlieue–métro urbain et régional
- à l'intérieur de 2, 3, 4 ou 5 zones contigües

La carte existe en 2 options:
1re classe ou 2° classe.

comment se présente-t-elle?

Elle se compose:
1°) d'une carte nominative, permanente
2°) d'un coupon mensuel, correspondant aux zones et à la classe d'utilisation qui constituent ensemble la carte orange.

comment l'obtenir?

1°) D'abord vous vous procurez une carte nominative qui vous sera remise gratuitement dans une gare SNCF de Paris ou de banlieue, une station de métro, un bureau du réseau d'autobus de la RATP.
Vous complétez cette carte par:
- vos nom et prénom,
- votre photo d'identité,
- votre signature.

2°) Maintenant vous pouvez acheter votre premier coupon mensuel, valable un mois de calendrier.
Pour les mois suivants, il vous suffira d'acheter un nouveau coupon.

comment l'utiliser?

Présentez simultanément la carte et son coupon, sous étui, aux agents de contrôle de la SNCF et de la RATP.
Le coupon mensuel vous permettra de franchir les contrôles automatiques des gares et stations.
Ne le pliez pas et ne l'introduisez surtout pas dans les composteurs des autobus ou des autocars.

---

1. What are you entitled to do if you have *une Carte Orange*?
2. Do you have to buy a new *Carte Orange* every month?
3. If you have left your *Carte Orange* at home, is it possible for you to travel just with the monthly ticket?
4. Where can you get this *Carte Orange*?
5. What do you have to do once you have it?
6. How do you use the *Carte Orange*?
7. What must you make sure not to do with your monthly ticket?

2. Les autobus parisiens

A Paris c'est plus agréable mais c'est plus cher de voyager en autobus qu'en métro. En effet le trajet de chaque autobus se compose de plusieurs sections. Si vous voyagez pour une ou deux sections, vous utilisez un seul billet d'autobus (c'est le même qu'un billet de métro) que vous compostez à la machine qui se trouve à votre gauche ou à votre droite quand vous montez dans un autobus. Si vous voyagez pour plus de deux sections, vous utilisez deux billets d'autobus. Si vous n'avez pas de billets d'autobus sur vous, vous pouvez en acheter dans l'autobus même. Le conducteur de l'autobus vous en vendra, mais uniquement au détail.

A chaque arrêt d'autobus vous trouverez une carte du trajet suivi par l'autobus. Cette carte vous indiquera l'endroit exact où vous êtes et le nombre de billets qu'il vous faudra utiliser pour aller d'un endroit à un autre. Avant de prendre l'autobus, vérifiez bien votre trajet! De temps en temps des inspecteurs vous demanderont votre billet (ou vos billets), soit dans l'autobus même soit à votre descente d'autobus. Et si vous n'avez utilisé qu'un seul billet au lieu de deux, ou si vous avez 'oublié' de composter votre billet (ou vos billets), vous êtes en situation irrégulière et vous devez payer immédiatement une indemnité forfaitaire.

1. Is it cheaper to travel by bus in Paris?
2. Do you need to buy a special ticket to travel by bus?
3. How many tickets would you need if you travel along the whole bus route?
4. How do you know how many tickets to use?
5. Where do you get the tickets from?
6. Once you have a ticket, what do you do with it?
7. What may happen to you if you do not use the right number of tickets?

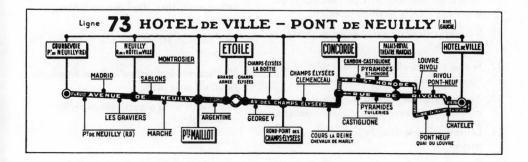

1. Si vous avez des problèmes, *n'hésitez pas à nous contacter/ne coupez pas/ne quittez pas*.

2. Le paiement est à trente jours de fin de mois, *dès son arrivée/dès réception de facture/dès que vous aurez la communication*.

3. L'ascenseur ne marche pas, parce qu'il est *en sus/très aimable/en panne*.

4. Pouvez-vous presser la livraison?
   (i) Je suis désolé pour vous.
   (ii) Je ferai l'impossible.
   (iii) Je suis très content.

5. La livraison est franco domicile, n'est-ce pas?
   (i) Ça me convient.
   (ii) Ça ne va pas.
   (iii) Cela va sans dire.

6. Et votre séjour à Paris?
   (i) Il s'est bien passé.
   (ii) Il s'est dépêché.
   (iii) Il s'est spécialisé.

7. La communication est finie.
   (i) Ne coupez pas!
   (ii) Ne quittez pas!
   (iii) Ne criez pas!

8. La ligne est mauvaise, *parlez plus fort!/rentrez plus vite!/venez plus tôt!*

9. Où est Jacques?
   (i) Ah! Le voilà qui vient!
   (ii) Ah! La voilà qui vient!
   (iii) Ah! Les voilà qui viennent!

10. Moi, *ce qui vous intéresse/ce qui l'intéresse/ce qui m'intéresse*, c'est le pavillon japonais.

11. Vous importez beaucoup *de/des/du* produits allemands?

12. Je vais au café, *allez/venez/allons* m'y rejoindre dans un quart d'heure!

13. Ah, ces Japonais! *Elles/Ils/Ce* sont si *impressionnants/impressionnant/impressionnantes*.

14. Leurs machines, ils *la/les/le* donnent, ma parole!

15. La concurrence japonaise? Nous *le/l'/la* connaissons bien!

16. Je dois aller au stand, alors je vous *laisse/trouve/écoute*.

17. Elle *l'attend/a attendu/attendra* depuis déjà une demi heure.

18. *Je travaille/J'ai travaillé/Je travaillais* pendant trois heures.

19. Par où on commence la visite?
   (i) Le pavillon anglais.
   (ii) Le Ministre de l'Industrie.
   (iii) L'impérialisme.

20. Vous cherchez l'Odéon? *Attendez voir!/Venez me voir!/Passez chez moi!*

21. Vous traversez le boulevard, et *voilà vous y êtes/Tiens, voilà!/Ah! Voilà!*

22. Merci bien, Madame, vous êtes *enfin là!/contente!/bien aimable!*

23. Où est le café près du cinéma Danton?
   (i) Oui, c'est ça.
   (ii) Excusez-moi.
   (iii) En face de vous.

24. Ils sont en grève *jusqu'à hier/jusqu'à nouvel ordre/juste en face à la sortie*.

25. Je n'ai pas de billets, parce que *le guichet est fermé/le métro est en panne/je fais grève*.

26. Il y a blocage des salaires *à cause de la crise économique/à la longue/à bientôt, j'espère*.

27. Le métro, c'est gratuit, aujourd'hui! *Alors, excusez-moi!/Alors, téléphonez-moi!/Alors, profitez-en!*

28. De l'essence! Mais *j'en ai pris!/je l'ai prise!/je l'ai pris!*

29. Vérifiez-moi le niveau *d'huile/des bougies/des pneus*, s'il vous plaît.

30. Comment! Vous n'avez plus *du/des/de* croissants!

Le Conseil d'Administration　　　　**13**

Victor is meeting the Sériex Board of Directors to discuss future cooperation between Sériex and Filturbo. Although this is spoken language, notice that the style and register are a good deal more formal than you have met previously.

Dialogue

Personnages: M. Sériex
　　　　　　　Victor
　　　　　　　M. Duvent, directeur des achats,
　　　　　　　M. Malo, directeur des ventes,
　　　　　　　M. Lefort, chef du personnel,

M. SÉRIEX — Ah! Monsieur Melville, prenez place, je vous prie. Madame, Messieurs, j'ai l'honneur de vous présenter M. Melville de la Cie Filturbo ... Monsieur Melville, permettez-moi de vous présenter ma secrétaire, Mme Grandville; notre directeur des ventes, Hector Malo; notre directeur des achats, Emile Duvent; notre chef du personnel, Antoine Lefort ... Monsieur Melville, en notre nom à tous, je suis heureux de vous accueillir parmi nous.

VICTOR — Monsieur le Président, Madame, Messieurs. Je suis heureux et fier d'avoir le privilège d'être parmi vous. En ma qualité de représentant de la Cie Filturbo, j'essaierai de répondre le mieux possible à vos questions. Il faut dire que M. Sériex m'a déjà mis au courant du projet de plus grande coopération entre nos deux compagnies. J'en ai déjà référé à ma compagnie et nous serons très heureux de développer et d'approfondir des liens déjà si étroits.

M. SÉRIEX — Cher Victor, permettez-moi de vous mettre au courant des derniers développements de l'affaire. Nous sommes sur le point de signer un contrat fort important avec Le Caire. La proposition de vente que nous avons faite à l'Armée de l'Air Egyptienne n'est pas uniquement basée sur la supériorité technique de nos appareils mais également sur des délais de fourniture très précis. Maintenant, si Filturbo s'intéresse à notre proposition de coopération, nous devrons recevoir la marchandise dans des délais très stricts établis à l'avance, car le montage des pièces sera une opération longue et délicate.

VICTOR — Je comprends fort bien votre position. Mais, ne vous inquiétez pas. Je peux vous assurer qu'une fois le contrat de coopération signé, nous nous engagerons à vous livrer la marchandise régulièrement.

M. DUVENT — Monsieur Melville, vous devez avouer que 'régulièrement' en affaires ne veut pas dire grand chose! 'Régulièrement', tous les six jours, six semaines, six mois, six ans! Vous devez nous donner l'assurance d'une livraison rapide, préférentielle et sûre!

M. MALO — N'oubliez pas, cher M. Melville, que nous sommes prêts à vous offrir une forte commande. De plus, ce contrat de coopération pourrait être renouvelable après deux ans.

VICTOR — Je comprends fort bien. Mais, je n'ai pas l'autorité de vous faire de promesses formelles. Par contre, dès mon retour, je ferai de mon mieux pour expliquer clairement la situation à notre compagnie. Ce que néanmoins, je peux vous assurer aujourd'hui c'est que ma compagnie s'intéresse beaucoup à votre proposition. De plus, je vous donne l'assurance que nous ferons notre possible pour vous donner entière satisfaction.

M. LEFORT	– Monsieur Melville, je sais que ma question vous surprendra un peu, mais pourriez-vous nous dire quels sont vos rapports avec les syndicats ouvriers?
VICTOR	– Oui . . . Eh bien, nous venons justement de signer avec le syndicat des accords accordant aux ouvriers une augmentation de salaire fort importante et stipulant que la révision du salaire aura lieu dans les douze mois prochains. Ainsi donc je peux dire que nous n'aurons pas de grèves . . . Tout du moins pas en ce qui concerne les salaires!
M. SÉRIEX	– Eh bien. Je crois que s'il n'y a plus d'autres questions, je déclare la séance close . . . Allons prendre un petit apéritif.
VICTOR	– Je serai heureux quand la grève sera finie!
M. SÉRIEX	– Ah! Oui, la grève des transports! Elle n'est pas terminée?
VICTOR	– Je ne sais pas. D'après Jacques, ils sont encore en pourparlers avec un des syndicats . . . La CGDT, je crois.
M. SÉRIEX	– Vous voulez dire la CFDT! Ah! Oui, ça ne m'étonne pas, ce sont des gauchistes! Ils sont tous plus royalistes que le Roi!
VICTOR	– Pardon?
M. SÉRIEX	– Je veux dire, ils sont plus à gauche que la CGT communiste!! . . . Bon, assez bavardé . . . Un pernod, Victor?
VICTOR	– Oui, merci . . .
M. SÉRIEX	– Voilà.
VICTOR	– Merci . . . A votre santé, Messieurs et à notre coopération!
TOUS	– A notre coopération!

Questions

1. A qui est-ce que M. Sériex présente M. Melville?
2. Qui est M. Duvent?
3. Qui est M. Malo?
4. Qui est M. Lefort?
5. Qu'est-ce que Victor va discuter au Conseil d'Administration?
6. Quels sont les derniers développements de l'affaire?
7. Pourquoi est-ce que la proposition de vente de M. Sériex intéresse l'Armée de l'Air Egyptienne?
8. Pourquoi est-ce que M. Sériex insiste sur des délais de fourniture très précis?
9. A quoi s'engage Filturbo, une fois le contrat de coopération signé?
10. Est-ce que M. Duvent est satisfait de la promesse de Victor?
11. Est-ce que le contrat pourrait être renouvelable?
12. Qu'est-ce que le syndicat et Filturbo viennent de signer?
13. Est-ce que ces accords contiennent quelque chose de spécial?
14. La grève des transports est terminée?
15. Pourquoi est-ce que M. Sériex dit que la CFDT est 'plus royaliste que le Roi'?

Some useful phrases

J'ai l'honneur de vous présenter . . .	*I have the honour of introducing to you . . .*
En notre nom à tous	*On behalf of all of us*
Je suis heureux de vous accueillir	*I am delighted to welcome you*
En ma qualité de . . .	*In my position as . . .*
Je ferai de mon mieux	*I will do my best*
Je vous donne l'assurance que . . .	*I can give you our assurance*

Explanations

13.1 Vous, nous *(to you, to us)*

J'ai l'honneur de **vous** présenter M. Melville.
(May I introduce M. Melville to you?)
Vous devez **nous** donner l'assurance d'une livraison rapide.
(You have to give us an assurance of speedy delivery.)

Vous and **nous** also mean '*to you*' and '*to us*' (as well as '*you*' and '*us*'). They are placed immediately before the verb.

13.2 Rappel!

This is a summary list of the pronouns you have learnt, showing the order in which they are placed before a verb.

	me te nous vous se	le la les	lui leur	y	en		
Je	**vous**	**le**				présente	*(I introduce him to you)*
Vous		**la**	**leur**			donnez	*(You give it to them)*
Il	**nous**				**en**	a parlé	*(He has spoken to us about it)*
Elle	**s'**			**y**		attendait	*(She was expecting it)*

13.3 Rappel! Perfect tense with 'avoir' – agreements

La proposition **que** nous avons **faite.**
(The proposal that we have made.)
La carte? Je **l'**ai **demandée.**
(The menu? I've asked for it.)

J'ai demand**é** la carte.
La carte? Je **l'**ai **demandée.**
La carte **que** j'ai **demandée** ...

J'ai **mis** les lettres à la poste.
Les lettres? Je les ai **mises** à la poste.
Les lettres **que** j'ai **mises** à la poste ...

Note the agreements, especially important with the past participles of irregular verbs such as **mettre** and **faire** since there is a difference in sound.

Practice

☉ 1. Negative imperative of reflexive verbs

Ecoutez: Je m'inquiète beaucoup, vous
savez.
Répondez: Mais non, ne vous inquiétez pas!

1. Je m'inquiète beaucoup, vous savez.
2. Je m'en vais immédiatement!
3. Je me lève tout de suite!
4. Alors, je me tourne?
5. Ah, là, là! Je vais m'énerver!

☉ 2. Position of pronouns

Ecoutez: Alors, il vous a annoncé
sa décision?
Répondez: Oui! il nous l'a annoncée.

1. Alors, il vous a annoncé sa décision?
2. C'est vrai, il vous a expliqué sa position?
3. Alors, elles vous ont annoncé leurs
réclamations?
4. C'est vrai, ils vous ont expliqué leur
situation?
5. Alors, elle vous a fait sa proposition?
6. C'est vrai, il vous a proposé la
participation?

☉ 3. Etre sur le point de ...

Careful of word order.

Ecoutez: Alors, ce contrat, il l'a signé?
Répondez: Non! Il est sur le point de
le signer.

1. Alors, ce contrat, il l'a signé?
2. Alors, cette livraison, elles l'ont faite?
3. Alors, cette augmentation, vous l'avez
demandée?
4. Alors, cette occupation, ils l'ont décidée?
5. Alors, ce résultat, tu l'as trouvé?
6. Alors, cette participation, elles l'ont
obtenue?

☉ 4. Agreement of past participle

Careful of agreements.

Ecoutez: Je suis désolé. Pas d'échelle
mobile.
Répondez: Mais vous l'avez promise!

1. Je suis désolé. Pas d'échelle mobile.
2. Je suis désolé. Pas d'augmentation.
3. Je suis désolé. Pas de treizième mois.
4. Je suis désolé. Pas de participation.
5. Je suis désolé. Pas de congé demain.

☉ 5. Future tense of 'être'

After the pay rise, everyone will be happy.

Ecoutez: Georges est content?
Répondez: Non. Mais après l'augmentation,
il sera content.
Ecoutez: Alors, vous êtes satisfaits?
Répondez: Non. Mais après l'augmentation,
nous serons satisfaits.

1. Georges est content?
2. Alors, vous êtes satisfaits?
3. Tatti est heureux?
4. Donc, vous êtes tous contents?
5. Le chef du personnel est satisfait?
6. J'espère que vous êtes heureux maintenant.

☉ 6. Future tense of 'avoir'

Even if everyone hasn't got a rise etc. now,
they all will have in the future.

Ecoutez: Alors, Philippe a eu un poste?
Répondez: Pas encore, mais il l'aura.

1. Alors, Philippe a eu un poste?
2. Alors, vous avez eu votre augmentation?
3. Alors, M. Tatti a eu sa demande?
4. C'est vrai, vous avez eu la participation?
5. Et la secrétaire de direction, elle a eu une
offre?
6. Et vous, vous avez eu vos demandes?

☉ 7. Future tense

Ecoutez: Vous avez parlé au patron?
Répondez: Non, je lui parlerai demain.
Ecoutez: Elle a eu sa commande?
Répondez: Non, elle l'aura demain.

1. Vous avez parlé au patron?
2. Elle a eu son augmentation?
3. Vous avez téléphoné à Mireille?
4. Il a fait ses adieux?
5. Vous avez signé le contrat?
6. Vous avez écrit à votre femme?

8. Role-playing

Victor is telling Jacques what he will do over the week-end.

a. First listen to the dialogue.

b. And now play the role of Victor, using the hints given below. (There is no paused version of this dialogue on tape.)

JACQUES	Alors que ferez-vous samedi?
VICTOR	D'abord ......
	puis ...... dans les Jardins des Tuileries.
	Ensuite ...... au Musée du Jeu de Paume ......
	Puis ...... derrière le Palais Royal.
JACQUES	Quel restaurant?
VICTOR	...... le nom du restaurant ...... Après déjeuner ...... Après le théâtre ...... Si je ne suis pas trop fatigué ...... Puis ...... Rue de la Huchette ...... Et enfin après un dernier verre ......
JACQUES	Dites-moi, c'est une journée bien remplie! Et dimanche, alors?
VICTOR	Dimanche, s'il fait beau ...... S'il fait mauvais ...... J'ai pas mal ......
JACQUES	S'il fait mauvais, venez donc déjeuner à la maison!
VICTOR	Merci Jacques ......

c. And now your turn! What will you be doing this coming Saturday and Sunday?

Que prendrez-vous au petit déjeuner?
Déjeunerez-vous chez vous?
Si oui, que mangerez-vous?
Si non, où irez-vous?
Que ferez-vous l'après-midi?
Que ferez-vous le soir?

9. Ages

Exemple: Quel âge avez-vous?
J'ai 30 ans.
Et dans 10 ans, quel âge aurez-vous?
J'aurai 40 ans
Et dans 12 ans?
J'aurai 42 ans.

QUESTION	Quel âge avez-vous?
VOUS	......
QUESTION	Et dans 10 ans quel âge aurez-vous?
VOUS	......
QUESTION	Et dans 12 ans?
VOUS	......
QUESTION	Et dans 20 ans?
VOUS	......
QUESTION	Et dans 25 ans?
VOUS	......
QUESTION	Quel âge a votre femme/mari?
VOUS	......
QUESTION	Et dans 5 ans quel âge aura-t-elle/il?
VOUS	......
QUESTION	Et dans 15 ans?
VOUS	......
QUESTION	Quel âge ont vos enfants?
VOUS	......
QUESTION	Et dans 20 ans quel âge auront-ils?
VOUS	......
QUESTION	Et dans 35 ans?
VOUS	......

10. Excuses

Now practise making excuses.

a. First listen to the conversation between Y and X.

b. And now play the part of X.

Y	Je peux passer vous voir samedi prochain?
X	......
Y	Et samedi en huit?
X	......
Y	Bon, eh bien venez chez moi dimanche soir.
X	......
Y	Bon, alors, est-ce que je peux passer vous voir au bureau dans la semaine?
X	......

11. Agreement of past participle

Match the two parts together in such a way that the whole sentence makes sense. Careful of agreement!

1. Il doit bien savoir son discours car …
2. Elle a demandé une augmentation de 15% il y a un mois et …
3. Ils ont eu une offre intéressante mais …
4. Elle a bien tapé les lettres mais …
5. On lui a envoyé le contrat de vente mais …
6. Il a bien acheté les billets de théâtre mais …

a) ils l'ont refusée.
b) elle ne les a pas postées.
c) il l'a répété plusieurs fois.
d) elle ne l'a toujours pas reçue.
e) il les a oubliés sur son bureau.
f) il ne l'a pas reçu.

12. Il faut + infinitive

Rewrite the following sentences replacing the verb *devoir* by *il faut* followed by the infinitive.

1. Tu dois aller à Londres demain.
2. Vous devez écrire cette lettre ce soir.
3. Je dois téléphoner à Paris, demain.
4. Tu dois chercher le dossier Sériex immédiatement.
5. Vous devez vendre votre GX.
6. Elle doit refaire le rapport ce matin.

13. Verb practice

Replace the verbs in italics in the following sentences with the appropriate verb or verbal expression:
développer/faire de son mieux/stipuler/mettre au courant/s'engager à.

1. Permettez-moi de vous *informer* des derniers développements de la grève.
2. Nous serons très heureux d'*approfondir* les liens entre nos deux compagnies.
3. *Je vous promets* de vous donner entière satisfaction.
4. *Je ferai l'impossible* pour vous satisfaire.
5. Notre accord *précise* que la livraison aura lieu dans les délais les plus brefs.

Extra

14. Le/la/les + **negative perfect**

Careful of word order.

Ecoutez: Alors, vos étudiants, vous les avez vus?
Répondez: Non, je ne les ai pas encore vus.

1. Alors, vos étudiants, vous les avez vus?
2. C'est vrai, elle a pris l'appartement du dessus?
3. Ainsi il a accepté le compromis?
4. Vraiment tu as refusé 15% d'augmentation!
5. Ils ont distribué toutes les brochures?
6. Le Goncourt, vous l'avez lu?
   Ah! Oui, c'est vrai, vous êtes une scientifique, vous!

15. Lui/leur + **negative perfect**

Careful of word order.

Ecoutez: Elle a donné congé à sa secrétaire. C'est bien ça?
Répondez: Mais non! Elle ne lui a pas donné congé!

1. Elle a donné congé à sa secrétaire. C'est bien ça?
2. Ils ont refusé l'entrée aux ouvriers. C'est bien ça?
3. Vous accordez l'échelle mobile à vos cadres, n'est-ce pas?
4. Il a raconté des histoires au PDG, c'est bien ça?
5. Tu as gâché l'avenir de tes enfants, n'est-ce pas?

Expansion: Au cabaret: 'A la Tête de l'Art'

Personnages: Le présentateur
Jacques
Victor
Eric, un camarade de promotion de Victor
Marguarita, la femme d'Eric

PRÉSENTATEUR	– Et maintenant, Mesdames et Messieurs, celui que vous attendez depuis une heure ... *(musique)* ... Gérard!! *(chanson – 'Stéphanie')*
JACQUES	– Vous connaissez Gérard, n'est-ce pas?
VICTOR	– Gérard? ... Non, je ne crois pas. Qui est-ce exactement?
ÉRIC	– Ça alors, Victor, quelle coïncidence!
VICTOR	– Eric! Mais qu'est-ce que tu fais là! Je te croyais en Amérique du Sud, en pleine forêt d'Amazonie!
ÉRIC	– J'y étais et me revoilà! ... Que veux-tu, la vie est pleine d'imprévus ...
VICTOR	– A qui le dis-tu! ... Eric, je te présente Jacques Morel de la Compagnie Aviagence ... Jacques, je vous présente Eric Boulanger, un vieux camarade de promotion à Manchester.
JACQUES	– Enchanté, Monsieur Boulanger.
ÉRIC	– Ravi de faire votre connaissance, Monsieur Morel.
VICTOR	– Eh bien, Eric, assieds-toi à notre table ... Ça alors, je n'en reviens pas! Mais dis-moi Eric, pourquoi es-tu revenu?
ÉRIC	– Eh bien pour tout te dire, je me suis marié ... Je te présente ma femme Marguarita ... Monsieur Morel ... ma femme. *(Musique)*
ÉRIC	– Victor, tu te souviens de ma propriétaire à Manchester? Toujours là le soir à m'attendre avec sa tasse de thé! Moi qui déteste le thé ... Enfin ...
MARGUARITA	– Ah! Ta propriétaire, hein. Tu ne m'en as jamais parlé!
ÉRIC	– Et l'orchestre Hallé, Victor, il existe toujours? ... Tu te souviens de nos soirées de théâtre au poulailler?!
VICTOR	– Oui ... Et tu te souviens de la fois où tu as sifflé pendant la représentation d'une pièce d'Harold Pinter?
ÉRIC	– Ah, oui, c'est vrai! Et je me souviens de la fois où toi, tu t'es endormi pendant la Symphonie Fantastique de Berlioz!!
VICTOR	– Ça alors, Eric, tu n'as pas changé, tu exagères toujours!! *(Musique de danse)*
VICTOR	– Madame Boulanger, me feriez-vous l'honneur de cette danse?
MARGUARITA	– Avec plaisir.

Expansion exercises

☯ 1. Role-playing

Listen to the dialogue and then take the role of Victor. The following information will help you.

You are Victor meeting Jacques by chance in Paris after a gap of three or four years. In the meantime you have left Filturbo and you are now working for an American company in Paris. You are also living in Paris in the Latin Quarter, at 15 Rue de la Montagne Ste. Geneviève, tel: 033-13-33.

JACQUES	Ça alors, Victor! Quelle coïncidence! Mais qu'est-ce que vous faites là! Je vous croyais en Angleterre!
VICTOR	......
JACQUES	Vous êtes de passage à Paris?
VICTOR	......
JACQUES	Sans blague? Vous travaillez à Paris pour Filturbo?
VICTOR	......
JACQUES	Ça alors! Sacré Victor! ... Dites-moi, où habitez-vous?
VICTOR	......
JACQUES	Donnez-moi votre adresse et votre numéro de téléphone.
VICTOR	......
JACQUES	Merci Victor et à bientôt!

☯ 2. Useful responses

Listen first to the statements on the tape. Then read the comments listed below. Listen to the tape again and make a suitable comment, chosen from the list, after each statement.

a. Ça alors, je n'en reviens pas!
b. Que veux-tu, la vie est pleine d'imprévus!
c. Toi, tu exagères toujours!
d. A qui le dis-tu!
e. Ça alors, quelle coïncidence!

Le savoir-lire
L'Officiel des Spectacles

'*L'Officiel des Spectacles*' is a 100-page magazine similar to 'What's On in London'. It can be bought at any *kiosque* (newspaper stall) in Paris. It appears every Wednesday. It provides information about the week's films, plays, concerts, exhibitions, television programmes, sports events. It also has advertisements for restaurants, clubs and cabarets grouped according to area.

Once you understand the abbreviations, you can get a lot of information out of it without a very great knowledge of French.

Abbreviations

T.t.comp.	:	Toutes taxes comprises
T.l.s.	:	Tous les soirs
Sam.	:	Samedi
Dim.mat.	:	Dimanche matin
T.c.	:	Tout compris
Mo	:	Métro
F	:	Fermé
a p.de	:	à partir de
Consm.	:	Consommation

Question

1. At what time does the *Whisky à Gogo* close?
2. Do you have to pay for drinks in addition to the entrance fee at the *Whisky à Gogo?*
3. Suppose you are staying at a little hotel near *La République*, how would you get to the *Club Zed* if you took the métro?
4. Suppose you go there by car. Where would you park?
5. Suppose you have chosen *Le Lido* (a very well-known nightclub). Could you go there any night of the week?
6. There is a revue at 10.45. What would you see?
7. Look up the address and telephone number of *La Belle Epoque*. Whereabouts in Paris do you think it is?
8. What do you think *Dîners-spectacle dansants* means?
   a. A dinner-dance.
   b. A dinner with a show.
9. What is the entry fee for the *Caveau des Oubliettes?*
10. What is its main attraction?

At last the signing of the contract takes place between Filturbo of Bristol and Sériex of Toulouse. To celebrate it, all the participants go to a nice little restaurant off the Boulevard St. Germain, called '*A la Bonne Franquette*'. Jacques has booked a table for four – his wife, Victor, M. Sériex and himself.

◉ Dialogue

Personnages: Victor
Mireille
Jacques
M. Sériex
Mme Angèle, la patronne
Gustave, le sommelier

JACQUES — Bonjour Mme Angèle! J'ai réservé une table pour quatre.

MME ANGÈLE — Bonjour M. Jacques! . . . Tenez, venez par ici . . . Je vous ai gardé cette table, là, au coin du feu . . . Vous verrez, vous y serez bien . . . Donnez-moi vos manteaux, je vais vous les mettre au vestiaire.

JACQUES — Merci bien Mme Angèle . . . On peut avoir le menu? . . . Merci . . .

VICTOR — Mmm . . . Ça a l'air délicieux! Quel choix! . . . Voyons . . . Hors d'oeuvres, pâté, rillettes . . . Rillettes, qu'est-ce que c'est?

MIREILLE — C'est un pâté gras et fort, c'est très spécial. Pourquoi ne prendriez-vous pas des escargots? J'en ai pris la dernière fois et c'était délicieux! Quant à moi je prendrai des cuisses de grenouilles pour commencer . . . J'adore ça!

JACQUES — Moi aussi je prendrai des cuisses de grenouilles. J'en ai mangé il y a deux mois et, ma foi, elles étaient merveilleuses!

M. SÉRIEX — Vous avez raison, Victor. Quel choix! . . . Et dire que je suis au régime! . . . Bah! Oublions le régime pour ce soir . . . Je prendrai des moules marinière.

JACQUES — Et comme plat principal, que prendrez-vous? . . . M. Sériex . . . Victor.

M. SÉRIEX — L'honneur aux dames . . . Mme Morel?

MIREILLE — Une entrecôte bordelaise pour moi, avec des pommes à l'anglaise et des endives au four.

JACQUES — Et vous Victor?

VICTOR — J'hésite . . . euh . . . Je ne sais pas si je vais prendre un coq au vin ou un chateaubriand bien saignant . . . Mireille, pourriez-vous me conseiller?

MIREILLE — Avec plaisir. Vous avez très faim? . . . Bon, alors, si j'étais vous, je n'hésiterais pas, je prendrais un chateaubriand bien saignant, ils sont excellents ici! Leur coq est moins bon qu'avant . . . C'est drôle, autrefois ils se spécialisaient surtout en volaille, mais maintenant ils réussissent mieux la viande rouge.

VICTOR — Eh bien, un chateaubriand pour moi . . . et comme légumes . . . des petits pois et des frites.

JACQUES — Et pour vous, M. Sériex?

M. SÉRIEX — Je prendrai un canard à l'orange . . . Je sais qu'autrefois on les faisait très bien ici.

JACQUES — Moi, je prendrai un tournedos à la crème accompagné de truffes . . . C'est la spécialité de la maison . . . *(Il appelle.)* Mme Angèle, envoyez-nous Gustave! . . . *(aux autres)* Gustave fait office de sommelier . . . C'est un connaisseur, et un vrai!

GUSTAVE	– Voici la carte des vins, M. Jacques ... Je suis très heureux de vous voir, ainsi que Madame.
JACQUES	– Je veux que vous nous conseilliez sur les vins ... Nous prendrons un blanc pour commencer, puis un rouge avec la viande ...
GUSTAVE	– Je vous conseillerais le Sancerre 72, il est délicieux.
VICTOR	– Il est meilleur que le Chablis?
GUSTAVE	– Je ne dirais pas meilleur, Monsieur, je dirais aussi bon que le Chablis, mais plutôt différent ... Il est plus fruité, plus léger, un peu moins sec ...
JACQUES	– Parfait, parfait! Et comme rouge?
GUSTAVE	– Nous avons un très bon St. Emilion 70 ...
MIREILLE	– Ce sera parfait avec le chateaubriand, l'entrecôte et le tournedos mais pas avec le canard!
GUSTAVE	– Madame a raison. Avec le canard, je conseillerais à Monsieur un vin rouge léger ... Le Gamay 71 est excellent avec la volaille.
JACQUES	– Eh bien, va pour le St. Emilion 70 et le Gamay 71 ... Gustave, dites à Mme Angèle que nous sommes prêts pour commander. *(En attendant)*
VICTOR	– Dites-moi Jacques, vous habitiez bien le Quartier autrefois?
JACQUES	– Oui, j'habitais Rue St. Jacques, une chambre sous les toits. C'était très pratique pour mes cours! Je sortais de chez moi et je n'avais qu'à traverser la rue pour aller à la Sorbonne ...
MIREILLE	– Tu aimais bien ta vie d'étudiant, n'est-ce pas?
JACQUES	– *(Il évoque ses souvenirs.)* Ah oui! J'aimais bien ma petite chambre, après tout. Sur le même palier habitaient trois autres étudiants, un Américain qui passait ses journées à dormir, une Chilienne très belle, très intéressante mais qui ne se passionnait que pour la politique malheureusement! Un Algérien extrêmement studieux qui travaillait jour et nuit! Je crois bien qu'il est ministre maintenant, et moi-même ...
MIREILLE	– Ah! Voilà les hors d'oeuvres ... Hm ... ça a l'air délicieux! *(Une heure et demie plus tard)*
MME ANGÈLE	– Un petit dessert, Messieurs-Dames?
MIREILLE	– Une crème caramel, s'il vous plaît.
VICTOR	– Voyons ... Tarte aux poires ... Non, j'ai trop mangé ... Coupe Melba ... Non ... Mont Blanc ... Mont Blanc, qu'est-ce que c'est?
MME ANGÈLE	– C'est de la crème de marrons arrosée de Chantilly ... C'est un délice! Essayez-le!
VICTOR	– Je vais éclater tellement j'ai mangé! ... Mais, d'accord, je prends un Mont Blanc.
M. SÉRIEX	– Une coupe de fruits, s'il vous plaît.
JACQUES	– Et pour moi, le plateau de fromages, s'il vous plaît, Mme Angèle.
MME ANGÈLE	– Ah, vous êtes bien gourmand, M. Jacques! Mais vous avez raison ... Un repas sans fromage, c'est comme un homme sans femme, c'est incomplet!

Questions

1. Où vont Jacques, Victor, Mireille et M. Sériex?
2. Pourquoi vont-ils au restaurant?
3. Où est le restaurant?
4. Qui est Mme Angèle?
5. Pour combien de personnes est-ce que Jacques a réservé une table?
6. Où se trouve la table réservée?
7. Où est-ce que Mme Angèle va mettre les manteaux?
8. Que prend Mireille pour commencer?
9. Que prend Victor comme hors d'oeuvres?

10. Que prend Jacques comme plat principal?
11. Que prend M. Sériex comme viande?
12. Comment Victor aime-t-il sa viande?
13. En quoi le restaurant se spécialisait-il autrefois?
14. Qui est Gustave?
15. Que pense la patronne de Gustave?
16. Que conseille Gustave à Jacques?
17. Quel dessert prend Mireille?
18. Que pense la patronne d'un repas sans fromage?

CARTE

HORS-D'OEUVRE

Rillettes	6,00
Saucisson sec ou à l'ail	4,50
Pâté	4,50
Médaillon de lapin	5,50
Médaillon de lièvre	5,50
Jambonneau pommes à l'huile	9,00
Assiette de charcuterie	8,00
Délices du Rouergue	10,00
Salade de tomates	4,50
Assiette de crudités	4,50
OEuf dur mayonnaise	4,50
Filet de hareng	4,50
Coeurs de palmiers	7,50
Coeurs d'artichauts	7,50
Salade Niçoise	9,00
Saumon fumé	17,00
Thon mayonnaise	9,00
Feuilles de vigne farcies	9,00
Escargots	18,00
Cuisses de grenouille	24,00
Moules marinière	20,00

OEUFS

OEufs plat nature	6,00
Omelette nature	6,00
OEufs au jambon	7,00
Omelette parmentier au fromage	7,00

PLATS GARNIS

Brochette Saint-Severin	17,00
Côte de veau Normande	20,00
Escalope panée	17,00
Escalope à la crème	20,00
Andouillette aux herbes	10,00
Tripes au Cognac	10,00
Tripoux d'Auvergne	10,00
Filet au poivre du chef	22,00
Tournedos à la crème	20,00
Pavé aux herbes	20,00
Côtes d'agneau grillées	20,00
Faux filet vert-pré	20,00
Entrecôte moutarde	20,00
Chateaubriand	25,00
Entrecôte marchand de vin	20,00

Mardi: Choucroute ....
Jeudi: *(1 sur 2)* Couscous ....
Samedi: Paëlla ....

DEMANDEZ NOS APÉRITIFS DE MARQUES

HUITRES
Fines de claire
la dz - 36F
les 6 - 18F
Belon
la dz - 38F
les 6 - 19F

DEMANDEZ NOS ALCOOLS DE MARQUES

SERVICE 15% NON COMPRIS

SERVICE 15% NON COMPRIS

LEGUMES

Frites	5,00
Pommes vapeur	4,50
Haricots verts	4,50
Salade de saison	4,50
Pommes à l'anglaise	6,00
Endives au four	7,00
Petits pois	5,00
Truffes	10,00

LES FROMAGES

Camembert	5,00
Emmenthal	6,00
Chèvre	5,00
Saint-Nectaire	5,00
Cantal	5,00
Roquefort	6,00
Crottin de Chavignol	6,00

LES DESSERTS

Coupe de fruits	8,00
Crème caramel	6,50
Tarte au goût du jour	4,50
Gâteau St-Séverin	4,50
Fruits	4,00
Tarte aux poires	8,00
Mont Blanc	7,00

LES GLACES

Coupe Saint-Séverin	10,00
Cassate	5,00
Glace café, chocolat	4,50
Mystère à la noisette	5,00
Coupe Melba	10,00
Profiteroles	10,00
Sorbet cassis	5,00
Fruits givrés, orange, citron	6,00
Délice au Grand Marnier	8,00
Café Liégeois	8,00
Poire Belle Hélène	10,00

LE CHEF VOUS PROPOSE

Entrecôte bordelaise	25,00
Coq au vin	20,00
Canard à l'orange	30,00
Tournedos à la crème	25,00

SERVICE 15% NON COMPRIS

LES VINS

EN PICHETS

Rouge	4,00	6,00
Côtes-du-Rhône	6,00	12,00
Beaujolais	9,00	18,00
Beaujolais Nouveau		
Rosé	6,00	12,00
Sauvignon	6,00	12,00
Muscadet	8,00	16,00
Bordeaux		

EN BOUTEILLES

	Bout.	1/2 bt.
Beaujolais de Propriété	35 F.	21 F.
Saint-Amour	35 F.	21 F.
Brouilly	38 F.	23 F.
Bordeaux, Puisseguin St-Emilion	48 F.	28 F.
Bourgogne David et Foillard		
Cahors	35 F.	21 F.
Côtes-du-Rhône Vieux	26 F.	16 F.
Gigondas	48 F.	28 F.
Côtes de Provence		
Baptistin Caracous, Rosé	20 F.	15 F.
Sancerre Rosé ou Blanc	40 F.	
Sancerre Rouge	38 F.	
Riesling	42 F.	30 F.
Sancerre 72	60 F.	
Chablis	65 F.	
St Emilion 70	60 F.	
Gamay 71	50 F.	

MENU PRIX FIXE 45 Frs

Boisson et Service compris

HORS-D'OEUVRE
Saucisson sec ou à l'ail ou filet de hareng
ou oeuf dur mayonnaise

PLAT GARNI
Grillade pommes allumettes
ou
Andouillette aux herbes

BOISSONS au CHOIX

1/4 vin rouge
1/2 Pression Mutzig bl
1/4 vittel

FROMAGE ou DESSERT
Camembert – Gruyère
Tarte du jour – Fruits

Menu servi de 12 h. à 14 h. et de 19 h. à 21 h.

Explanations

14.1 Imperfect tense

The imperfect is used for a number of purposes. The two most common are:

1. To express a continuous state in the past.

   C'était délicieux. *(It was delicious.)*
   J'habitais rue St Jacques. *(I used to live in the Rue St Jacques.)*
   J'ai étudié les sciences economiques et politiques – **cela** me **passionnait**.
   (I studied economics and politics – I found that fascinating.)
   Autrefois **j'étais** un rien du tout ... maintenant j'ai gagné.
   (Previously I was a nobody ... now I've won through.)

   (Note the contrasting use of the perfect and imperfect tenses.)

2. To express actions which used to take place in the past repeatedly or habitually (and implying also that they no longer do).

   Autrefois **on** les **faisait** très bien ici.
   (They used to do them very well here.)
   Un Algérien qui **travaillait** jour et nuit.
   (An Algerian who used to work day and night.)

14.2 How to form the imperfect tense

Quand j'étais jeune Autrefois	**j'habitais** **tu habitais**	en Allemagne à Londres?
Il y a cinq ans	**il** **elle** }**habitait**	dans cette rue
Quand j'étudiais A ce temps-là	**nous habitions** **vous habitiez**	dans une chambre seul?
En 1946	**ils** **elles** }**habitaient**	aux Etats-Unis

Take the **nous** form of the present tense (e.g. **habitons**), knock off the **-ons** ending. Then add the imperfect endings.

14.3 The imperfect tense of 'être' – all forms

J'	**étais**	un rien du tout	Learn this important verb by
Tu	**étais**	toujours en retard	heart.
Il	**était**	étudiant	
Elle	**était**	étudiante	
Nous	**étions**	heureux en vacances	
Vous	**étiez**	une fanatique de la politique	
Ils	**étaient**	prêts à partir	
Elles	**étaient**	prêtes à partir	

14.4 The conditional tense – use

The conditional tense is used (as in English) to express a condition.

Si j'étais vous, **je n'hésiterais pas**.
(If I were you, I wouldn't hesitate.)
Je ne dirais pas meilleur …
(I wouldn't say better (that is if I were asked).)

In practice it is most commonly used to express something politely and tentatively (often using **pouvoir** and **vouloir**).

Je voudrais trois timbres, s'il vous plaît.
(I'd like three stamps please.)
Pourriez-vous confirmer ma réservation?
(Would you mind confirming my booking?)
Pourriez-vous me conseiller?
(Would you be so kind as to advise me?)
Pourquoi **ne prendriez-vous pas** des escargots?
(What about having snails?)
Je vous conseillerais le Sancerre 72.
(I'd recommend the Sancerre 72.)

14.5 How to form the conditional tense

Je	**pourrais**	partir demain
Tu	**pourrais**	demander à Sabine
Il	} **pourrait**	prendre l'avion
Elle		après six heures
Nous	**pourrions**	acheter une voiture peut-être?
Vous	**pourriez**	me conseiller?
Ils	} **pourraient**	visiter la ville
Elles		

To form the conditional, take the future tense, knock off the future endings and substitute the imperfect endings.

Future + imperfect endings

14.6 'Si' *(if)* + present/imperfect tense

Notice the sequence of tenses.

Si ça continue, je serai obligée de la revendre.
  (present)   *(future)*
(If it goes on like that, I'll have to re-sell it.)

Note that when the verb in the **si** clause is in the present tense it is followed by the future.

Si j'étais vous, je n'hésiterais pas.
  (imperfect)   *(conditional)*
(If I were you, I wouldn't hesitate.)

Note that when the verb in the **si** clause is in the imperfect tense it is followed by the conditional.

14.7 Plus, aussi, moins … que

Leur coq au vin est **moins** bon **qu'**avant.
(Their coq au vin is not as good as before.)
Je dirais **aussi** bon **que** le Chablis … **plus** fruité, **plus** léger, un peu **moins** sec (**que** le Chablis).
(I would say it is as good as the Chablis … fruitier, lighter, a little drier than Chablis).

La bière est	**plus** **aussi** **moins**	légère	**que**	le vin?	To say *'more … than'*, *'as … as'*, *'less … than'*, use **plus**, **aussi**, **moins** with the adjective followed by **que**.
Le vin est	**plus** **aussi** **moins**	cher	**que**	la bière?	Note **meilleur que** – *'better than'*.

Some useful phrases

On peut avoir le menu?	*Can we have the menu?*
Ça a l'air délicieux	*That looks/sounds delicious*
J'adore ça	*I love it/that/them*
A ce temps là	*At that time*
L'honneur aux dames!	*Ladies first!*
C'est drôle	*It's funny*
Va pour …	*OK, let's have …*

Practice

⊙ 1. Imperfect tense of 'faire'

Ecoutez: Vous faites du sport,
n'est-ce pas?
Répondez: Avant, j'en faisais, mais
plus maintenant.

1. Vous faites du sport, n'est-ce pas?
2. Vous faites du français, n'est-ce pas?
3. Elle fait du karaté, n'est-ce pas?
4. Tu fais toujours du football, n'est-ce pas?
5. Vos enfants font de l'allemand, n'est-ce pas?

⊙ 2. Imperfect tense

Practising saying what you used to do when
you were a student.

Ecoutez: Vous aimez la politique?
Répondez: Quand j'étais étudiant, j'aimais
beaucoup ça.
Ecoutez: Vous jouez aux cartes?
Répondez: Quand j'étais étudiant, j'y
jouais beaucoup.

1. Vous aimez la politique?
2. Vous jouez aux cartes?
3. Vous allez souvent au cabaret?
4. Vous aimez le théâtre?
5. Vous allez souvent au cinéma?
6. Vous jouez au football?
7. Vous aimez le 'beau sexe'?
   Ma parole, vous n'êtes pas drôle!

⊙ 3. Conditional tense

Consult the menu. You're recommending to a
friend what he should choose.

Ecoutez: Que me conseilleriez-vous de boire?
Du blanc ou du rouge?
Répondez: Si j'étais vous, je boirais
du rouge.

1. Que me conseilleriez-vous de boire?
   Du blanc ou du rouge?
2. Que me conseilleriez-vous de manger?
   Une escalope ou un chateaubriand?
3. Que me conseilleriez-vous de prendre?
   Une coupe de fruits ou un Mont Blanc?
4. Que conseilleriez-vous de boire à Nicole?
   Du Beaujolais ou du Bordeaux?
5. Que lui conseilleriez-vous de manger?
   Un canard ou une entrecôte?
6. Que lui conseilleriez-vous de prendre?
   Une tarte ou une crème caramel?

⊙ 4. Moins ... que

Things are not what they used to be!

Ecoutez: Carnaby Street, c'est toujours
intéressant, non?
Répondez: Ah, non! C'est moins
intéressant qu'avant.

1. Carnaby Street, c'est toujours intéressant,
   non?
2. La voiture à Londres, c'est toujours
   pratique, non?
3. Les Anglais sont toujours aussi religieux?
4. La mode est toujours élégante?
5. Le contrat avec Aviagence est toujours aussi
   probable?

⊙ 5. Aussi ... que

England versus France. You're saying that
London is as ... as Paris. And the English are
as ... as the French.

Ecoutez: C'est vrai, la vie à Londres est
moins chère qu'à Paris?
Répondez: Non, elle est maintenant aussi
chère qu'à Paris.

1. C'est vrai, la vie à Londres est moins chère
   qu'à Paris?
2. C'est vrai, les Anglaises sont moins élégantes
   que les Françaises?
3. C'est vrai, les Anglais sont moins
   hospitaliers que les Français?
4. C'est vrai, le temps à Londres est plus froid
   qu'à Paris?
5. C'est vrai, les voitures anglaises sont moins
   bonnes que les françaises?

⊙ 6. Pronouns

Ecoutez: Avez-vous recommandé le
chateaubriand à Victor?
Répondez: Bien sûr, je le lui ai recommandé.

1. Avez-vous recommandé le chateaubriand à
   Victor?
2. A-t-il conseillé le St. Emilion 70 à Mireille?
3. As-tu apporté la carte du Bordelais à Paul?
4. A-t-elle réservé la table pour Jacques?
5. Ont-ils donné le menu aux clients?
6. A-t-elle conseillé un vin rouge léger à
   Sériex?

7. Conditional

You're Victor, advising a friend about a visit to England.

Ecoutez: Que me conseilleriez-vous comme hôtel à Londres, Victor, le Hilton ou le Waldorf?
Répondez: Comme hôtel, je vous conseillerais le Waldorf.

1. Que me conseilleriez-vous comme hôtel à Londres, Victor, le Hilton ou le Waldorf?
2. Et comme restaurant, le Savoy ou Simpsons?
3. Que me recommenderiez-vous comme plat, la dinde ou le rosbif?
4. Et comme dessert, le gâteau ou le trifle?
5. Et quel pub devrais-je visiter, le Queen's Head ou le King's Arms?
6. Et enfin quelle bière devrais-je prendre, la lager ou la bitter?

8. Si + imperfect + conditional

Ecoutez: Qu'achèteriez-vous, si vous aviez de l'argent? *(voiture)*
Répondez: Si j'avais de l'argent, j'achèterais une voiture.

1. Qu'achèteriez-vous si vous aviez de l'argent? *(voiture)*
2. Que prendriez-vous avec le chateaubriand, si vous étiez Victor? *(frites)*
3. Que mangeriez-vous, si vous étiez au restaurant? *(canard)*
4. Où iriez-vous, si vous aviez le temps? *(cinéma)*
5. Que boiriez-vous, si vous étiez au café? *(bière)*
6. Que seriez-vous, si vous pouviez choisir? *(sommelier)*

9. Pronouns

a. Exemple: Mireille enlève son manteau. M. Louis dit: Donnez-moi votre manteau, je vais vous le mettre au vestiaire.

1. Victor enlève son chapeau.
2. M. Sériex pose son parapluie.
3. Jacques pose sa serviette.
4. Mireille et Sabine enlèvent leurs manteaux.
5. Mlle Dubois pose ses paquets.

b. Exemple: Qu'est-ce que M. Louis fait avec le manteau de Mireille? Il le lui met au vestiaire.

1. Et avec le parapluie de M. Sériex?
2. Et la serviette de Jacques?
3. Et avec les manteaux de Mireille et de Sabine?
4. Et avec le chapeau de Victor?
5. Et avec les paquets de Mlle Dubois?

Extra

10. Imperfect

Complete the following sentences with the appropriate verb taken from the list below. *(voyager/militer/boire/jouer/fumer/lire)*

Exemple: Vous aimez la politique?
Quand j'étais étudiant, je ...... beaucoup, mais je ne ...... plus depuis longtemps!
Quand j'étais étudiant, je militais beaucoup, mais je ne milite plus depuis longtemps!

1. Vous aimez les voyages?
Quand j'étais étudiant, je ...... beaucoup, mais je ne ...... plus depuis longtemps!
2. Vous aimez l'alcool?
Quand ...... étudiant, je ......, mais je ...... depuis longtemps!
3. Vous aimez les livres?
Quand ......, ..., mais je ....!
4. Vous aimez le tabac?
......, ..., mais ....!
5. Vous aimez le tennis?
......, ..., ...!

Le savoir-faire

A. Don't make a faux pas! Do you really know what these French dishes are?

1. Assiette de crudités
2. Assiette de charcuterie
3. Filet de hareng
4. Quiche lorraine
5. Choucroute
6. Faux-filet grillé
7. Oeufs plat nature
8. Chateaubriand
9. Andouillette
10. Salade d'endives
11. Ratatouille
12. Tarte au goût du jour
13. Pommes vapeur
14. Crème de marron Chantilly
15. Brochette d'agneau
16. Bouillabaisse

Match the French names above with the correct description given below.

a. Aubergines, tomatoes, onions and peppers stewed in oil
b. Boiled potatoes
c. Chicory salad
d. Plate of cold meats
e. Fillet of herring
f. Sauerkraut
g. Round, thick steak (prime cut)
h. Tart made with fruit in season
i. Fried eggs
j. Grilled fillet steak
k. Chitterling sausage
l. Chestnut cream topped with fresh cream
m. Egg and bacon tart
n. Skewered lamb grilled on charcoal
o. Selection of raw vegetables as hors d'oeuvres
p. Fish soup

B. Three of your English friends have come to Paris. You are taking them out to dinner. Look back at the menu pp. 156-7 and order the meal.

1. SERVEUSE – Messieurs-Dames, vous désirez?
   VOUS – *(Tell her to come back in a moment because you have not chosen yet.)*

   (Un quart d'heure plus tard.)
2. SERVEUSE – Alors, vous êtes prêts maintenant?
   VOUS – *(Say yes.)*
3. SERVEUSE – Que désirez-vous pour commencer?
   VOUS – *(Order two pâtés, one tuna fish and one fillet of herring.)*
4. SERVEUSE – Bien. Et comme plat principal?
   (Order one skewered lamb, one prime cut steak, one chitterling sausage and one veal cutlet.)
5. SERVEUSE – Quels légumes voulez-vous?
   VOUS – *(Order two French fried, one lettuce and one French beans.)*
6. SERVEUSE – Et comme vin?
   VOUS – *(Ask for two carafes of Beaujolais Nouveau to start with.)*

   (Une heure plus tard.)
7. SERVEUSE – Fromage, dessert?
   VOUS – *(Ask what Crottin de Chavignol is.)*
8. SERVEUSE – C'est du chèvre, il est très bon.
   VOUS – *(Say that you do not like goat cheese.)*
9. SERVEUSE – Chacun son goût!
   VOUS – *(Order two camemberts only.)*
10. SERVEUSE – Et avec cela, vous voulez un dessert?
    VOUS – *(Inquire what kind of tarts she has.)*
11. SERVEUSE – Nous avons des tartes aux pommes, aux poires et aux fraises.
    VOUS – *(Order two pear tarts and two strawberry tarts.)*
12. SERVEUSE – Bien. Après cela, voudriez-vous du café?
    VOUS – *(Say yes, and order two white and two black coffees.)*

    (Une demi-heure plus tard.)
13. VOUS – *(And now ask for the bill.)*

✈ Débrouillez-vous

1 Tomate	4,00
1 Paté	4,50
1 Steak-frites	15,00
1 Entrecôte	17,00
1 Petit pois	3,50
2 Beaujolais	40,00
1 Tarte	5,00
1 Sorbet	4,50
3 Cafés	7,50
1 Eau	4,00
	105,00
Service 12%	12,60
	117,60

You have noticed errors in the bill. You want to complain.

1. VOUS   – *(Call the waiter.)*
   LE GARÇON – Oui, Monsieur?
2. VOUS   – *(Ask him what the last item is.)*
   LE GARÇON – C'est l'eau minérale.
3. VOUS   – *(Say you understand now.)*
   LE GARÇON – C'est tout, Monsieur?
4. VOUS   – *(No, tell him there are mistakes in the bill.)*
   LE GARÇON – Comment ça, Monsieur?
5. VOUS   – *(Tell him that you ordered steak and French fries only, no peas.)*
   LE GARÇON – Ah, je vois.
6. VOUS   – *(Tell him you did not take two bottles of red wine but only one.)*
   LE GARÇON – Ah, bon! Alors, excusez-moi.
7. VOUS   – *(Tell him also that you ordered two coffees, not three.)*
   LE GARÇON – Je suis vraiment desolé, Monsieur.
8. VOUS   – *(Finally tell him he might treat tourists a bit better – or something like that.)*

⊘ Expansion: Chez les Morel

After the meal, Victor and M. Sériex have a goodbye drink with
the Morels.

MIREILLE – Je vais faire du café … Jacques, peux-tu servir les
liqueurs, mon chéri?

JACQUES – Bien sûr, ma chérie … Victor, un petit pousse-café?

VICTOR – Un petit quoi?

M. SÉRIEX – Pousse-café … Moi, j'appelle ça un digestif …
c'est plus logique!

JACQUES – Ce n'est pas plus ou moins logique, c'est différent
… Je préfère pousse-café, c'est plus imagé.

VICTOR – Pousse-café ou digestif, c'est une bonne idée! Un cognac pour moi, Jacques.

M. SÉRIEX – Et une bénédictine pour moi, si vous en avez.

MIREILLE – Voilà le café … Victor, un sucre? … voilà … M. Sériex? … deux
sucres. Mmm, ce n'est pas bien ça, vous êtes au régime! …

JACQUES – Dites-moi, Victor, où avez-vous fait vos études?

VICTOR – A Manchester. J'ai étudié les sciences économiques et politiques … La
politique me passionnait … Le soir, après les cours, j'allais aux
manifestations pour ceci, contre cela … Je militais, quoi! Mais maintenant,
je n'ai plus le temps!

M. SÉRIEX – Le temps, ça se prend, mon cher Melville! Tenez moi autrefois, j'étais un
rien du tout, la politique m'a appris à me battre … Je me suis battu … et
je peux dire que maintenant, j'ai gagné … La politique, ce n'est pas un
passetemps chez nous, c'est une nécessité! …

MIREILLE – Je suis d'accord avec vous, M. Sériex … Après tout, toute notre vie
dépend des décisions de ces Messieurs les Politiciens! … Alors, il faut les
surveiller! C'est bien facile de dire 'Nous sommes en période de crise
économique mondiale … Il faut se serrer la ceinture, etc etc …' Mais c'est
moins facile à faire!

JACQUES – Ne la provoquez pas surtout! C'est une fanatique de la politique! … Elle
me répète souvent qu'elle serait maintenant député si elle n'avait pas eu le
malheur de m'épouser!

Expansion exercises

⊘ 1. Si vous en avez

Practising asking for a drink.

Ecoutez: Un cognac? Désolé, je n'en ai
plus. *(bénédictine)*
Répondez: Bon, alors donnez-moi une
bénédictine, si vous en avez.

1. Un cognac? Désolé, je n'en ai plus.
(bénédictine)
2. Une bénédictine? Désolé, il ne m'en reste
plus! *(marc)*
3. Un marc? Ça alors, la bouteille est vide!
(whisky)
4. Un whisky? Vraiment désolé, j'ai fini la
bouteille hier! *(armagnac)*
Un armagnac? Ah, vous avez de la chance!
Je viens d'en acheter!

⊘ 2. Imperfect

Listen to the following sentences and change
maintenant to *autrefois*. Careful about the tense.

Ecoutez: Maintenant j'habite en France.
(Angleterre)
Répondez: Autrefois j'habitais en Angleterre.

1. Maintenant j'habite en France. *(Angleterre)*
2. Maintenant j'étudie les sciences
economiques. *(les sciences politiques)*
3. Maintenant la politique le passionne!
(le théâtre)
4. Maintenant tu vas aux meetings du Parti
Socialiste! *(Parti Libéral)*
5. Maintenant elle écrit des tracts. *(les livres)*
6. Maintenant ils vont aux manifestations.
(les réunions syndicales)
7. Maintenant vous militez. *(étudier)*

La soirée

To celebrate the deal made between M. Sériex, M. Melville and Aviagence, Jacques Morel's boss, M. Saville, is giving a party in his luxurious flat in the *16ème arrondissement*. There Victor meets again some of the staff of Aviagence. The wine flows freely and he gets a bit carried away with Mme Saville, the young and glamorous wife of the PDG of Aviagence.

Dialogue

Personnages: Victor Melville
Jacques Morel
Mireille Morel
M. François Saville, PDG d'Aviagence
Mme Nicole Saville

(Au buffet)

JACQUES — Tenez Victor; prenez du caviar, celui-ci a un goût délicat.

VICTOR — Non, merci. Je préfère le saumon ... et celui-ci est excellent!

M. SAVILLE — Mon cher Melville! Très heureux de faire votre connaissance ... Permettez-moi de vous féliciter. C'est du beau travail, ce contrat! Connaissant Sériex ça n'a pas dû être très facile! ... Mais tout est bien qui finit bien! ... Veuillez m'excuser, d'autres invités arrivent ... Je dois les recevoir ... *(à un autre invité)* Ah très cher, comment allez-vous? ...

VICTOR — Dites-moi, Jacques, qui est cette jolie brune, là-bas, près du buffet?

JACQUES — La jeune femme qui est en train de déguster du champagne?

VICTOR — Non, non! Pas celle-là! Celle-ci en robe mauve.

JACQUES — Mais c'est Sabine! Comment! Vous ne la reconnaissez pas?

VICTOR — Ça alors! C'est pourtant vrai! Hm ... pas mauvais ce champagne ... Et le monsieur aux grosses lunettes et au crâne chauve, qui est-ce?

JACQUES — Ah! Ça, c'est M. Poireau. C'est l'adjoint de M. Saville – son bras droit, si vous préférez.

VICTOR — Il n'a pas l'air très accommodant! ... Hm ... pas mauvais du tout ce champagne.

MIREILLE — Victor! Comment allez-vous? Très heureuse de vous revoir!

VICTOR — Mais tout le plaisir est pour moi, Madame Morel, euh ... Mireille. Comment vont les enfants?

MIREILLE — Ah! Ne me parlez pas d'enfants! Deux petits monstres! Enfin ça leur passera. Mais dites-moi, c'est bien vrai ce que m'a dit Jacques, vous nous quittez déjà demain? C'est vraiment triste.

VICTOR — C'est moi qui suis triste. Mais les affaires sont les affaires ... J'ai accompli ma mission ... Je dois retourner à Londres ... Mais je dois dire que je garderai un souvenir inoubliable de Paris, grâce à votre aimable hospitalité ...

MME SAVILLE — M. Melville, n'est-ce pas? Je vous cherche depuis un quart d'heure! Où vous cachiez-vous? ... Vous permettez, ma chère, que je vous l'enlève? ... Venez, M. Melville, je veux vous montrer quelque chose d'inoubliable! ... Voilà! Regardez! ... *(A la terrasse)*

VICTOR — *(Ayant bu un peu trop)* Hm ... plutôt même excellent ce petit champagne ... Ah! Quelle vue! C'est magnifique! C'est ... c'est admirable! ...

MME SAVILLE — N'est-ce pas? ... Là, à gauche, c'est l'Arc de Triomphe ... Là, en face, la

Tour Eiffel ... Tout là-bas à droite, sur cette colline, le Sacré-Coeur ...
Là, c'est Notre-Dame et l'Ile de la Cité et enfin cette coupole illuminée,
c'est le Panthéon – Paris est là, sous vos yeux!

VICTOR — Toutes ces lumières, quel effet! C'est vraiment extraordinaire!

MME SAVILLE — N'ayez pas peur des mots! C'est tout simplement magnifique, divin,
n'est-ce pas?

VICTOR — Vous avez raison, c'est ... c'est divin et vous ... vous êtes divine!

MME SAVILLE — Voyons, n'exagérez pas! ... Vous êtes anglais, n'est-ce pas? Mais
M. Melville, ça sonne plutôt français ... Vous avez des
ascendances françaises peut-être?

VICTOR — Vous devinez tout! Des ascendances françaises? Oui c'est exact, mais cela
remonte au moins au XVIIème siècle!

MME SAVILLE — Si vous faisiez des recherches, vous pourriez établir votre arbre
généalogique! Ce serait passionnant, ne croyez-vous pas?

VICTOR — Oui ... oui ... passionnant! C'est vous qui êtes passionnante ... Vous
donnez aux mots un sens nouveau, un lyrisme tout neuf!. Passion
passionnant ... passionnante. Je ne sais même pas votre nom ... mais
qu'importe!

MME SAVILLE — Vous êtes romantique, M. Melville! ... Comme tous les Anglais,
d'ailleurs. Vous êtes tous très réservés, très corrects ... mais alors quand
vous vous dégelez, quel élan! Quelle passion! *(Il essaye de l'embrasser.)* Oh,
Monsieur Melville, voyons ... Non, non! Mmm ...

🜍 Questions

1. Où sont Victor et Jacques?
2. Qui félicite Victor pour le contrat?
3. Qui est M. Saville?
4. Qui est la jolie brune près du buffet?
5. Est-ce que Victor la reconnaît?
6. Qu'est-ce qu'il y a à manger?
7. Comment est M. Poireau?
8. Quand est-ce que Victor va partir?
9. Pourquoi doit-il partir?
10. Quel souvenir Victor gardera-t-il de Paris?
11. Qui cherche Victor depuis un quart d'heure?
12. Qu'est-ce que Mme Saville veut montrer à Victor?
13. Qu'est-ce que Victor voit de la terrasse des Saville?
14. Quelle impression la vue de Paris fait-elle à Victor?
15. Les ascendances de Victor remontent à quand?
16. Que pense Mme Saville des Anglais?
17. Qu'est-ce que Victor essaye de faire?

Explanations

15.1 Celui-ci/là, ceux-ci/là; celle-ci/là, celles-ci/là
(that, these) meaning literally 'this one here' or 'that one there'

Je préfère le saumon ... et **celui-ci** est excellent!
(I prefer the salmon ... and this one is excellent!)
La jolie brune là-bas? Non, pas **celle-là**.
(The pretty brunette over there? No, not that one.)

To point someone or something out, use **celui-ci** or **celui-là** (for masculine nouns), or **celle-ci** or **celle-là** (for feminine nouns).

Le caviar	**Celui-ci/là** est excellent
La jeune femme	**Celle-ci/là** en robe mauve
Les trains	**Ceux-ci/là** sont électriques
Les boules	**Celles-ci/-là** sont en bois

Note the gender agreement of these demonstrative pronouns. As in English, the meanings *(this/that, these/those)* are often interchangeable.

15.2 Prepositions

Le monsieur **aux** grosses lunettes et **au** crâne chauve.
(The bald gentleman with the big glasses.)
La jeune femme **en** robe mauve.
(The young lady in the mauve dress.)
Les boules **en** bois.
(The wooden bowls.)

Note the use of prepositions in descriptive phrases.

15.3 C'est ... qui ... *(It's ... who ...)*

C'est **vous** qui **êtes** passionnante.
(You're the one who's entrancing.)

C'est **moi**	qui	**suis** fatigué
C'est **nous**	qui	**avons** faim
C'est **vous**	qui	**êtes** passionnante

Note this form of emphasis; unlike English, the form of the verb refers back to the subject of the emphasis (**moi**, **nous**, **vous**, etc.).

Some useful phrases

Je garderai un souvenir inoubliable ...	*I will never forget ...:*
Qu'importe!	*Who cares!*
Ne croyez-vous pas?	*Don't you think?*
Grâce à ...	*Thanks to ...*
Ça alors!	*Well, well!*
Très heureux de faire votre connaissance/vous revoir	*Delighted to meet you/ see you again*
Permettez-moi de vous féliciter	*May I congratulate you*
Veuillez m'excuser	*Would you mind excusing me*
Tout est bien qui finit bien	*All's well that ends well*
Tout le plaisir est pour moi	*The pleasure is mine*

Practice

1. Celle-ci/celle-là/celui-ci/celui-là

Out shopping for presents and you're practising pointing out different things.

Ecoutez: C'est bien ce parfum que vous voulez, n'est-ce pas?
Répondez: Non, ce n'est pas celui-ci, c'est celui-là.

1. C'est bien ce parfum que vous voulez, n'est-ce pas?
2. C'est bien cette eau de toilette que vous prenez, n'est-ce pas?
3. C'est bien cet atomiseur que vous achetez, n'est-ce pas?
4. C'est bien ce train électrique que vous voulez, n'est-ce pas?
5. C'est bien cette poupée que vous achetez, n'est-ce pas?
6. C'est bien cette eau de cologne que vous prenez, n'est-ce pas?

2. C'est moi qui ...

Ecoutez: Vous partez demain? C'est vraiment triste!
Répondez: Mais c'est moi qui suis triste de partir!

1. Vous partez demain? C'est vraiment triste!
2. Monsieur Melville? Enchantée de faire votre connaissance!
3. Victor! Très heureuse de vous revoir!
4. Pierre, je garderai un souvenir inoubliable de votre visite!

3. C'est bien ... qui ...

Gossiping over drinks at a party, your friend is telling you who people are and you're checking you've heard correctly.

Ecoutez: Voici M. Leboeuf. *(sous-chef des ventes)*
Répondez: C'est bien lui qui est le sous-chef des ventes?
Ecoutez: Non! Le sous-chef des ventes, c'est M. Legras!

1. Voici M. Leboeuf. *(sous-chef des ventes)* Non! Le sous-chef des ventes, c'est M. Legras!
2. Tenez voici maintenant M. Desnouettes *(expert-comptable)* Non! L'expert-comptable, c'est M. Leboeuf!
3. Tenez, voilà Mlle Leroy *(téléphoniste)* Mais non, Victor! La téléphoniste, c'est Mlle Dubois!
4. Et maintenant voici M. Saville. *(sous-chef des achats)* Mais voyons, Victor! Le sous-chef des achats, c'est moi!
5. Ah, voilà Mlle Lebret! *(secrétaire)* Oui, c'est exact. Dites-donc, Victor, vous êtes saoul, ma parole!

4. Use of the conditional (in polite requests)

a. Asking someone to do something for you.

Exemple: Pourriez-vous me réserver une chambre d'hôtel, s'il vous plaît?

Et maintenant demandez à quelqu'un:

1. De vous appeler un taxi.
2. De vous réveiller à 6 heures.
3. De vous poster ces lettres.
4. De vous demander ce numéro de téléphone.
5. De vous apporter la carte.

b. Asking for help.

Exemple: Auriez-vous l'amabilité de m'aider, s'il vous plaît?

1. Vous avez beaucoup de bagages. Vous demandez à un monsieur de vous aider à les porter.
2. Vous avez chaud. Vous demandez à un monsieur d'ouvrir la fenêtre.
3. Vous avez froid. Vous demandez à un monsieur de fermer la porte.
4. Vous êtes fatigué. Il est plus de minuit, vous demandez qu'on vous raccompagne à votre hôtel.
5. Vous êtes malade. Vous demandez à la réceptionniste d'annuler votre réservation.

5. Use of the conditional

How to say what you'd like to do if you could.

Ecoutez: Aller aux Etats-Unis.
Répondez: J'aimerais bien aller aux Etats-Unis cet été, si je pouvais.

1. Aller aux Etats-Unis.
2. Partir en vacances la semaine prochaine.
3. Acheter une voiture de sport.
4. Dormir une semaine.
5. Dîner au champagne.
6. Sortir ce soir.

6. Vous permettez que + subjunctive

How to ask politely for permission.

Ecoutez: Demandez si vous pouvez sortir.
Répondez: Vous permettez que je sorte?

1. Demandez si vous pouvez sortir.
2. Demandez si vous pouvez ouvrir la fenêtre.
3. Demandez si vous pouvez fermer la porte.
4. Demandez à cette femme si vous pouvez l'aider.
5. Demandez à la réceptioniste si vous pouvez utiliser son téléphone.
6. Demandez si vous pouvez arrêter le chauffage.

Le savoir-lire
Les programmes à la télé

Look at the extracts from the programmes for channels 1, 2 and 3.

télévision française 1

9.15   **EMISSIONS RELIGIEUSES.**
A Bible ouverte: "Le septième jour"

10.30   **Le jour du Seigneur:** "L'Eglise et les Français" et "Vivre la foi aujourd'hui".

11   **Messe** célébrée en la chapelle du collège Saint-Jean de Béthune à Versailles.

12.30   **JEU: L'HOMME QUI N'EN SAVAIT RIEN.**

13   **TF 1 ACTUALITES.**

14.25   **LES RENDEZ-VOUS DU DIMANCHE.**
Présentation: Michel Drucker. Variétés avec Michel Delpech, Joe Dassin, Gérard Lenorman, Stone et Charden, Michel Sardou, Hervé Vilard, Richard Benarais, Sabrian Lory, Ringo, François Valéry et Françoise-Marie Vigne.

16   **DIRECT A LA UNE.**
Tour de France: Le Touquet-Paris-Plage en circuit. Commentaires: Daniel Pautrat, Léon Zitrone et Bernard Giroux. La tiercé à Longchamp, commenté par André Théron. Championnats de France d'athlétisme à Lille. Commentaire: Georges Dominique. Boxe: Monzon-Vaidès. Commentaire: Pierre Cangioni.

20.30   **FILM: LE DERNIER SAUT,** d' Edouard Lunt (1969).
Garal, quarante ans, sous-officier de parachutistes, vient de quitter l'uniforme pour entrer dans la vie civile. De retour chez lui, il surprend sa femme, Tai, avec un amant. Fou de colère, il la tue et va se cacher à Villeneuve. Là, il entre en contact avec le commissaire Jauran, chargé de l'enquête sur le meurtre.
Avec: Maurice Ronet (Garal), Michel Bouquet (Jauran), Cathy Rosier (Florence), Eric Penet (Peras), André Rouyer (Salvade).

22.10   **POUR LE CINEMA.**
Extraits des films suivants: "Les hommes du président", de Alan Pakula: "L'affiche rouge" de Frank Cassenty; "Le jeu du solitaire", de Jean-François Adam; "L'ombre des châteaux", de Daniel Duval, "Complot de famille" d'Alfred Hitchcock; "Une femme fidèle", de Roger Vadim; "Face à face", d'Ingmar Bergman.

23.10   **TF 1 ACTUALITES ET FIN.**

antenne 2

16.5   **DESSIN ANIME.** "La Panthère rose".

16.20   **HIPPISME: GRAND PRIX DE PARIS.**
Reportage différé en direct de Longchamp.

16.30   **SERIE: LES ROBINSON SUISSES.**
Le chien sauvage. Avec: Martin Milner (Karl Robinson) et Pat Delany (Lotte Robinson).

17.15   **SPORTS.**

19.30   **VARIETES; RING PARADE.**
Avec: Adamo, Demis Roussos, Pierre Pachin et Annie Cordy.

20   **JOURNAL.**

21.55   **SERIE BRITANNIQUE: LA DYNASTIE DES FORSYTE,**
d'après l'oeuvre de John Galsworthy. (Voir l'article page 22.)
James Forsyte consent au mariage de sa fille Winnifred avec Montague Dartie, dit Monty. Soames, le frère de Winnifred, paraît beaucoup plus réservé envers le fiancé mais la famille dans son ensemble est ravie de cette union. Jo Forsyte, le cousin de Soames, est tombé amoureux d'Hélène, la gouvernante autrichienne de sa fille June. Il installe la jeune femme à Chelsea. Principaux interprètes: Kenneth More (Jo Forsyte), Eric Porter (Soames), Margaret Tyzack (Winnifred), Lana Morris (Hélène).

france regions 3

19   **HEXAGONAL.** "L'OEil neuf".
Le Mystère de la "Mary-Céleste". Un voilier semble dériver . . . Personne n'est à la barre, ni en vigie, le brick-goélette est désert; le bateau est en parfait état, les cales pleines de vivres. Il est ramené à Gibraltar.
Avec: Henri Marteau (Deveau), Jean Berger (Sally Ficod), Jacques Airic (Conan Doyle).

19.55   **SPECIAL SPORTS.**

20.30   **LES VISITEURS DU DIMANCHE SOIR. REFLEXION.**
"L'art, l'argent et le cinéma". Avec la participation de Roberto Rossellini, Daniel Toscan du Plantier, Serge Silbermann, Michel Piccoll et Françoise Arnoul.

22.15   **JOURNAL.**

22.30   **CINEMA DE MINUIT.**
"TARTUFFE", de F. W. Murnan (1925).
Un vieil homme préfère sa gouvernante à son petit-fils, mais cette dernière, très empressée convoite surtout l'héritage et s'y emploie avec d'hypocrites manoeuvres.
Avec: Emil Jannings (Tartuffe), Werner Klauss (Orgon), Lil Dagover (Elmire).

1. Which day of the week is it?
2. At what time and on what channel can the following be seen?
   a) News b) Regional News c) Sport d) Film e) Religious programmes
   f) Variety-show.
3. What British programme is being shown, at what time and on what channel?
4. Give the English equivalents for:
   a) Actualités b) Variétés c) Dessin animé d) Hippisme e) Série f) Extraits de film g) Jeu h) Fin.

Le savoir-faire A la soirée

Take the role of Mr. Jones. You are at a party (in Paris), and Mlle Duclos is talking to you. She is asking about your likes and dislikes, etc. With the help of the hints in brackets, answer her questions.

MLLE DUCLOS	– Bonsoir! Bonne soirée, hein?
MR. JONES	– *(Yes, very good)*
MLLE DUCLOS	– Vous êtes anglais, n'est-ce pas?
MR. JONES	– *(Yes, that's right)*
MLLE DUCLOS	– Vous restez ici longtemps?
MR. JONES	– *(No, just passing through)*
MLLE DUCLOS	– Dites-moi. Vous aimez ce casse-tête?
MR. JONES	– *(Doesn't understand)*
MLLE DUCLOS	– Cette musique, c'est un véritable casse-tête! Vous aimez ce genre de musique?
MR. JONES	– *(Prefers classical music)*
MLLE DUCLOS	– Moi, je préfère le jazz, il y a du rythme, c'est envoûtant!
MR. JONES	– *(Likes jazz too)*
MLLE DUCLOS	– Allez. Venez danser!
MR. JONES	– *(Sorry, can't dance to this kind of music)*
MLLE DUCLOS	– Vous êtes vraiment vieux-jeu! Pourtant vous paraissez jeune ... C'est vrai ce qu'on dit, les anglais adorent jardiner?!
MR. JONES	– *(Yes)*
MLLE DUCLOS	– Vous aimez le jardinage?
MR. JONES	– *(A lot)*
MLLE DUCLOS	– Ce n'est pas ennuyeux?
MR. JONES	– *(No it's very relaxing and varied)*
MLLE DUCLOS	– Et comme tous les Anglais, vous aimez le football?
MR. JONES	– *(That's right)*
MLLE DUCLOS	– Moi, je n'aime pas le sport! Je préfère les passetemps intellectuels. J'adore lire, et vous?
MR. JONES	– *(Yes, especially novels)*
MLLE DUCLOS	– Moi je préfère les romans policiers ... Vous aimez l'opéra?
MR. JONES	– *(Yes, but hates operettas)*
MLLE DUCLOS	– Ah! Bon! Moi, je préfère aller au concert ... Vous aimez aller au concert?
MR. JONES	– *(No, the people are too snobbish.)*
MLLE DUCLOS	– C'est vrai. Mais j'y vais pour écouter la musique et voir les grands chefs d'orchestre ... Vous regardez souvent la télé?
MR. JONES	– *(It depends)*
MLLE DUCLOS	– Comment est la télé anglaise?
MR. JONES	– (......)
MLLE DUCLOS	– Vous avez beaucoup de publicité à la télé?
MR. JONES	– (......)
MLLE DUCLOS	– Ah! Je vois! Je déteste la publicité. D'abord c'est un véritable lavage de cerveau et puis c'est très mal fait! Vous aimez le cinéma?
MR. JONES	– *(A lot)*
MLLE DUCLOS	– Quel genre de film? Les policiers, les mélodrames, les comédies, les films d'épouvante ou les films historiques?
MR. JONES	– *(Prefers films from the 30s and 40s, especially detective films.)*
MLLE DUCLOS	– Eh bien, il y a un film d'Humphrey Bogart au Quartier Latin – 'Casablanca', il paraît que c'est très bien! Emmenez-moi!
MR. JONES	– (......)

⚓ Expansion: Dans les grands magasins

1. Au Printemps (au rayon 'Parfumerie')

VENDEUSE – Vous désirez, Monsieur?

VICTOR – J'aimerais acheter un petit quelque chose pour ma femme. Pourriez-vous me conseiller?

VENDEUSE – Mais, certainement, Monsieur ... Nous avons des parfums, des eaux de toilette, des eaux de cologne ...

VICTOR – Oui ... Euh ... Plutôt une eau de toilette. Elle n'aime pas tellement le parfum.

VENDEUSE – Oui ... Alors dans ce cas, une eau de toilette fera l'affaire ... Tenez, nous avons 'L'air du Temps' de Nina Ricci, qui est très agréable ... Tenez, sentez ... C'est léger, n'est-ce pas?

VICTOR – Oui ... Euh ... Vous n'avez pas autre chose?

VENDEUSE – Mais bien sûr que si, Monsieur! Tenez voilà l'eau de toilette No 19 de Chanel. C'est déjà un peu plus fort ...

VICTOR – Euh ... Je crois que je préfère celle-ci ... C'est ça, oui ... Chanel No 19.

VENDEUSE – Bien, Monsieur ... Nous avons aussi l'atomiseur de poche assorti, si ça vous intéresse ...?

VICTOR – Oui ... Il est joli. C'est combien?

VENDEUSE – L'atomiseur? ... 45F ... et l'eau de toilette ... 70F ... Vous les prenez tous les deux? Alors, voilà ... le tout ... ça fait 115F ... Veuillez payer à la caisse s'il vous plaît, Monsieur.

2. Aux Galeries Lafayette (au rayon 'Jouets')

VENDEUSE – Vous désirez, Monsieur?

VICTOR – J'aimerais rapporter un petit souvenir à mes enfants ... Vous n'auriez pas quelque chose de typiquement français?

VENDEUSE – Si. Alors voilà nous avons des poupées, des trains électriques, des marionnettes, des jeux ... enfin tout, quoi!

VICTOR – Mais non! Ils ont déjà tout ça! Et ce n'est pas typiquement français! ... Ah! Je sais! Auriez-vous des boules, par hasard?

VENDEUSE – Des boules pour la pétanque? ... Oui, bien sûr! ... Tenez, voilà celles-ci en bois, ou bien celles-là, les vraies, en métal.

VICTOR – Euh ... Elles sont à combien?

VENDEUSE – Celles-ci? Elles sont à 40F la paire. Ah oui, elles sont chères, mais elles sont excellentes, vous verrez! ... Regardez ce cochonnet, c'est une petite merveille à lui tout seul! ... Des boules comme ça, vous n'en trouverez pas de moins chères et d'aussi bonnes!

VICTOR – Bon, d'accord. Ça fera l'affaire. Je prends le coffret de trois paires ... Bah! Ce sera un cadeau collectif!

Expansion exercises

☉ 1. Tous les deux, toutes les deux

Ecoutez: Vous prenez le parfum ou l'eau
de toilette?
Répondez: Je les prends tous les deux.

1. Vous prenez le parfum ou l'eau de toilette?
2. Vous achetez l'atomiseur ou l'eau de cologne?
3. Vous achetez l'eau de toilette ou l'eau de cologne?
4. Vous voulez une brune ou une blonde?
5. Vous payez les cigarettes ou les cigares?

☉ 2. Ils/elles sont à combien?

Ecoutez: Des boules? Voilà, celles-ci
en bois ou celles-là?
Répondez: Elles sont à combien?
Ecoutez: Quarante francs la paire.
Répondez: Non, elles sont trop chères!
Vous n'avez pas autre chose?

1. Des boules? Voilà, celles-ci en bois ou celles-là?
Quarante francs la paire.
2. Eh bien, nous avons des soldats de plomb.
Trente-cinq francs le tout.
3. Si. Voilà un train électrique de première qualité.
Cent vingt francs.
4. Tenez, voilà un jouet très moderne.
Soixante-quinze francs.
5. Bon! Alors, voilà un jeu tout nouveau.
Vingt-cinq francs.
Non! Ce n'est pas la charité ici, Monsieur!

☉ 3. Vous n'en avez pas de moins ...

Ecoutez: Voilà, celles-ci sont à cinquante
francs la paire.
Répondez: Vous n'en avez pas de moins
chères?

1. Voilà, celles-ci sont à cinquante francs la paire.
2. Tenez, voilà les plus grosses.
3. Pour vous, voilà les plus grandes.
4. Tenez, voilà du bon café bien fort.
5. Et voilà un bon vin blanc sec.
Jamais satisfait, ma parole!

☉ 4. Vous n'auriez pas quelque chose de typiquement ...

Ecoutez: Un petit souvenir de Paris,
Monsieur?
Répondez: Non, pas ça. Vous n'auriez pas
quelque chose de typiquement
parisien?

1. Un petit souvenir de Paris, Monsieur?
2. Un petit souvenir de Suisse, Madame?
3. Un petit souvenir de Belgique, Mademoiselle?
4. Un petit souvenir de France, Madame?
5. Un petit souvenir d'Allemagne, Monsieur?

Le savoir-dire

A. There are many ways of expressing politeness in French in asking for something. You have already practised *pourriez-vous* ... (in asking someone to do something for you) and *auriez-vous l'amabilité de* ... (in asking for help). Here is some practice in alternative ways of asking for things you need or want.

1. Avez-vous des cigarettes, s'il vous plaît?
2. Auriez-vous des cigarettes, s'il vous plaît?
3. Vous n'avez pas des allumettes, s'il vous plaît?
4. Vous n'auriez pas un briquet, s'il vous plaît?

All these sentences are polite, but they express varying degrees of politeness.

1. is polite
2. is rather more tentative
3. is very polite
4. is extremely polite

B. Now ask the assistant for the following things:

a) politely b) very politely c) extremely politely

1. Un parfum de Christian Dior.
2. Un camembert.
3. Un briquet bon marché.
4. Des chocolats suisses.
5. Une bouteille de cognac.
6. Un foulard de soie.
7. Des marionnettes chinoises.

Unfortunately, she hasn't got what you're asking for:

Exemple: Un parfum de Dior? Désolé, nous n'en avons plus!
  Pas de parfum de Dior? Ça ne fait rien, donnez-moi un parfum de Nina Ricci, ça fera l'affaire!

1. Un parfum de Rochas.
2. Un brie/cantal/chèvre/roquefort ...
3. Des allumettes
4. Des chocolats anglais/des bonbons/du nougat ...
5. Une bouteille d'armagnac/du calvados/du whisky ...
6. Un foulard synthétique/un carré de soie/un foulard de laine ...
7. Des marionnettes japonaises ...

Le savoir-faire

A. When you're shopping in a foreign country you often find yourself asking for things of which you do not know the name, or for alternatives. So it's useful to practise simple ways of describing things. For this you need to have a good range of descriptive adjectives at your disposal.

Colours		Other physical characteristics			
blanc	*white*	carré	*square*	en argent	*silver*
(blanche)		court	*short*	en bois	*wooden*
bleu	*blue*	étroit	*narrow*	en caoutchouc	*rubber*
blond	*fair/light*	fort	*strong*	en cuir	*leather*
brun	*brown/dark*	grand	*big/tall*	en métal	*metal*
gris	*grey*	gros	*big*	en or	*gold*
jaune	*yellow*	haut	*high*	en plastique	*plastic*
mauve	*mauve*	léger	*light*		
noir	*black*	liquide	*liquid*		
orange	*orange*	oval	*oval*		
rose	*pink*	petit	*small*		
rouge	*red*	rond	*round*		
vert	*green*				

Descriptive phrases

You also need a good range of all-purpose phrases:

C'est comme ça ... Ça sert à ... C'est pour ... C'est (assez) ... C'est une sorte de ... C'est (un peu) comme ... C'est en ... C'est un truc qui/qu'on ...

For example you want to buy some bath oil. You might use some or all of the following phrases:

C'est pour le bain. C'est pour parfumer le bain. Ça sert à parfumer l'eau. C'est liquide. C'est dans une bouteille.

Say you want to buy something really exotic like an oyster-opening knife. You might describe it in the following way:

C'est pour la cuisine. C'est une sorte de couteau. C'est pour les huîtres. Ça sert à ouvrir les huîtres. C'est assez petit.

B. 1. Now try describing the following objects, using some of the phrases and adjectives listed above:

   a bottle-opener, a frying pan, a fan belt, a battery, a thermos, a refill for your ballpoint pen, a toothbrush, a scarf.

   2. Now you want to ask for an alternative colour or shape:

   You don't want a mauve scarf, you want a white one.
   You don't want a plastic bag, you want a leather one.
   You don't want a gold necklace, you want a silver one.
   You don't want a black umbrella, you want a green one.
   You don't want white wine, you want red wine.

C. In France, the metric system is far more firmly established than in Britain. Here are some rough conversion tables for liquid measures, weights, lengths and sizes to help you when you are shopping.

LIQUID MEASURES

Litres	GB measures
0.5	1 pint
1	1.7 pints
5	1.1 gallons
10	2.2 gallons
15	3.3 gallons

The French use the word *litre*.

WEIGHTS

Remember that 1000 grams = 1 kilogram

Grams/kilograms	GB measures
25 grams	about 1 oz
100 grams	about $\frac{1}{4}$ lb
500 grams	about 1 lb 2 oz
1 kilogram	about 2 lbs 4 oz

The French use the words *gramme* and *kilogramme*, shortened to *kilo*.

LENGTHS AND SIZES

Centimetres/metres	feet/inches
2.5 centimetres	1 inch
15 centimetres	6 inches
30 centimetres	1 foot
60 centimetres	2 feet
90 centimetres	1 yard
1 metre	1 yard 3 inches

The French use the words *centimètre* and *mètre*.

General clothes sizes (including chest/hip measurements)

GB	8	10	12	14	16	18	20	22
F	36	38	40	42	44	46	48	50
ins	30/32	32/34	34/36	36/38	38/40	40/42	42/44	44/46
cms	76/81	81/86	86/91	91/97	97/102	102/107	107/112	112/117

Waist measurements

(ins) GB	22	24	26	28	30	32	34	36	38	40	42	44	46	48	50
(cms) F		56	61	66	71	76	81	86	91	97	102	107	112	117	122	127

Collar measurements

(ins) GB	14	$14\frac{1}{2}$	15	$15\frac{1}{2}$	16	$16\frac{1}{2}$	17	$17\frac{1}{2}$
(cms) F		36	37	38	39	40	41	42	43

Shoes

GB	3	4	5	6	7	8	9
F		36	37	38	39	40	41	42

The French word for 'size' is *la taille*. A shop assistant will ask for example: *Quelle est votre taille?*

Testez-vous!

1. Sa décision? Il nous l'a déjà *annoncée/annoncé/annoncés*.
2. Leurs réclamations, ils les ont *expliqués/expliqué/expliquées*.
3. Demain, je lui *parlerai/parlais/ai parlé*.
4. Il pleut! *Il faut/Il y a/Il est* fermer les vitres!
5. Vous *connais/connaissez/connaître* De Gaulle, n'est-ce pas?
6. Sacha Distel? ... *Qu'est-ce que c'est?/Pourquoi?/Qui est-ce?*
7. Excusez-moi, je n'ai plus *de/du/de la* monnaie!
8. Je me souviens de la fois *que/quand/où* tu as sifflé!
9. Permettez-moi *à vous/de vous* présenter Mme Leclerc.
10. On peut *avoir/à avoir/d'avoir* le menu?
11. Si j'étais vous, *je prendrais/je prends/j'ai pris* des escargots.
12. Autrefois, *il va/il ira/il allait* souvent au théâtre.
13. Il faut bien qu'il *fasse/fait/fera* quelque chose!
14. Je ne sais pas *que/qui/si* je vais prendre du fromage ou non.
15. D'accord! *Va/Allez/Allons* pour le St. Emilion 70!
16. Je n'aime pas leur canard, il est *meilleur/aussi bon/moins bon* qu'avant!
17. J'ai tellement mangé que ...
    (i) je vais éclater.
    (ii) je vais prendre des moules.
    (iii) je vais commander.
18. Ta carte orange?
    (i) La voilà!
    (ii) Le voilà!
    (iii) Les voilà!
19. *Celui/cela/celle* qui est en robe mauve, vous la connaissez?
20. D'accord! Je vous *la/l'/le* apporterai demain!
21. Vos brochures! Mais je vous *les/le/lui* ai *données/donné/donne*. M. Leblanc!
22. Merci encore! Je dois dire que ...
    (i) je garderai un souvenir inoubliable de ma visite.
    (ii) je viendrai ce soir.
    (iii) ça leur passera!
23. C'est vous qui *êtes/est/es* charmante!
24. Je veux vous montrer quelque chose *d'/–/de* inoubliable!
25. Le mois prochain *je suis allé/j'irai/j'allais au/en/à* France.
26. D'accord, je prends ces boules ...
    (i) ça fera l'affaire.
    (ii) ça ne va pas.
    (iii) ça vous va bien.
27. Vous êtes allé aux Galeries Lafayette? ... Oui, *j'y/en/ai* suis allé.
28. J'attends cette augmentation *pour/depuis/pendant* des années!
29. Hier, *il allait/est allé/va* à la foire.
30. Quand j'habitais Paris, *je mangeais/je mange/j'ai mangé* souvent au restaurant.
31. Du café?
    (i) Non merci, je l'ai déjà bue.
    (ii) Non merci, je l'ai déjà bu.
    (iii) Non merci, j'en ai déjà bu.
32. Combien de filles avez-vous?
    (i) J'en ai deux.
    (ii) J'ai des filles.
    (iii) Je les ai les deux.
33. Tu dois *de/–/à* aller tôt au bureau?
34. Garçon! Je crois bien *qui est/que c'est/qu'il y a* une erreur dans l'addition!
35. On va au cinéma?
    D'accord, *allons-y/allons/allez*.
36. Des boules? Tenez, prenez *ceux-ci/celles-ci/ceci*, *elles/ils/ce* sont *excellentes/excellente/excellents*.

37. Vous désirez?
    (i) Le métro.
    (ii) Un petit blanc.
38. Si j'ai le temps, *je suis passé/je passerai/je passerais* vous voir.
39. S'il voulait *il irait/il ira/il allait* à Moscou.
40. Elle viendrait si . . .
    (i) il le lui a demandé.
    (ii) il le lui demandera.
    (iii) il le lui demandait.

Le départ

Victor's visit is over. He is going back to England. He is in his hotel waiting for Jacques to give him a lift to Roissy Airport. He is having a discussion about his hotel bill when Jacques arrives. They leave for the airport. Once he's checked in, they have a last drink together.

Dialogue

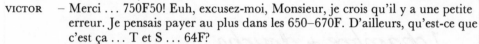

Personnages: Victor
M. Vanel, le gérant de l'hôtel
Jacques

(A l'hôtel)

M. VANEL — Voici la note, Monsieur.

VICTOR — Merci ... 750F50! Euh, excusez-moi, Monsieur, je crois qu'il y a une petite erreur. Je pensais payer au plus dans les 650–670F. D'ailleurs, qu'est-ce que c'est ça ... T et S ... 64F?

M. VANEL — Ça, ça veut dire Taxes et Service. C'est 64F. C'est à dire 10% de votre total. Tenez, regardez le décompte *(Il lit.)* Une chambre pour une personne avec douche, petit déjeuner compris ... 80F par jour. Vous êtes resté huit jours ... Ça fait 640F.

VICTOR — Ah! Mais pardon, je ne suis resté que sept jours ... Ça, j'en suis sûr. Je suis arrivé chez vous lundi il y a quinze jours ... Je suis resté d'abord deux jours ...

M. VANEL — Ah, non! Là, vous vous trompez! Vous êtes parti jeudi dans la matinée ... Ça fait trois jours!

VICTOR — Ah! Oui, c'est vrai.

M. VANEL — D'accord? Bon, continuons ... Puis vous êtes revenu dimanche dans la soirée et vous repartez aujourd'hui vendredi ... Ça fait cinq jours ... en tout, vous êtes resté huit jours à 80F par jour, ça fait 640F.

VICTOR — Bon, admettons que c'est exact ... 640F plus 10% de taxes 704F. On est toujours loin du compte!

M. VANEL — Vous oubliez les boissons, cigarettes et sandwichs que vous avez commandés et fait monter dans votre chambre ... Regardez la note ... Cinq bières à 4F ... 20F, trois paquets de cigarettes à 5F50, ça fait 16F50 et enfin deux sandwichs à 5F ... 10F ... Le tout fait 750F50.

VICTOR — Oui. Je vois ... Bon, eh bien, excusez-moi, c'est correct ... Vous savez, on ne sait jamais, une petite erreur est bien vite arrivée.

M. VANEL — Mais je comprends, Monsieur, c'est bien normal.

(A l'aéroport au bar)

VICTOR — Elle était vraiment bien réussie la soirée d'hier ... Je m'y suis beaucoup amusé ... A propos, Jacques, qui était cette charmante jeune femme qui a été si aimable avec moi?

JACQUES — Mais c'est Mme Saville!!

VICTOR — Non! ... Vraiment! Vous êtes sûr? ... Mais je ne sais plus ce que je lui ai dit! Avec tout le champagne que j'ai bu! ... J'espère que je me suis quand même bien conduit!

JACQUES — Ne vous en faites pas, Victor! Mme Saville est une coquette et son mari le sait.

VOIX — Le vol BA 811 à destination de Londres ... embarquement immédiat, porte No 9.

VICTOR — C'est mon avion. Il faut que je parte ... Eh, bien Jacques, merci mille fois de tout ce que vous avez fait pour moi. Je vous en suis très reconnaissant ...

Veuillez remercier encore une fois Mireille de ma part ... J'espère que vous viendrez bientôt à Londres avec votre femme pour que je puisse vous rendre la pareille.

JACQUES   – Je suis très heureux de vous avoir connu, Victor ... et j'irai peut-être à Londres très bientôt, en voyage d'affaires ... De toute façon je vous le dirai ... Je serai très content de vous revoir et de faire la connaissance de votre femme.

VOIX   – Dernier appel pour le vol BA 811 à destination de Londres ...

VICTOR   – Bon, j'y vais ... Au revoir Jacques et merci encore!

---

1 chambre + douche
+ petit déj.   *8 jours*   *640,00F*

T et S (10%)   *64,00F*

5 bières   *20,00F*

3 cigarettes   *16,50F*

2 sandwichs   *10,00F*

                             750,50F

✈ Questions

1. Qu'est-ce que le gérant de l'hôtel donne à Victor?
2. La note, c'est combien?
3. Qu'est-ce que Victor pensait payer?
4. Qu'est-ce que c'est T et S?
5. A combien est la chambre?
6. Combien de temps est-ce que Victor est resté?
7. Avec qui est-ce que Victor a passé la soirée chez les Saville?
8. Pourquoi est-ce que Victor est soudain inquiet?
9. Que pense Jacques de Mme Saville?
10. Quel est le numéro du vol de Victor?
11. A quelle porte est l'embarquement?
12. Que dit Victor à Jacques pour le remercier?
13. Qu'est-ce que Victor espère?
14. Est-ce que Jacques va bientôt aller à Londres?

Practice

🔻 1. Perfect with 'être'

At the reception desk, they've made a mistake.
You put them right (it's always one day less
than they say).

Ecoutez: M. Winter, vous êtes arrivé chez
nous le 18 ...
Répondez: Ah, non! Vous vous trompez.
Je suis arrivé chez vous le 17.

1. M. Winter, vous êtes arrivé chez nous
le 18 ...
2. C'est exact, le 17 au soir ... vous êtes resté
d'abord trois jours ...
3. Bon, admettons. Puis vous êtes parti le 20
au matin ...
4. D'accord, le 19 au matin. Puis vous êtes
revenu le 25 ...
5. C'est exact, merci. Vous êtes resté six jours
...
Mais non, six puisque vous repartez demain
matin!
Ma parole, je n'y comprends plus rien!

🔻 2. Perfect tense of reflexive verbs

Ecoutez: Vous vous êtes beaucoup amusé
à la soirée d'hier?
Répondez: Oui. Je m'y suis beaucoup amusé.

1. Vous vous êtes beaucoup amusé à la soirée
d'hier?
2. Ainsi, vous vous êtes specialisé dans
l'import-export?
3. Donc, vous vous êtes trompé d'adresse?
4. C'est vrai, vous vous êtes dépêché hier?
5. Il paraît que vous vous êtes énervé à la
réunion?
6. Sans blague! Le Conseil d'Administration
s'est bien passé?

🔻 3. 'On' + perfect tense

You're putting the questioner right, saying
that you did something different.

Ecoutez: Vous êtes partis à 10h.? *(9h.)*
Répondez: Non, on est parti à neuf heures.

1. Vous êtes partis à 10h.? *(9h.)*
2. Vous êtes allés à l'usine? *(bureau)*
3. Vous avez déjeuné à la cantine? *(restaurant)*
4. Vous avez pris un steak-frites?
(poulet-petits pois)
5. Vous avez bu du rouge? *(blanc)*
6. Le soir, vous êtes allés au théâtre? *(cinéma)*
7. Et vous êtes rentrés en métro? *(taxi)*

🔻 4. Il faut que + subjunctive

Ecoutez: Vous partez demain, c'est vrai?
Répondez: Oui, il faut que je parte demain.

1. Vous partez demain, c'est vrai?
2. Vous faites ça, ce soir?
3. Vous téléphonez à Sériex maintenant?
4. Vous partez tout de suite?
5. Vous rentrez chez vous maintenant?
6. Vous prenez le train?

🔻 5. Role-playing

You play the part of Victor, who's just
catching the plane for home.

a. Listen to the whole dialogue first.

b. Now play the part of Victor.

VOIX Le vol BA 811 à destination de
Londres ... Embarquement immédiat,
porte No 9.
VICTOR ......
JACQUES De rien, de rien. C'est normal, Victor!
Mireille et moi avons été très contents
de vous avoir connu.
VICTOR ......
JACQUES Je n'y manquerai pas.
VICTOR ......
JACQUES Oui, j'irai peut-être à Londres très
bientôt en voyage d'affaires.
VICTOR ......
VOIX Dernier appel pour le vol BA 811 à
destination de Londres.
VICTOR ......

6. Imperfect tense

Say what Victor saw when he arrived at the
office. Make up your sentences matching the
first column with the second, starting each one
with:

Quand Victor est arrivé au bureau, il a vu ...

Exemple: Quand Victor est arrivé au
bureau, il a vu Jacques,
qui fumait le cigare.

1. Jacques
2. Sabine
3. M. Leboeuf
4. Jean-Marie et
Philippe
5. M. Desnouettes
6. Mlle Leroy
7. M. Saville

a) lire le journal
b) écouter la radio
c) jouer aux cartes
d) fumer le cigare
e) dormir
f) boire du cognac
g) arriver en retard

7. Perfect tense

Say what Victor did yesterday.

Exemple: Regarder la télévision.
Hier Victor a regardé
la télévision.

1. Regarder la télévision.
2. Lire le journal.
3. Ecrire une lettre.
4. Manger un steak-frites.
5. Boire du Bordeaux.
6. Prendre un bon café noir.
7. Aller se coucher tard.

8. Perfect/Imperfect tenses

Say what Victor was doing when . . . If you
like, you can use the ideas from Ex. 7.

Exemple: Quand le téléphone
a sonné . . .
Quand le téléphone a sonné, Victor
regardait la télévision.

1. Quand le téléphone a sonné . . .
2. Quand Jacques est arrivé . . .
3. Quand Sabine a téléphoné . . .
4. Quand on a frappé à la porte . . .
5. Quand le taxi est arrivé . . .
6. Quand l'horloge a sonné minuit . . .

9. Prices

a. Listen to the proprietor explaining the bill,
and make notes.
Make out the bill.
b. Now check that it is correct.
c. Are there any mistakes? If there are, tell the
proprietor. Start in this way: *Ah, non alors!
Vous vous trompez, neuf jours à 75F, ça ne fait
pas 695F, ça fait* . . .

10. Times

Practice in giving times fluently.

Exemple:
Sabine . . . . 8h.10 . . . . bureau . . . . 9h.
Sabine est partie à huit heures dix de chez elle
et elle est arrivée au bureau à neuf heures.

1. Sabine..........	8h.10	.......bureau	9h.
2. Jacques.........	8h.20	.......métro	8h.30
3. Victor...........	9h.05	.......Aviagence	9h.40
4. M. Saville	1h.30	.......gare	1h.45
5. les enfants.....	2h.	.......cinéma	2h.15
6. M. Tatti	6h.	.......café	6h.10
7. Mireille	11h.	.......maison	12h.

Le savoir-lire

LOCALITÉS HOTELS - ADRESSES	RENSEIGNEMENTS			Nombre de chambres			OBSERVATIONS	PRIX TOUT COMPRIS					
	Télé-phone	Ouverture	Confort	Total	Bains ou douches avec w-c	sans w-c		CHAMBRES Single Mini-Maxi	Double Mini-Maxi	Petit déjeuner	PENSION par personne Mini-Maxi	DEMI-PENSION par personne Mini-Maxi	REPAS et carte
14800 - DEAUVILLE ♨ ♠ ⚓ 🎾 ⚞ ↗ 🏴 ✈ ⛳ 🏇 🏌 ♣													
****L **Hôtel du Golf ●** Sur le Mont Carrisy	88-19-01	Pâq./fin déc.	ℛ ♥ 🏡 ⓟ ♯ ⇅ M Po H	225	200		⬜ 🕾 📺 ☎	150/325	175/395	Incl.	prix ch. + 120	prix ch. + 65	75 C
****L **Normandy-Hôtel ●** Rue Jean-Mermoz	88-09-21	T-A	♥ ♯ ⇅ Pl M		318		☎ 📺 ☎	207/304	253/280	Incl.	prix ch. + 138	prix ch. + 75	86
****L **Hôtel Royal ●** Boulevard Cornuché	88-16-41	Pâq./mi-sept.	ℛ ⚲ ♥ 🏡 ♯ ⇅ M Po H	360	360		☎ 📺 ☎	230/315	253/403	Incl.	prix ch. + 138	prix ch. + 75	85 C
NN*** **Hôtel La Bajocasse** 83, rue du Général-Leclerc	88-30-38			12				Renseignements non communiqués					
NN*** **Hôtel La Fresnaye** 81, avenue de la République	88-09-71	T-A		15				Renseignements non communiqués					
NN*** **P.L.M. Deauville ●** Boulevard Cornuché	88-62-62	T-A	🏡 ♯ ⇅ Pl M Po	64	64		☎ 📺 ☎	75/149	106/191	8,50			
NN** **Hôtel Beauséjour ●** 95, rue du Général-Leclerc	88-24-33			14				Renseignements non communiqués					
NN** **Hôtel Brise-Marine** 15, rue Olliffe	88-27-66	1-IV/1-X	♥ ⇅	10	5	1	☎		38/95	8			
NN** **Hôtel Continental ●** 1, rue Désiré-Le-Hoc	88-21-06	1-IV/25-IX		51	38		☎ 📺	48/112	56/120	Incl.			
NN** **Hôtel Marie-Anne** 142, avenue de la République	88-35-32	T-A	♥ 🏡 ⇅ H	22	12	2	☎	35	55/95	8			
NN** **Hôtel Le Nid d'Été ●** 121, avenue de la République	88-36-67	T-A	♥ 🏡 ⇅ H	24	17	1	☎ 📺 L.F.	40/67	45/90	8	98/125		20/37 C
NN* **Hôtel de l'Océan ●** 1, quai de la Marine	88-09-92	1-II/30-XI	🏡 Po	20	4	10			89/97	8,50			
NN* **Hôtel Paradis ●** 3, avenue des Courses	88-20-16	Pâq./oct.	♥ 🏡 ⇅	12	6	3	☎		52/89	7,50			17/38 C
NN* **Hôtel La Patio** 178-180, avenue de la République	88-25-07	T-A	♥ ⇅ H	11	7	3	☎	45	98	8			
NN* **Hôtel du Pavillon de la Poste ●** 25, rue Fossorier	88-38-29	T-A	⇅ H	11	8	3	☎		85/100				
NN* **Hôtel La Résidence** 55, avenue de la République	88-07-50	T-A		18	10	5	☎		38/95	8			
NN* **Hôtel Les Prairies ●** 6, avenue des Prairies	88-20-58	1-XI/15-IX	♥ ⇅	18			L.F.		27/30	6	69		18/32 C
NN* **Hôtel des Sports** 27, rue Gambetta	88-22-67	T-A	⇅	11		3		26	63	6			

SIGNES ET ABRÉVIATIONS

Périodes d'ouverture
Les dates et périodes d'ouverture sont figurées en chiffres ainsi
T-A   signifie - ouvert toute l'année
15/VI-30/IX signifie - ouvert du 15 juin au 30 septembre inclus -

C   à la carte
Mini Minimum
Maxi Maximum
R.N.C Renseignements non communiqués

****L Hôtel de grand luxe	
**** Hôtel de grande classe	
*** Hôtel de grand confort	
** Hôtel de bon confort	
* Hôtel confortable	
NN Nouvelles normes	

● Travaille avec les agences de voyages.
ⓟ Parking.
🏡 Garage.
♯ Ascenseur.
K Chambres avec kitchenette.
⇌ Chiens acceptés
H Chambres accessibles aux handicapés physiques.

♥ Jardin.
ℛ Tennis privé
⚲ Piscine privée
Pl Bordure de plage.
M Vue sur mer.
Po Vue sur port.
F Forêt.
R Bord de rivière
🕾 Radio dans les chambres
📺 Télévision dans les chambres
☎ Téléphone dans les chambres
📠 Télex
$ Change

♨ Port de plaisance
♠ Centre nautique
⚓ Piscine
↗ Plage.
⚞ Centre de location de skis nautiques
🗲 Station thermale
● Pêche
♣ Centre de thalassothérapie
✈ Aérodrome
🏇 Centre hippique
🏴 Golf
🏌 Golf miniature
♣ Casino
L.F. Logis de France

RÉDUCTION HORS SAISON

A. Read the list of hotels carefully.

B. Now answer the following questions.

1. If you had a dog and you wanted to stay in a 2 star hotel, which one would you choose?
2. If you did not like dogs and you wanted to stay in a 2 star hotel, which one would you choose?
3. If you wanted to go to Deauville outside the tourist season and if you preferred a 3 star hotel, which hotels would you write to?
4. If you wanted full board in the cheapest accommodation in Deauville outside the tourist season, which hotels would you write to?
5. If you wanted to go to Deauville and be as near the seaside as possible, which hotels would you write to?
6. If you wanted full board in high class accommodation in Deauville, which hotels would you write to?

Expansion: Lettres de remerciements

Victor est arrivé à Londres. Il écrit trois lettres de remerciements: une lettre à Monsieur Sériex, formelle et très professionnelle; une autre à Jacques et Mireille Morel, amicale et non-professionnelle; et enfin une troisième à Jacques, amicale et professionnelle.

Lettre No 1

M. Sériex   Londres, le ...
PDG Cie Sériex et Fils
12 rue du Repos
Toulouse
FRANCE

Cher Monsieur Sériex,

Je voudrais à nouveau vous remercier de l'accueil inoubliable que j'ai reçu dans votre compagnie. Je voudrais tout particulièrement vous exprimer ma gratitude pour tout ce que vous avez fait pour moi.

Je n'oublierai jamais la visite de la foire aux vins de Bordeaux ni les promenades à travers la campagne toulousaine. Je dois dire que, grâce à vous et à votre charmante femme, j'ai commencé à apprécier le charme de Toulouse, le pittoresque de votre région et l'humour méridional!

Je viens de faire un rapport à mon chef sur nos discussions et les propositions que vous nous avez faites. Soyez assuré de toute notre attention à cet égard. Quant à votre commande, je m'en charge personnellement et comme je vous l'ai promis, je ferai tout mon possible pour activer la livraison et pour vous satisfaire.

Je vous remercie à nouveau pour votre accueil et coopération et dans l'attente de vous lire veuillez croire, cher Monsieur Sériex, en l'expression de mes sentiments les meilleurs.

Victor Melville
Sous-chef des ventes

Lettre No 2

Londres, le . . .

Chers Mireille et Jacques,

Merci encore pour l'accueil inoubliable que j'ai reçu chez vous. Je voudrais tout particulièrement vous remercier de la patience que vous avez eue avec mon français quelque peu boîteux, du temps que vous m'avez consacré et de l'aide que vous m'avez apportée pour résoudre tous les petits problèmes qu'un étranger rencontre toujours dans un autre pays et surtout dans une capitale comme Paris.

Je dois dire que, grâce à vous deux, j'ai commencé à apprécier le charme de certains coins de Paris, le pittoresque de vos petits restaurants (je n'oublierai jamais le repas excellent que nous avons fait au restaurant 'A la Bonne Franquette') et enfin l'humour des Parisiens.

J'espère que très bientôt je pourrai vous rendre la pareille à Londres et vous faire goûter également le charme et le pittoresque de notre capitale. J'aurai grand plaisir à vous emmener dans les bons restaurants londoniens où la cuisine anglaise traditionnelle est de rigueur! Vous verrez, ce n'est pas si mauvais que ça!

Encore une fois merci pour tout ce que vous avez fait pour moi.

Bien amicalement

Victor Melville

Lettre No 3

Jacques Morel
Sous-chef des Ventes
Aviagence
161 Boulevard Brune
Paris 75014
FRANCE

Londres, le . . .

Cher Jacques,

Mon chef, M. Ian Blacklock, m'a chargé de vous remercier des services excellents que vous avez rendus à notre compagnie.

Il semble fort probable que Filturbo accepte le nouveau contrat, proposé par Sériex, concernant l'approvisionnement de Mistrals à l'Armée de l'Air Egyptienne. Dans ce cas nous aimerions qu'Aviagence continue à représenter nos intérêts en France.

Comme par le passé, vous aurez une commission de 10%. Nous aimerions, le cas échéant, vous offrir un nouveau contrat renouvelable, après trois ans, pour deux ans. J'espère que notre offre vous intéressera.

Je profite de l'occasion pour vous remercier à nouveau à titre personnel de votre hospitalité et de votre gentillesse à mon égard.

Rappelez-moi au bon souvenir de Mireille et des enfants.

Bien amicalement

Victor

Expansion exercises

It's useful to be able to write a thank-you letter in French. These four exercises give you practice and show you what mistakes to avoid.

1. A letter of thanks

Write a letter of thanks to Mme Sériex.

2. Spot the mistakes

The writers of the following three letters have made a real mess of them. Spot their mistakes.

a. A letter to the director of the company

Monsieur le Directeur,

Je voudrais te remercier de l'accueil inoubliable que j'ai reçu chez toi.

Je n'oublierai jamais ta gentillesse à mon égard. Je dois te dire que j'ai passé un moment fort agréable dans ta famille. A propos comment va ta femme? Et ton chien?

Merci encore pour tout. Salut et à très bientôt.

Amicalement

Pierre

b. A letter to a friend, Philippe

Cher Philippe,

J'espère que vous allez bien et que votre travail vous satisfait. Comment va ta femme? J'espère qu'elle n'est plus malade.

Je suis de retour au boulot et je dois vous dire que ça me casse les pieds! J'ai gardé un souvenir inoubliable de notre dernière sortie à l'Opéra. Quelle soirée merveilleuse!

Dans l'attente de vous lire, veuillez croire, Cher Monsieur, en l'expression de mes sentiments les meilleurs.

Paul Lelong

c. A letter to a lady who has helped you in some way.

Chère Madame,

Merci encore pour ta gentillesse et ton aide. Je ne les oublierai jamais. Quand tu viendras à Londres, je me ferai un plaisir de t'emmener dans les meilleurs restaurants londoniens et aussi de te faire visiter notre belle capitale.

Alors, dépêche-toi de venir! Encore merci pour tout.

Grosses bises

Paul

3. Corrected letters

Write the three letters of Ex. 2 correctly.

4. A thank-you letter of your own

See how much you have learnt. Here are some guidelines for your letter.

1. Commencez par remercier vos hôtes de tout ce qu'ils ont fait pour vous.
2. Remerciez-les également de leur accueil chaleureux.
3. Dites-leur que vous avez beaucoup apprécié leurs vins, leur cuisine – dites aussi que leur cognac est inoubliable!
4. Parlez aussi du charme et du pittoresque de leur région et de leur ville.
5. Invitez-les à venir vous voir.
6. Dites-leur que vous les emmenerez dans de bons petits restaurants.
7. Terminez en disant que vous espérez les recevoir bientôt chez vous.
8. Finalement rappelez-vous au bon souvenir de sa femme/son mari.

Common irregular verbs

Infinitive	Imperative	Present	Imperfect	Future and Conditional	Subjunctive Present	Perfect
aller	va allons allez	vais vas va allons allez vont	allais	irai irais	aille ailles aille allions alliez aillent	suis allé(e)
asseoir	assieds-toi asseyons-nous asseyez-vous	assieds assieds assied asseyons asseyez asseyent	asseyais	assiérai assiérais	asseye asseyes asseye asseyions asseyiez asseyent	suis assis(e)
avoir	aie ayons ayez	ai as a avons avez ont	avais	aurai aurais	aie aies ait ayons ayez aient	ai eu
boire	bois buvons buvez	bois bois boit buvons buvez boivent	buvais	boirai boirais	boive boives boive buvions buviez boivent	ai bu
connaître	connais connaissons connaissez	connais connais connait connaissons connaissez connaissent	connaissais	connaîtrai connaîtrais	connaisse connaisses connaisse connaissions connaissiez connaissent	ai connu
croire	crois croyons croyez	crois crois croit croyons croyez croient	croyais	croirai croirais	croie croies croie croyions croyiez croient	ai cru
devoir	dois devons devez	dois dois doit devons devez doivent	devais	devrai devrais	doive doives doive devions deviez doivent	ai dû
dire	dis disons dites	dis dis dit disons dites disent	disais	dirai dirais	dise dises dise disions disiez disent	ai dit

Infinitive	Imperative	Present	Imperfect	Future and Conditional	Subjunctive Present	Perfect
dormir	dors dormons dormez	dors dors dort dormons dormez dorment	dormais	dormirai dormirais	dorme dormes dorme dormions dormiez dorment	ai dormi
écrire	écris écrivons écrivez	écris écris écrit écrivons écrivez écrivent	écrivais	écrirai écrirais	écrive écrives écrive écrivions écriviez écrivent	ai écrit
envoyer	envoie envoyons envoyez	envoie envoies envoie envoyons envoyez envoient	envoyais	enverrai enverrais	envoie envoies envoie envoyions envoyiez envoient	ai envoyé
être	sois soyons soyez	suis es est sommes êtes sont	étais	serai serais	sois sois soit soyons soyez soient	ai été
faire	fais faisons faites	fais fais fait faisons faites font	faisais	ferai ferais	fasse fasses fasse fassions fassiez fassent	ai fait
falloir	–	il faut	il fallait	il faudra il faudrait	il faille	il a fallu
lire	lis lisons lisez	lis lis lit lisons lisez lisent	lisais	lirai lirais	lise lises lise lisions lisiez lisent	ai lu
mettre	mets mettons mettez	mets mets met mettons mettez mettent	mettais	mettrai mettrais	mette mettes mette mettions mettiez mettent	ai mis
ouvrir	ouvre ouvrons ouvrez	ouvre ouvres ouvre ouvrons ouvrez ouvrent	ouvrais	ouvrirai ouvrirais	ouvre ouvres ouvre ouvrions ouvriez ouvrent	ai ouvert

Infinitive	Imperative	Present	Imperfect	Future and Conditional	Subjunctive Present	Perfect
pleuvoir	–	il pleut	il pleuvait	il pleuvra il pleuvrait	il pleuve	il a plu
pouvoir	–	peux peux peut pouvons pouvez peuvent	pouvais	pourrai pourrais	puisse puisses puisse puissions puissiez puissent	ai pu
prendre	prends prenons prenez	prends prends prend prenons prenez prennent	prenais	prendrai prendrais	prenne prennes prenne prenions preniez prennent	ai pris
recevoir	reçois recevons recevez	reçois reçois reçoit recevons recevez reçoivent	recevais	recevrai recevrais	reçoive reçoives reçoive recevions receviez reçoivent	ai reçu
savoir	sache sachons sachez	sais sais sait savons savez savent	savais	saurai saurais	sache saches sache sachions sachiez sachent	ai su
sortir	sors sortons sortez	sors sors sort sortons sortez sortent	sortais	sortirai sortirais	sorte sortes sorte sortions sortiez sortent	suis sorti(e)
suivre	suis suivons suivez	suis suis suit suivons suivez suivent	suivais	suivrai suivrais	suive suives suive suivions suiviez suivent	ai suivi
venir	viens venons venez	viens viens vient venons venez viennent	venais	viendrai viendrais	vienne viennes vienne venions veniez viennent	suis venu(e)
voir	vois voyons voyez	vois vois voit voyons voyez voient	voyais	verrai verrais	voie voies voie voyions voyiez voient	ai vu

Infinitive	Imperative	Present	Imperfect	Future and Conditional	Subjunctive Present	Perfect
vouloir	veuille veuillons veuillez	veux veux veut voulons voulez veulent	voulais	voudrai voudrais	veuille veuilles veuille voulions vouliez veuillent	ai voulu

Answers to Questions, Exercises and Tests

1 Dialogue questions

1. C'est le sous-chef des achats.
2. C'est le sous-chef des ventes.
3. C'est le client.
4. C'est la secrétaire.
5. Oui, M. Morel est de Paris.
6. Oui, M. Melville est de Londres.
7. Oui, M. Sériex est de Toulouse.

1 Expansion Exercises

1. Qui est-ce? C'est ...
1. C'est Mlle Dubois.
2. C'est Mlle Lebret.
3. C'est M. Legras.
4. C'est M. Saville.
5. C'est M. Leboeuf.
6. C'est Mme Leroy.

2. Qui est ...? C'est ...
1. C'est la téléphoniste.
2. C'est la secrétaire.
3. C'est le sous-chef des ventes.
4. C'est le PDG.
5. C'est l'expert-comptable.
6. C'est la secrétaire de direction.

3. Enchanté!
1. Enchanté, Mademoiselle!
2. Enchanté, Mademoiselle!
3. Enchanté, Monsieur!
4. Enchanté, Monsieur!
5. Enchanté, Monsieur!
6. Enchanté, Madame!

4. Je vous présente ...
1. Je vous présente Mlle Dubois.
2. Je vous présente Mlle Lebret.
3. Je vous présente M. Legras.
4. Je vous présente M. Saville.
5. Je vous présente M. Leboeuf.
6. Je vous présente Mme Leroy.

1 Practice

1.   Bonjour; asseyez-vous, s'il vous plaît
a.1. Bonjour, Victor.
2. Bonjour, Jacques.
3. Bonjour, M. Sériex.
4. Bonjour, Mlle Lebret.
5. Bonjour, Mlle Dubois.
6. Bonjour, M. Leboeuf.

b.1. Asseyez-vous, s'il vous plaît, Victor.
2. Asseyez-vous, s'il vous plaît, Jacques.
3. Asseyez-vous, s'il vous plaît, M. Sériex.
4. Asseyez-vous, s'il vous plaît, Mlle Lebret.
5. Asseyez-vous, s'il vous plaît, Mlle Dubois.
6. Asseyez-vous, s'il vous plaît, M. Leboeuf.

2. Qui est ...?
1. Qui est M. Sériex?
2. Qui est Mlle Lebret?
3. Qui est Roger?
4. Qui est M. Melville?
5. Qui est Mlle Dubois?
6. Qui est M. Saville?

3. C'est ...
1. Oui, c'est le client.
2. Oui, c'est la secrétaire.
3. Oui, c'est le PDG.
4. Oui, c'est la téléphoniste.
5. Oui, c'est l'expert-comptable.
6. Oui, c'est la secrétaire de direction.

4. Je suis ...
1. Oui, je suis la secrétaire.
2. Oui, je suis l'expert-comptable.
3. Oui, je suis le sous-chef des achats.
4. Oui, je suis le sous-chef des ventes.
5. Oui, je suis la téléphoniste.
6. Oui, je suis le PDG.

5. Vous êtes ... le/la ...
1. Vous êtes le sous-chef des achats, n'est-ce pas?
2. Vous êtes le client, n'est-ce pas?
3. Vous êtes le sous-chef des ventes, n'est-ce pas?
4. Vous êtes la secrétaire, n'est-ce pas?
5. Vous êtes la téléphoniste, n'est-ce pas?
6. Vous êtes l'expert-comptable, n'est-ce pas?

6. Je suis de ...
1. Je suis de Londres.
2. Je suis de Paris.
3. Je suis de Nice.
4. Je suis de Strasbourg.
5. Je suis de Rome.
6. Je suis de Toulouse.

8. Role-playing

M. DUMAS	Bonjour, M. Rose!
MR. ROSE	Bonjour, M. Dumas!
M. DUMAS	Comment allez-vous?
MR. ROSE	Je vais bien, merci. Et vous?
M. DUMAS	Bien merci. Je vous présente M. Leboeuf.
MR. ROSE	Enchanté, Monsieur!
M. LEBOEUF	Enchanté, Monsieur! Vous êtes l'expert-comptable, n'est-ce pas?
MR. ROSE	Oui, je suis l'expert-comptable.
M. LEBOEUF	Vous êtes de Bristol?
MR. ROSE	Oui, je suis de Bristol.

2 Dialogue questions

1. Il est au bistro.
2. Il est aussi au bistro.
3. Il prend une bière.
4. Il prend aussi une bière.
5. Oui, il fume quelquefois des cigarettes anglaises.
6. Oui, il est brun.
7. Non, elle est Suisse.
8. Non, il habite à Wembley.
9. Non, il habite à Antony.
10. Il travaille à Londres.
11. C'est tout près de Paris.

2 Expansion exercises

1. Il/elle est sympathique
1. Oui, il est sympathique.
2. Oui, elle est sympathique.
3. Oui, il est sympathique.
4. Oui, elle est sympathique.
5. Oui, il est sympathique.
6. Oui, elle est sympathique.

2. Un/une
1. Il fume un cigare.
2. Elle fume une cigarette.
3. Il boit une bière.
4. Elle boit une anisette.
5. Il mange un sandwich.
6. Elle mange un gâteau.

3. C'est tout près de ...
1. C'est tout près de Londres.
2. C'est tout près de Paris.
3. C'est tout près de Paris.
4. C'est tout près de Rome.
5. C'est tout près de Londres.
6. C'est tout près de Paris.

2 Practice

1. Vous prenez ..., je prends ...
1. Oui, je prends une bière.
2. Oui, je prends un whisky.
3. Oui, je prends un vin.
4. Oui, je prends un thé.
5. Oui, je prends un café.
6. Oui, je prends une anisette.

2. Vous fumez ...
1. Ah oui, vous fumez des françaises?
2. Ah oui, vous fumez des américaines?
3. Ah oui, vous fumez des russes?
4. Ah oui, vous fumez des turques?
5. Ah oui, vous fumez des anglaises?

3. Je préfère ...
1. Je préfère le cigare.
2. Je préfère le Cinzano.
3. Je préfère le café.
4. Je préfère la bière.
5. Je préfère les blondes.

4. Je parle bien ...
1. Non, mais je parle bien russe.
2. Non, mais je parle bien italien.
3. Non, mais je parle bien anglais.
4. Non, mais je parle bien allemand.
5. Non, mais je parle bien français.

5. Je travaille à ...
1. Oui, je travaille à Paris.
2. Oui, je travaille à Toulouse.
3. Oui, je travaille à Bordeaux.
4. Oui, je travaille à Lille.
5. Oui, je travaille à Lyon.
6. Oui, je travaille à Londres.

6. J'habite à ...
1. Non, j'habite à Toulouse.
2. Non, j'habite à New York.
3. Non, j'habite à Rome.
4. Non, j'habite à Londres.
5. Non, j'habite à Pise.
6. Non, j'habite à Paris.

7. Numbers 1–10
1. Quatre.	4. Six.	7. Neuf.
2. Cinq.	5. Deux.	8. Huit.
3. Sept.	6. Trois.	9. Dix.

8. Role-playing

JACQUES Victor, je vous présente ma femme Mireille.
VICTOR Enchanté, Mireille!
MIREILLE Enchantée, Victor! Asseyez-vous, s'il vous plaît!
VICTOR Merci.
MIREILLE Qu'est-ce que vous prenez, Victor, une bière?
VICTOR Oui, une bière, merci.
MIREILLE Je prends aussi une bière. Vous fumez? Une cigarette?
VICTOR Oui, merci.
MIREILLE Vous aimez les françaises?
VICTOR Oui, mais je préfère les anglaises.
MIREILLE Vous travaillez à Londres?
VICTOR Oui, je travaille à Londres.
MIREILLE Vous habitez à Londres?
VICTOR J'habite à Wembley.
MIREILLE Votre femme est anglaise, Victor?
VICTOR Non, elle est suisse.

3 Dialogue questions

1. Il est à Antony.
2. Oui, ils sont en retard.
3. Oui, ils mangent toujours à midi.
4. Il prend un Cinzano.
5. Oui, elles sont chères.
6. Oui, elle travaille.
7. Oui, elle travaille surtout le matin.
8. Non, l'après-midi, elle est souvent à la maison.
9. Non, elle est traductrice-interprète.
10. Oui, il a des enfants.
11. Non, il a un fils et deux filles.
12. Les filles vont à l'école, mais le fils est déjà au lycée.
13. Il préfère le rouge.
14. Sur le buffet.

3 Expansion exercises

1. En voyage d'affaires
1. Non, je suis en voyage d'affaires.
2. Non, je suis en voyage d'affaires.
3. Non, elle est en voyage d'affaires.
4. Non, il est en voyage d'affaires.
5. Non, je suis en voyage d'affaires.

2. J'aime beaucoup ...
1. Oui, j'aime beaucoup le vin.
2. Oui, j'aime beaucoup la bière.
3. Oui, j'aime beaucoup le porto.
4. Oui, j'aime beaucoup la limonade.
5. Oui, j'aime beaucoup le coca-cola.

3. Je connais ...
1. Oui, je connais Paris.
2. Oui, je connais le Quartier Latin.
3. Oui, je connais la Tour Eiffel.
4. Oui, je connais Versailles.
5. Oui, je connais le Louvre.
6. Oui, je connais Notre-Dame.

4. Accepter avec plaisir
1. J'accepte avec plaisir.
2. Elle accepte avec plaisir.
3. J'accepte avec plaisir.
4. J'accepte avec plaisir.
5. Il accepte avec plaisir.

3 Practice

1. Voici
1. Voici la clef!
2. Voici le Cinzano!
3. Voici la bière!
4. Voici la serviette!
5. Voici le vin!
6. Voici les enfants!

2. Je mange toujours ...
1. Oui, je mange toujours à midi.
2. Oui, je mange toujours la soupe.
3. Oui, je mange toujours le matin.
4. Oui, je mange toujours vite.
5. Oui, je mange toujours l'après-midi.

3. Au/à la/à l'
1. Il est au bistro.
2. Je suis à l'appartement.
3. Elle est à la maison.
4. Il est à la cantine.
5. Je suis à l'hôtel.
6. Nous sommes au café.
7. Il est au bureau.
8. Ils sont à l'école.

4. J'ai ...
1. Oui, j'ai des enfants.
2. Oui, j'ai une voiture.
3. Oui, j'ai deux filles.
4. Oui, j'ai un fils.
5. Oui, j'ai une maison.

5. Votre
1. Oui, c'est votre bière, Victor. A votre santé!
2. Oui, c'est votre porto, Victor. A votre santé!
3. Oui, c'est votre whisky, Victor. A votre santé!
4. Oui, c'est votre Cinzano, Victor. A votre santé!
5. Oui, c'est votre rouge, Victor. A votre santé!
6. Oui, c'est votre blanc, Victor. A votre santé!

6. Mon/ma
1. Oui, c'est mon chapeau. Pourquoi?
2. Oui, c'est ma maison. Pourquoi?
3. Oui, c'est ma voiture. Pourquoi?
4. Oui, c'est ma femme. Pourquoi?
5. Oui, c'est mon manteau. Pourquoi?
6. Oui, c'est mon bureau. Pourquoi?

7. Asking questions
1. Où est-ce qu'il est?
2. Qu'est-ce qu'il préfère?
3. Qu'est-ce qu'elle aime?
4. Où est-ce qu'ils sont?
5. Où est-ce que vous habitez?
6. Où est-ce qu'ils travaillent?
7. Qu'est-ce que c'est?
8. Qui est-ce?

8. Role-playing
JACQUES   Un Ricard ou un Cinzano, Victor?
VICTOR   Je préfère un Cinzano.
JACQUES   Les boissons sont chères en Angleterre?
VICTOR   Oui, surtout l'alcool. L'impôt sur l'alcool est très élevé.
MIREILLE Victor, de la soupe?
VICTOR   Oui, merci.
MIREILLE Vous avez des enfants, Victor?
VICTOR   Oui, j'ai trois enfants. Un fils et deux filles.
MIREILLE Votre femme travaille?
VICTOR   Oui, elle est traductrice-interprète.
MIREILLE Elle travaille à plein temps?
VICTOR   Elle travaille à mi-temps, surtout le matin. L'après-midi elle est souvent à la maison avec les enfants.
MIREILLE Elle a de la chance!

3 Extra

10. Son/sa/leur
1. Oui, c'est son chapeau.
2. Oui, c'est sa bière.
3. Oui, c'est son bureau.
4. Oui, c'est son manteau.
5. Oui, c'est sa voiture.
6. Oui, c'est leur maison.
7. Oui, c'est leur chat.
8. Oui, c'est son client.
9. Oui, c'est son téléphone.

11. Ton/ta
1. Tiens, c'est ça ton parapluie?
2. Tiens, c'est ça ton chapeau?
3. Tiens, c'est ça ta serviette?
4. Tiens, c'est ça ton stylo?
5. Tiens, c'est ça ta clef?

12. Notre
1. Oui, c'est notre maison.
2. Oui, c'est notre voiture.
3. Oui, c'est notre café.
4. Oui, c'est notre hôtel.
5. Oui, c'est notre bureau.
6. Oui, c'est notre jardin.

1–3 Testez-vous!

1. (iii) 2. (iii) 3. (i) 4. (ii) 5. (i) 6. (iii)
7. (i) 8. (i) 9. (i) 10. (ii)
11. Je vous présente ma femme et mes deux filles.
12. (i) 13.(i) 14. (ii) 15. (iii) 16. (ii) 17. (i)
18. (i) 19. (iii) 20. (i) 21. (i)
22. M. Leboeuf, c'est l'expert-comptable.
23. (ii)
24. L'impôt est élevé.
25. (ii)
26. M. et Mme Morel sont français.
27. (ii)
28. Un whisky, s'il vous plaît, garçon!
29. Les boissons sont chères en Angleterre?
30. Le déjeuner est prêt?

4 Dialogue questions

1. Il est dans le métro.
2. Non, il est en première classe.
3. Parce que le billet est perdu.
4. Il descend à Opéra.
5. Oui, voyager sans billet, c'est illégal.
6. Non, pas cette fois.
7. Il habite à l'Hôtel Buckingham, rue des Mathurins.
8. La rue des Mathurins, c'est dans le 8ème.
9. C'est le frère du chef de station.
10. Non, pas exactement, il est homme d'affaires.

4 Expansion exercises

1. Vous changez ..., je change ...
1. Je change à Châtelet.
2. Je change à Montparnasse.
3. Je change à Concorde.
4. Je change à Nation.
5. Je change à Clichy.

2. Je prends ..., je change ..., je descends ...
1. Oui. Je prends la direction Porte Dauphine. Et puis?
2. Oui. Je change à Etoile. Et puis?
3. Oui. Je prends la direction Nation par Denfert. Et puis?
4. Oui. Je change à Trocadéro. Et puis?
5. Oui. Je prends la direction Pont de Sèvres. Et puis?
6. Oui. Je descends à Michel-Ange Auteuil. Et puis?

3. Je ne vais pas ..., je vais ...
1. Non, je ne vais pas à Opéra, je vais au Quartier Latin.
2. Non, je ne vais pas au Quartier Latin, je vais au Marais.
3. Non, je ne vais pas au Marais, je vais aux Champs Elysées.
4. Non, je ne vais pas aux Champs Elysées, je vais au Bois de Boulogne.
5. Non, je ne vais pas au Bois de Boulogne, je vais à Etoile.
6. Non, je ne vais pas à Etoile, je vais à Trocadéro.

4. Role-playing

M. LEGRAS Bonjour, M. Melville, comment allez-vous?
VICTOR Je vais bien merci, et vous?
M. LEGRAS Bien merci. Où allez-vous?
VICTOR Je vais à l'Opéra.
M. LEGRAS Ah oui? Qu'est-ce que vous allez voir?
VICTOR Je vais voir 'Gisèle'.
M. LEGRAS Ah oui, c'est très bien!
VICTOR Où est-ce que je change?
M. LEGRAS Il faut changer à Châtelet.
VICTOR Et après ça, c'est direct?
M. LEGRAS Oui, c'est ça, après ça, c'est direct. Eh bien au revoir M. Melville et bonne soirée!
VICTOR Au revoir M. Legras et à demain!
M. LEGRAS Ah! non demain je ne vais pas au bureau. Je suis en vacances!
VICTOR Ah bon! Eh bien, bonnes vacances alors!
M. LEGRAS C'est ça! A bientôt, j'espère!

4 Practice

1. Mon/ma
1. Mon billet? Il est perdu!
2. Mon portefeuille? Il est perdu!
3. Mon manteau? Il est perdu!
4. Ma serviette? Elle est perdue!
5. Ma clef? Elle est perdue!
6. Mon tabac? Il est perdu!

2. Vos
1. Mais, vos amis sont déjà ici.
2. Mais, vos enfants sont déjà ici.
3. Mais vos clients sont déjà ici.
4. Mais vos parents sont déjà ici.
5. Mais vos filles sont déjà ici.
6. Mais vos chefs sont déjà ici.

3. Descendez, achetez, etc.
1. C'est ça, descendez à Opéra.
2. C'est ça, achetez un croissant.
3. C'est ça, cherchez un hôtel.
4. C'est ça, voyagez en première.
5. C'est ça, restez à l'appartement.

4. Ne ... pas
1. Non, il n'aime pas la soupe.
2. Non, ce n'est pas cher.
3. Non, il n'est pas prêt.
4. Non, elle ne travaille pas.
5. Non, elle ne fume pas le cigare.
6. Non, ils n'habitent pas à Lyon.

5. Ne ... plus
1. Non, il n'habite plus dans le 8ème.
2. Non, il ne cherche plus son portefeuille.
3. Non, elle ne change plus à Châtelet.
4. Non, elle ne descend plus à Concorde.
5. Non, elle ne mange plus au restaurant.
6. Non, il ne voyage plus en avion.

6. Dans le 1er, 2ème, etc.
1. Non. j'habite dans le 2ème.
2. Non, j'habite dans le 3ème.
3. Non, j'habite dans le 4ème.
4. Non, elle habite dans le 5ème.
5. Non, j'habite dans le 6ème.
6. Non, j'habite dans le 7ème.

7. Vous allez
1. Vous allez à Londres? Vous avez de la chance!
2. Vous allez au théâtre? Vous avez de la chance!
3. Vous allez au Quartier Latin? Vous avez de la chance!
4. Vous allez au restaurant? Vous avez de la chance!
5. Vous allez au cinéma? Vous avez de la chance!
6. Vous allez à Paris? Vous avez de la chance!

8. Vous allez ..., (future with 'aller')
1. Vraiment, vous allez prendre mon nom?
2. Vraiment, vous allez aller au théâtre ce soir?
3. Vraiment, vous allez manger un châteaubriand?
4. Vraiment, vous allez voyager en 1ère?
5. Vraiment, vous allez travaillez ce soir?

9. Occupations
1. Oui, c'est ça, je suis homme d'affaires.
2. Oui, c'est ça, je suis secrétaire.
3. Oui, c'est ça, elle est interprète.
4. Oui, c'est ça, je suis traductrice.
5. Oui, c'est ça, elle est docteur.
6. Oui, c'est ça, il est téléphoniste.

10. Present tense
1. Ce matin, je vais au bureau.
2. Ensuite, je vais au cinéma.
3. Ce soir, je mange au restaurant.
4. Ensuite, je vais au théâtre.
5. Et enfin je prends le métro.
6. Parce que j'habite à Sceaux.

11. Ordinal numbers 1–10
1. 5ème
2. 8ème.
3. 1er
4. 4ème
5. 7ème
6. 6ème
7. 2ème
8. 3ème
9. 9ème
10. 10ème

12. Role-playing
M. DULAC   Où allons-nous maintenant?
MLLE GROSJEAN   Nous allons à Alésia.
M. DULAC   C'est direct?
MLLE GROSJEAN   Non, ce n'est pas direct.
M. DULAC   C'est la direction Etoile?
MLLE GROSJEAN   Non, c'est la direction Nation.
M. DULAC   Nous changeons à Palais Royal?
MLLE GROSJEAN   Non, nous changeons à Châtelet.
M. DULAC   Et puis, c'est direct?
MLLE GROSJEAN   Oui, c'est direct.
M. DULAC   Alors, c'est simple!

13. Role-playing
CONTRÔLEUR   Vos billets, s'il vous plaît. Votre billet, Monsieur.
MONSIEUR X   Tenez, voilà.
CONTRÔLEUR   Où allez-vous?
MONSIEUR X   Je vais à Sceaux.
CONTRÔLEUR   D'où venez-vous?
MONSIEUR X   De Trocadéro.
CONTRÔLEUR   Ce n'est pas le bon billet. Ça, c'est valable dans le métro seulement.
MONSIEUR X   Ah, excusez-moi! Je ne suis pas de Paris.
CONTRÔLEUR   Normalement vous devez payer une amende. Allez, ça va pour cette fois.
MONSIEUR X   Merci beaucoup, Monsieur, vous êtes bien aimable!

5 Dialogue questions

1. Mais si, elle travaille.
2. Parce qu'elle est seule pour le moment.
3. Elle est en vacances au Portugal.
4. Non, ce sont des lettres de publicité et des circulaires.
5. Pour acheter des timbres.
6. Avec M. Sériex.
7. Oui. Il va visiter son usine.
8. A Toulouse.
9. Non. C'est près de l'Espagne.
10. Non. C'est une grande ville industrielle.
11. 'Je regrette, je n'ai plus de timbres de collection.'
12. Non. Il désire deux timbres pour l'Angleterre.

5 Expansion exercises

1. Je voudrais envoyer ...
1. Je voudrais envoyer un télégramme en Angleterre.
2. Je voudrais envoyer un colis au Portugal.
3. Je voudrais envoyer un mandat-carte à Toulouse.
4. Je voudrais envoyer une lettre recommandée en Grande-Bretagne.
5. Je voudrais envoyer une lettre exprès à Paris.

2. En anglais, allemand ...
1. C'est en anglais.
2. C'est en allemand.
3. C'est en italien.
4. C'est en espagnol.
5. C'est en français.

3. De passage à ...
1. Mais je suis seulement de passage à Paris!
2. Mais elle est seulement de passage à Londres.
3. Mais ils sont seulement de passage à Rome.
4. Mais je suis seulement de passage à Milan.
5. Mais il est seulement de passage à Berlin.
6. Mais nous sommes seulement de passage à Moscou.

4. Special postal categories
1. Oui, pouvez-vous écrire la mention 'urgent', s'il vous plaît?
2. Oui, pouvez-vous écrire la mention 'recommandé', s'il vous plaît?
3. Oui, pouvez-vous écrire la mention 'exprès', s'il vous plaît?
4. Oui, pouvez-vous écrire la mention 'pneu', s'il vous plaît?

5. Ne ... plus
1. Ce matin il a bien marché, mais maintenant il ne marche plus.
2. Ce matin elle a bien mangé, mais maintenant elle ne mange plus.
3. Ce matin il a bien travaillé, mais maintenant il ne travaille plus.
4. Ce matin j'ai bien mangé, mais maintenant je ne mange plus.

6. Je veux téléphoner
1. Je veux téléphoner à Toulouse. Où est la cabine interurbaine?
2. Je veux téléphoner dans Paris. Où est la cabine urbaine?
3. Je veux téléphoner à Bordeaux. Où est la cabine interurbaine?
4. Je veux téléphoner dans Toulouse. Où est la cabine urbaine?
5. Je veux téléphoner dans Bordeaux. Où est la cabine urbaine?
6. Je veux téléphoner à Marseille. Où est la cabine interurbaine?

7. Tous les mêmes!
1. Ces téléphones, tous les mêmes!
2. Ces autobus, tous les mêmes!
3. Ces maris, tous les mêmes!
4. Ces secrétaires, toutes les mêmes!
5. Ces professeurs, tous les mêmes!
6. Ces députés, tous les mêmes!

5 Practice

1. Si (after a negative question)
1. Si, je travaille.
2. Si, je mange.
3. Si, je vais au bureau.
4. Si, je vais visiter l'usine.
5. Si, je prends ma voiture.
6. Si, je vais regarder la télé.

2. Qu'est-ce que c'est? Ce sont ...
1. Ce sont des lettres de publicité.
2. Ce sont des enveloppes de publicité.
3. Ce sont des avis de publicité.
4. Ce sont des papiers de publicité.
5. Ce sont des affiches de publicité.

3. Perfect tense
1. Non, merci, j'ai déjà mangé.
2. Non, merci, j'ai déjà bu.
3. Non, merci, j'ai déjà visité la ville.
4. Non, merci, j'ai déjà téléphoné.
5. Non, merci, j'ai déjà parlé avec le directeur.

4. N'avoir plus de ...
1. Je regrette, je n'ai plus de timbres.
2. Je regrette, je n'ai plus d'enveloppes.
3. Je regrette, je n'ai plus de cartes postales.
4. Je regrette, je n'ai plus de stylos.
5. Je regrette, je n'ai plus d'affiches.

5. Perfect tense with an adverb
1. Quoi, vous avez encore oublié les circulaires?
2. Quoi, vous avez encore oublié le livre?
3. Quoi, elle a encore perdu l'adresse?
4. Quoi, il a encore perdu le numéro de téléphone?
5. Quoi, vous avez encore oublié les clefs?

6. Si (after a negative question)
1. Si, j'ai encore perdu ma serviette.
2. Si, j'ai encore bu votre vin.
3. Si, j'ai encore oublié votre livre.
4. Si, j'ai encore perdu mon portefeuille.
5. Si, j'ai encore oublié mon passeport.

7. Role-playing
SABINE Bonjour M. Melville!
VICTOR Bonjour Sabine!
SABINE Comment allez-vous aujourd'hui?
VICTOR Je vais bien merci, et vous?
SABINE Bien merci. Dites-moi, vous avez trouvé votre serviette?
VICTOR Oui, merci.
SABINE Vous avez téléphoné à Londres?
VICTOR Oui, j'ai téléphoné à Londres.
SABINE A propos, vous avez parlé avec M. Sériex?
VICTOR Oui, j'ai parlé avec M. Sériex au téléphone.
SABINE Vous allez visiter son usine?
VICTOR Oui, je vais visiter son usine à Toulouse.
SABINE Vous connaissez le sud-ouest?
VICTOR Non.
SABINE Bon, eh bien au revoir M. Melville!
VICTOR Au revoir Sabine, à bientôt!
SABINE M. Melville! Monsieur Melville! Vous avez oublié votre parapluie!
VICTOR Vraiment, ça ne va pas! Hier, j'ai perdu mon billet de métro, tout à l'heure j'ai oublié ma serviette et maintenant j'oublie mon parapluie!

5 Extra

8. Perfect tense (negative)
1. Mais non, il n'a pas oublié ses dossiers!
2. Mais non, elle n'a pas perdu son sac!
3. Mais non, elle n'a pas tué son mari!
4. Mais non, il n'a pas perdu sa voiture!
5. Mais non, elles n'ont pas attaqué la police!
6. Mais non, ils n'ont pas gagné à la loterie!

9. Infinitive with and without 'pour'
1. Elle veut aller aux Etats-Unis.
2. Il faut acheter un billet.
3. Je voudrais avoir beaucoup d'argent.
4. Elle fait la queue pour téléphoner.
5. Je voudrais téléphoner à Paris, s'il vous plaît.
6. Elle prend le métro pour aller au bureau.
7. Il faut changer l'argent à la banque.
8. Je veux acheter une Renault 5.
9. Je fais la queue pour acheter un jeton.
10. Il faut mettre trois pièces de 0,20F pour téléphoner dans Paris.

6 Dialogue questions

1. C'est le vol AI 703.
2. Non, il est juste à l'heure.
3. Oui, il a fait un voyage excellent.
4. Parce que ce n'est pas le peine de perdre du temps.
5. Ils vont à l'usine.
6. Non, c'est sa première visite.
7. Ils vont d'abord au hangar.
8. C'est le contremaître.
9. C'est la dernière réalisation de l'usine Sériex.
10. Elle fabrique le fuselage.
11. La voiiure, le moteur, tout ça est fabriqué ailleurs.
12. Environ 16 avions.
13. Aux pays arabes.

6 Expansion exercises

1. Perfect tense ; nos
1. Mon Dieu! J'ai oublié nos passeports!
2. Mon Dieu! J'ai oublié nos billets!
3. Mon Dieu! J'ai oublié nos bagages!
4. Mon Dieu! J'ai oublié nos valises!
5. Mon Dieu! J'ai oublié nos serviettes!

2. Perfect tense
1. Tu as mis les billets dans ton portefeuille.
2. Tu as mis les passeports dans ton portefeuille.
3. Tu as mis les timbres dans ton portefeuille.
4. Tu as mis les clefs dans ton portefeuille.
5. Tu as mis la lettre dans ton portefeuille.

3. Let's ...
a.1. Eh bien, mettons les bagages sur le chariot.
  2. Eh bien, mettons les valises sur le chariot.
  3. Eh bien, mettons les paquets sur le chariot.

b.1. Nous aussi, passons par le couloir vert.
  2. Nous aussi, passons par Paris.
  3. Nous aussi, vérifions d'abord les valises.
  4. Nous aussi, allons d'abord à l'hôtel.
  5. Nous aussi, mangeons ce soir au restaurant.

6 Practice

1. Un de nos...
1' Eh, oui! C'est un de nos derniers modèles!
2. Eh, oui! C'est un de nos derniers modèles!
3. Eh, oui! C'est un de nos derniers modèles!
4. Eh, oui! C'est un de nos derniers modèles!
5. Eh, oui! C'est un de nos derniers modèles!

2. Votre
1. Non, c'est ma première visite dans votre usine.
2. Non, c'est ma première visite dans votre ville.
3. Non, c'est ma première visite dans votre pays.
4. Non, c'est ma première visite dans votre bureau.
5. Non, c'est ma première visite dans votre établissement.

3. Perfect tense
1. Oui, j'ai fait un voyage excellent.
2. Oui, j'ai fait un repas excellent.
3. Oui, j'ai fait une visite excellente.
4. Oui, j'ai fait un travail excellent.
5. Oui, j'ai fait une publicité excellente.

4. Au/à la/à l' – indirect object
1. Mais non, aux pays arabes.
2. Mais non, à l'Espagne.
3. Mais non, au contremaître.
4. Mais non, à la compagnie française.
5. Mais non, au porteur.

5. Role-playing
M. TATTI   Bonjour, Victor!
VICTOR   Bonjour, M. Tatti!
M. TATTI   Soyez le bienvenu!
VICTOR   C'est votre dernier modèle?
M. TATTI   Oui, c'est un de nos tout derniers modèles!
VICTOR   C'est un véritable géant!
M. TATTI   Oui, mais c'est un géant très rapide.
VICTOR   Vous fabriquez seulement le fuselage?
M. TATTI   Oui, c'est ça, nous fabriquons seulement le fuselage.
VICTOR   Vous montez les pièces ici?
M. TATTI   Oui, nous montons les pièces ici.
VICTOR   Vous avez une production de combien?
M. TATTI   Environ seize avions.
VICTOR   Vous avez vendu pas mal d'avions aux pays arabes?
M. TATTI   Oui, c'est vrai nous avons vendu pas mal d'avions aux pays arabes.
VICTOR   C'est intéressant, ça!

6. Let's (do something)
1. Allons au cinéma!
2. Allons au Louvre!
3. Mangeons au restaurant!
4. Buvons du vin!
5. Achetons des billets de théâtre!
6. Prenons un taxi!
7. Descendons à Opéra!
8. Visitons la ville!
9. Regardons la télévision!
10. Parlons français!

7. Quel(s)/quelle(s)
1. Le Faucon, quel avion!
2. Quelle est votre voiture?
3. C'est à quel nom, s'il vous plaît Madame?
4. Mon Dieu, quelles émotions! Je suis épuisée.
5. Quels ateliers avez-vous déjà visité?
6. Quelle est votre destination?
7. Quelle est votre adresse?
8. Mm! Quel vin!
9. Mais quel toupet il a, ce douanier!
10. Quelle bière préférez-vous, la brune ou la blonde?

8. Pas mal de, assez de, ne... plus de
1. Je suis désolée, je n'ai plus de timbres!
2. Vous avez assez de monnaie pour téléphoner à Londres?
3. Oh, là, là! Il a pas mal d'enfants!
4. Non, merci. Je ne veux plus de café.
5. Vous avez assez de soupe?
6. Elle a acheté assez de camembert mais juste assez de vin!

6 Extra

9. Future tense
1. Non. Il achètera sa GX le mois prochain.
2. Non. Elle vendra sa maison le mois prochain.
3. Non. Je finirai mes examens le mois prochain.
4. Non. Ils termineront le nouveau modèle le mois prochain.
5. Non. Elles organiseront le gala le mois prochain.
6. Non. Je visiterai les Etats-Unis le mois prochain.

10. Comprehension and role-playing
C.R.S.   Votre passeport, Monsieur.
MONSIEUR X   Le voilà.
C.R.S.   Il n'est pas en règle.
MONSIEUR X   Comment il n'est pas en règle?
C.R.S.   Il a expiré le seize.
MONSIEUR X   Mais, c'est le quinze aujourd'hui!
C.R.S.   Aujourd'hui, c'est le dix-sept.
MONSIEUR X   Vraiment? Vous êtes sûr?
C.R.S.   Suivez-moi, Monsieur.
(Au bureau du chef)
CHEF   Vous êtes en situation irrégulière.
MONSIEUR X   Oui, je sais, je suis désolé.
CHEF   Allez, va! Exceptionnellement, nous vous délivrons un permis d'entrée. Mais allez demain à votre ambassade! Tenez, voilà votre passeport.
MONSIEUR X   Merci beaucoup Monsieur, vous êtes bien aimable.

4–6 Testez-vous!

1. (i) 2. (i) 3. (iii)
4. Il cherche son billet dans son portefeuille.
5. Ils vont au bureau du chef de station.
6. Vous êtes ici à l'Opéra.
7. Trouvez votre billet.
8. Où est ton manteau, chérie?
9. J'habite dans le sixième.
10. (ii) 11. (iii) 12 (i)
13. Je regrette, je n'ai plus de timbres!

14. Ce sont des lettres?
15. Vous faites la queue pour acheter des timbres?
16. Hier j'ai parlé au téléphone.
17. Mais quelle vie!
18. Ah, ces téléphones, tous les mêmes!
19. Vous connaissez le sud-ouest?
20. (i)
21. Excusez-moi, mais je n'ai pas de monnaie.
22. (i)
23. (iii)
24. (ii)
25. (iii)
26. (iii)
27. Allons d'abord à l'hôtel.
28. Victor, soyez le bienvenu!
29. Mettons nos bagages sur le chariot!
30. Tu as mis les passeports dans ta poche.

7 Dialogue questions

1. Non, pour trois jours.
2. Non, elle ne trouve pas la réservation.
3. Par téléphone.
4. Hier matin.
5. Elle téléphone à son mari.
6. Un certain M. Melville a téléphoné hier matin de Paris pour réserver une chambre.
7. Parce que son mari a oublié.
8. C'est la chambre No quinze.
9. Non, il la veut pour trois jours.
10. A sept heures.
11. Parce qu'il partira tôt demain matin.
12. Dans la salle à manger.
13. Des croissants bien chauds avec du beurre et de la confiture et aussi du café avec du lait.

7 Expansion exercises

1. Telephone numbers
1. Passez-moi le 272-13-25, s'il vous plaît.
2. Ah? Eh bien passez-moi le 272-13-26.
3. Ah? Eh bien passez-moi le 272-13-27.
4. Ah? Eh bien passez-moi le 272-13-28.
5. Ah? Eh bien passez-moi le 272-13-29.

2. Who's speaking?
1. Puis-je parler à M. Sériex, s'il vous plaît? Qui est à l'appareil?
2. Puis-je parler à M. Melville, s'il vous plaît? Qui est à l'appareil?
3. Puis-je parler à Mme Sériex, s'il vous plaît? Qui est à l'appareil?
4. Puis-je parler à M. Morel, s'il vous plaît? Qui est à l'appareil?

3. Enchanté
1. Oui, je serai enchanté de venir dîner.
2. Oui, je serai enchanté de venir déjeuner.
3. Oui, je serai enchanté de venir prendre le thé.
4. Oui, je serai enchanté de venir boire un verre.
5. Oui, je serai enchanté d'aller à votre hôtel.

4. Je viendrai à ... (time)
1. Je viendrai à huit heures. Ça va?
2. Je viendrai à quatre heures. Ça va?
3. Je viendrai à six heures. Ça va?
4. Je viendrai à neuf heures. Ça va?
5. Je viendrai à dix heures. Ça va?

7 Practice

1. Future tense
1. Non, je la réserverai demain.
2. Non, je le prendrai demain.
3. Non, je téléphonerai demain.
4. Non, je la réserverai demain.
5. Non, je la ferai demain.
6. Non, je le visiterai demain.

2. Future tense
1. J'irai à Londres.
2. Non, je travaillerai.
3. Non, j'apprendrai.
4. Puis j'achèterai une voiture.
5. Non, je voyagerai beaucoup.
6. Je visiterai le Pays de Galles, l'Ecosse et l'Irlande.

3. Pas de ...
1. Non, non! Pas de crème, merci!
2. Non, non! Pas de lait, merci!
3. Non, non! Pas de chocolat, merci!
4. Non, non! Pas de confiture, merci!
5. Non, non! Pas de sucre, merci!

4. Du/de la/des
1. Oui, j'ai du vin.
2. Oui, j'ai des sandwichs.
3. Oui, j'ai de la bière.
4. Oui, j'ai du saucisson.
5. Oui, j'ai du champagne.
6. Oui, j'ai du caviar.

5. Dès que + future tense
1. Rappelez-moi dès que vous aurez une réponse.
2. Rappelez-moi dès que vous trouverez ma valise.
3. Rappelez-moi dès que vous trouverez un taxi.
4. Rappelez-moi dès que vous trouverez mon message.
5. Rappelez-moi dès que vous aurez la communication.

6. Le/la/les
1. a 2. b 3. a 4. a 5. b 6. b

7 Extra

11. Dans la chambre d'hôtel
1. Mais, je n'ai pas demandé de foie gras!
2. Mais, je n'ai pas commandé de caviar!
3. Mais, je n'ai pas acheté de roses!
4. Mais, je n'ai pas réservé de billets!
5. Mais, je n'ai pas commandé de champagne!

8 Dialogue questions

1. Parce qu'il a toujours travaillé chez M. Sériex.
2. Non, elles sont françaises.
3. La technologie n'est pas infaillible!
4. Elles sont très bonnes.
5. C'est le délégué syndical.
6. Parce qu'il a un appel urgent du Caire.
7. Il dit: 'Georges, occupe-toi de M. Melville.'
8. Il représente la CGT.
9. La CFDT.
10. Non, c'est du vent.
11. Non, il n'est pas contre.

12. Ils ont décidé de demander une augmentation de salaire de 15%.
13. A cause du coût de la vie.
14. Non.
15. A cause de l'inflation et de la crise économique grave.

8 Practice

1. Perfect tense
1. Eh oui, il a toujours travaillé chez nous.
2. Eh oui, elle a toujours acheté chez nous.
3. Eh oui, il a toujours mangé chez nous.
4. Eh oui, elles ont toujours habité chez nous.
5. Eh oui, ça a toujours marché chez nous.

2. Asking for information
1. Excusez-moi, il y a un téléphone près d'ici?
2. Ah! Merci bien ... Il y a un café près d'ici?
3. Ah! Merci bien ... Il y a un cinéma près d'ici?
4. Ah! Merci bien ... Il y a un restaurant près d'ici?
5. Ah! Merci bien ... Il y a une boîte aux lettres près d'ici?

3. Perfect with 'être'
1. Hier soir, je suis allé au cinéma.
2. Ensuite, je suis allé au restaurant.
3. Elle est allée au théâtre.
4. Il est allé à la réunion syndicale.
5. Ensuite, il est allé à l'usine.

4. Perfect with negative
1. Mais non, il n'a pas perdu son billet!
2. Mais non, il n'a pas oublié son passeport chez lui!
3. Mais non, il n'a pas oublié de prendre de l'argent!
4. Mais non, il n'a pas raté l'avion!
5. Mais non, il n'a pas perdu ses valises!

5. Perfect with negative
1.f 2.a 3.b 4.d 5.e 6.c

7. Leur/leurs
Vous connaissez les Dupont-Durand? Alors, vous connaissez leurs enfants! Leurs deux filles et leurs deux fils! Ah! Vous connaissez aussi leur maison de Versailles!! Oui, je sais, ce sont des gens très bien. Et vous connaissez aussi leurs usines à Boulogne, vous les avez visitées! Et vous avez aussi visité leur appartement à Passy. Je vois, vous êtes leur voisin!

8. De + adjective/des + nouns
1. Jacques et Jules sont contents de travailler pour cette société, car ils ont des patrons sympathiques.
2. Les Sériex ont de la chance, vous savez. Ils ont des employés fidèles.
3. Arrêtez-vous chez Madame Angèle, voyons! Elle a de belles chambres. Vous y serez très bien!
4. Le café 'A la Tour Blanche' a changé de propriétaire.
   Allez-y! Ils ont de bons menus maintenant.
5. M. Lefranc a encore des problèmes! Que voulez-vous, il n'a jamais eu de bons rapports avec ses ouvriers!

8 Expansion exercises

1. Etre d'accord avec ...
1. Oui. Il est d'accord avec nous.
2. Oui. Il est d'accord avec nous.
3. Oui. Ils sont d'accord avec nous.
4. Oui. Ils sont d'accord avec nous.
5. Oui. Il est d'accord avec nous.

2. Perfect + negative
1. Non. Comme d'habitude, elle n'a pas accepté notre demande.
2. Non. Comme d'habitude, ils n'ont pas accepté notre offre.
3. Non. Comme d'habitude, il n'a pas accepté nos revendications.
4. Non. Comme d'habitude, il n'a pas accepté notre décision.
5. Non. Comme d'habitude, il n'a pas accepté les licenciements.

3. Listening comprehension
1. b
2. b
3. b
4. b
5. b
6. a

4. Vrai ou faux?
1. Vrai.
2. Vrai.
3. Faux.
4. Vrai
5. Faux.
6. Faux.
7. Faux.
8. Faux.

9 Dialogue questions

1. Parce que c'est assez loin jusqu' à Bordeaux.
2. Il y a 160 km environ.
3. Parce que c'est plus sûr.
4. Oui, il en a assez.
5. Parce qu'il vient d'en acheter.
6. Parce qu'il tombe toujours en panne d'essence.
7. Parce qu'il y a un agent juste devant.
8. Parce que les feux sont en panne.
9. Parce qu'il y a un détour sur 30 km à cause des travaux.
10. Parce qu'il y a trop de poussière sur le pare-brise.
11. Il goûte le St. Emilion, le Pomérol, le Sauterne, l'Entre-Deux-Mers.
12. Ils achètent une douzaine.
13. Il achète une demi-douzaine de chaque.

9 Practice

1. Le/la/les/l' (pronouns) + perfect
1. Oui. Il l'a vérifiée.
2. Oui. Il l'a vérifié.
3. Oui. Il l'a vérifiée.
4. Oui. Il les a fixés.
5. Oui. Il l'a faite.
6. Oui. Il les a changées.

2. En
1. Oui, j'en ai.
2. Oui, il en a.
3. Oui, j'en ai.
4. Oui, elle en a.
5. Oui, j'en ai.

3. Ne ... rien à ...
1. Non! Je n'ai rien à déclarer.
2. Non! Je n'ai rien à boire.
3. Non! Je n'ai rien à manger.
4. Non! Je n'ai rien à faire.
5. Non! Je n'ai rien à dire.

4. Combien de ...?
1. Pardon, combien de kilomètres environ?
2. Pardon, combien d'allumettes environ?
3. Pardon, combien d'employés environ?
4. Pardon, combien d'avions environ?
5. Pardon, combien de litres environ?

5. Mon/ma, ton/ta
1. Mais non, ta clef, la voilà!
2. Mais non, ton passeport, le voilà!
3. Mais non, ton argent, le voilà!
4. Mais non, ton sac, le voilà!
5. Mais non, ta valise, la voilà!
6. Mais non, ta serviette, la voilà!

6. Nous devons
1. Nous devons partir tout de suite.
2. Nous devons rentrer immédiatement.
3. Nous devons travailler ce soir.
4. Nous devons payer un supplément.
5. Nous devons quitter le pays demain.

8. Il y a ..., ce sont/c'est ..., je voudrais ...
a.1. Il y a trois bouteilles.
2. Il y a un paquet de beurre.
3. Il y a deux boîtes de camembert.
4. Il y a quatre paquets de café.
5. Il y a une bouteille de limonade.

b.1. Ce sont des bouteilles de vin.
2. C'est un paquet de beurre.
3. Ce sont des boîtes de camembert.
4. Ce sont des paquets de café.
5. C'est une bouteille de limonade.

c.1. Je voudrais trois bouteilles de vin, s'il vous plaît.
2. Je voudrais un paquet de beurre, s'il vous plaît.
3. Oui. Je voudrais deux boîtes de camembert, s'il vous plaît.
4. Et puis je voudrais quatre paquets de café, s'il vous plaît.
5. Non, je voudrais une bouteille de limonade.

9. Agreements
1. d   6. c
2. j   7. f
3. e   8. i
4. a   9. h
5. b   10. g

9 Expansion exercises

1. Ne ... plus
1. Je crois bien que je n'ai plus d'essence!
2. Je crois bien que je n'ai plus d'antigel!
3. Je crois bien que je n'ai plus d'huile!
4. Je crois bien que je n'ai plus d'eau!

2. Il n'y a plus de ...
1. De la super, s'il vous plaît.
   Quoi, il n'y a plus de super?
2. De l'ordinaire, s'il vous plaît.
   Quoi, il n'y a plus d'ordinaire?
3. De l'essence, s'il vous plaît.
   Quoi, il n'y a plus d'essence?
4. De l'huile, s'il vous plaît.
   Quoi, il n'y a plus d'huile?
5. De l'antigel, s'il vous plaît.
   Quoi, il n'y a plus d'antigel?
6. De l'eau, s'il vous plaît.
   Quoi, il n'y a plus d'eau?

3. Venir de
1. De l'essence? Je viens d'en mettre!
2. De l'huile? Elle vient d'en mettre!
3. De l'eau? Je viens d'en mettre!
4. De l'antigel? Nous venons d'en mettre!
5. De l'air? Il vient d'en mettre!

4. Car vocabulary
1. Vérifiez-moi la pression des pneus, s'il vous plaît.
2. Non, vérifiez-moi aussi le niveau d'huile.
3. Oui, vérifiez-moi aussi le niveau d'eau.
4. Non, vérifiez-moi aussi l'antigel.
5. Et puis, vérifiez-moi les essuie-glaces.

7–9 Testez-vous!

1. (ii)
2. (ii)
3. (i)
4. (i)
5. La chambre, vous la voulez pour trois jours?
6. Le petit déjeuner, je le prendrai dans ma chambre.
7. Je prendrai du café avec des croissants et aussi de la confiture et du beurre.
8. Non, merci pas de lait.
9. Passez-moi le 702-58-12 à Paris.
10. (ii)
11. (i)
12. (ii)
13. Tiens, vos machines sont françaises!
14. Vous avez de bonnes relations avec vos employés?
15. C'est le délégué syndical.
16. Hier, je suis allé au cinéma.
17. Tu as parlé aux employés?
18. (ii)
19. (iii)
20. Il y a 160 kilomètres jusqu'à Bordeaux.
21. (iii)
22. (iii)
23. Ah! Cet hôtel, c'est vraiment loin!
24. Tiens, le voilà.
25. Ah! Quels vins, ils sont vraiment excellents!
26. (i)
27. (i)
28. Les pneus! Ils sont crevés tous les quatre!
29. Ah! Les valises! Elles se sont ouvertes!
30. J'ai déjà mangé trop de gâteaux!

10 Dialogue questions

1. Parce que les ascenseurs sont en panne.
2. Il s'est bien passé
3. Oui, elle l'intéresse.
4. Il est prêt à passer commande s'il obtient un rabais de 15%.
5. Oui, mais pour une série de commande.
6. Le paiement est à 30 jours de fin de mois dès réception de facture.
7. Oui, il y a un escompte de 2.5%.
8. Filturbo s'engage à réparer ou à remplacer les pièces défectueuses.
9. Oui. Dans les 24 mois après livraison.
10. Elle est CAF.
11. Oui, elle est en sus.
12. Aviagence se spécialise dans l'Import-Export.
13. C'est Aviagence.
14. Dans un bon restaurant parisien.

10 Practice

1. Il/elle s'est bien passé(e)
1. Oh! Il s'est bien passé!
2. Oh! Elle s'est bien passée!
3. Oh! Il s'est bien passé!
4. Oh! Il s'est bien passé!
5. Oh! Elle s'est bien passée!

2. Se dépêcher
1. J'étais en retard, alors je me suis dépêché.
2. Elle était en retard, alors elle s'est dépêchée.
3. J'étais en retard, alors je me suis dépêché.
4. Il était en retard, alors il s'est dépêché.
5. J'étais en retard, alors je me suis dépêché.

3. Let's …
1. Eh bien, parlons affaires!
2. Eh bien, mangeons!
3. Eh bien, allons déguster du vin!
4. Eh bien, passons commande!
5. Eh bien, parlons paiement!
6. Eh bien, prenons le métro!

4. Etre prêt à …
1. Oui, il est prêt à le faire.
2. Oui, je suis prêt à le faire.
3. Oui, ils sont prêts à le faire.
4. Oui, je suis prêt à l'être.
5. Oui, elle est prête à le faire.

5. Sans + infinitive
1. Il a conclu l'accord sans téléphoner?
2. Elle a payé sans discuter?
3. Vous avez passé commande sans parler rabais?
4. Elle est partie sans consulter l'agence?
5. Vous avez accepté sans consulter votre chef?

6. Present of reflexive verbs
1. Non, Filturbo se spécialise dans la voilure.
2. Non, France Avia se spécialise dans les supersoniques.
3. Non, l'Aviagence se spécialise dans l'exportation.
4. Non, France Vin se spécialise dans les rouges.
5. Non, Air England se spécialise dans les moteurs.

7. 'Si' (yes) in answer to a negative question
1. Si, si, je le prends.
2. Si, si, je la prends.
3. Si, si, je les prends.
4. Si, si, je le prends.
5. Si, si, je les prends.
6. Si, si, je le prends.

8. Le/la/les (pronouns)
1. Nous nous engageons à les réparer.
2. Nous nous engageons à les réparer.
3. Nous nous engageons à la réparer.
4. Nous nous engageons à les réparer.
5. Nous nous engageons à le réparer.

9. Il/elle m'intéresse
1. Oui, il m'intéresse beaucoup.
2. Oui, il m'intéresse beaucoup.
3. Oui, il m'intéresse beaucoup.
4. Oui, elle m'intéresse beaucoup.
5. Oui, elle m'intéresse beaucoup.
6. Oui, il m'intéresse beaucoup.

10. N'hésitez pas à …
1. Bien sûr! N'hésitez pas à nous contacter.
2. Bien sûr! N'hésitez pas à nous écrire.
3. Bien sûr! N'hésitez pas à nous téléphoner.
4. Bien sûr! N'hésitez pas à nous demander des renseignements.
5. Bien sûr! N'hésitez pas à venir me voir.

Extra

12. Reflexive verbs
1.c 2.b 3.a 4.e 5.f 6.d

10 Expansion exercises

1. Telephone numbers
1. Passez-moi le 348-44-79 à Londres, s'il vous plaît.
2. Passez-moi le 348-22-35 à Paris, s'il vous plaît.
3. Passez-moi le 348-27-33 à Rome, s'il vous plaît.
4. Passez-moi le 348-26-36 à Bruxelles, s'il vous plaît.
5. Passez-moi le 348-25-34 à Genève, s'il vous plaît.

2. Writing telephone numbers down
1. 702-45-78
2. 524-08-32
3. 348-10-12
4. 360-65-97
5. 902-08-07
6. 742-02-51
7. 033-78-54
8. 624-81-47
9. 671-82-62
10. 535-55-50

3. Asking for help
1. Je sais, mais je n'arrive pas à obtenir mon numéro à Londres!
2. Je sais, mais je n'arrive pas à obtenir mon numéro à Paris!
3. Je sais, mais je n'arrive pas à obtenir mon numéro à Rome!
4. Je sais, mais je n'arrive pas à obtenir mon numéro à Bruxelles!

4. Wrong numbers
1.a Puis-je parler à M. Morel, s'il vous plaît?
 b. Le 348-21-36
 c. Ah! Excusez-moi, Mademoiselle.
2.a Puis-je parler à Mlle Lebret, s'il vous plaît?
 b. Le 348-45-22
 c. Ah! Excusez-moi, Mademoiselle.
3.a. Puis-je parler à M. Melville, s'il vous plaît?
 b. Le 345-28-36
 c. Ah! Excusez-moi, Mademoiselle.

TÉLÉPHONISTE Allô, oui. J'écoute.
VICTOR Passez-moi le 524-07-30 à Paris, s'il vous plaît.
TÉLÉPHONISTE Mais vous avez Paris en direct!
VICTOR Je sais, mais je n'arrive pas à obtenir mon numéro à Paris.
TÉLÉPHONISTE D'accord. Voilà, ça sonne. Parlez Toulouse.
VICTOR Allô, c'est bien Jacques?
JACQUES Oui, c'est moi. Victor! Mais où êtes-vous?
VICTOR A Toulouse, naturellement!
JACQUES Qu'est-ce qui se passe, des problèmes?
VICTOR Non, non, tout va très bien.
JACQUES Quand rentrez-vous à Paris?
VICTOR Je ne sais pas encore, mais très bientôt.
JACQUES Allô, allô! Qu'est-ce que vous dites?
VICTOR Allô, allô! Ne coupez pas!
JACQUES Allô, allô! Je vous entends à peine!
VICTOR Zut, alors! Il a raccroché!

11 Dialogue questions

1. Sur la foire de Paris.
2. Non, elle vient de s'ouvrir.
3. C'est l'impérialisme.
4. Elle pense qu'il a un 'je ne sais quoi' typiquement anglais.
5. Oui, très content.
6. Ils commencent par le pavillon allemand.
7. Ce sont les pavillons des pays de l'Orient qui l'intéressent.
8. Dans un café.
9. Dans environ une heure.
10. Oui, de plus en plus.
11. Depuis l'entrée de la Grande Bretagne dans le Marché Commun.
12. Parce qu'elles sont plus sûres, mieux finies et à la longue moins chères.
13. Pas mal du tout.
14. Sur les dernières machines allemandes.
15. Ensuite il est allé au pavillon japonais.
16. Oui, beaucoup.

11 Practice

1. Le/la/les – pronouns
1. Mais je le trouve très bien.
2. Mais je les trouve pas mal du tout.
3. Mais je le trouve pas mal du tout.
4. Mais je la trouve assez bien.
5. Mais je la trouve très bien.
6. Mais je les trouve assez bien.

2. On
1. Où est-ce qu'on peut acheter des timbres?
2. Où est-ce qu'on peut acheter un carnet de métro?
3. Où est-ce qu'on peut acheter des croissants?
4. Où est-ce qu'on peut acheter du vin?
5. Où est-ce qu'on peut acheter des cigarettes?

3. Present tense of 'devoir' – all forms
1. Je regrette beaucoup, mais je dois partir tout de suite.
2. Il regrette beaucoup, mais il doit partir tout de suite.
3. Nous regrettons beaucoup, mais nous devons partir tout de suite.
4. Je regrette beaucoup, mais je dois partir tout de suite.
5. Ils regrettent beaucoup, mais ils doivent partir tout de suite.
6. Je regrette beaucoup, mais je dois partir tout de suite.

4. Present tense with 'depuis'
1. J'attends depuis un quart d'heure.
2. Je l'attends depuis deux heures.
3. Je travaille depuis onze ans.
4. Je le cherche depuis trois heures.
5. Je mange depuis deux heures.

5. Present tense with 'depuis'
1. Elles ne cessent d'augmenter depuis notre entrée dans le Marché Commun.
2. Elles ne cessent de baisser depuis notre entrée dans le Marché Commun.
3. Elle ne cesse d'augmenter depuis notre entrée dans le Marché Commun.
4. Il ne cesse d'augmenter depuis notre entrée dans le Marché Commun.
5. Ils ne cessent de travailler depuis notre entrée dans le Marché Commun.

6. Le/la/les (pronouns) + negative
1. Mais non, je ne les achète pas!
2. Mais non, je ne les accepte pas!
3. Mais non, je ne le refuse pas!
4. Mais non, je ne les donne pas!
5. Mais non, je ne la vends pas!
6. Mais non, je ne la baisse pas!

7. Role-playing
JACQUES Bonjour, Victor!
VICTOR Qu'est-ce que vous faites?
JACQUES J'attends Mireille.
VICTOR Vous l'attendez depuis longtemps?
JACQUES Depuis déjà une demi-heure!
VICTOR Venez prendre un verre avec moi.
JACQUES J'accepte avec plaisir.
VICTOR Allons au petit café du coin.
JACQUES D'accord, allons-y.
VICTOR Qu'est-ce que vous prenez, Jacques?
JACQUES Un pernod, s'il vous plaît.
VICTOR Garçon, deux pernods s'il vous plaît.
GARÇON Bein, Monsieur. (*Il crie*) Deux pernods, deux!
VICTOR Alors, le film vous a plu?
JACQUES Le film, oui, beaucoup.
VICTOR Et Mireille?
JACQUES Oui, Mireille aussi, elle l'a beaucoup aimé. Vous devez aller le voir.
VICTOR Eh bien alors, j'irai!

8. Le/la/les (pronouns) + perfect tense
1. Oui, Monsieur le Directeur, je l'ai fini.
2. Oui, je l'ai rédigé.
3. Oui, je les ai envoyées.
4. Oui, je les ai terminées.
5. Oui, je les ai mises à la poste.
6. Oui, je l'ai contacté.

11 Extra

9. Le/la/les (pronouns) with perfect tense + negative
1. Non, Madame Laloy, je ne l'ai pas encore fini!
2. Non, je ne l'ai pas encore tapé.
3. Non, je ne les ai pas encore envoyées.
4. Non, je ne les ai pas encore terminées.
5. Non, je ne l'ai pas encore envoyé.
6. Non, je ne l'ai pas encore contacté.

11 Expansion exercises

1. Connaître, savoir
1.a. Oui, je le connais.
  b. Ah, non! Je ne sais pas.
2.a. Oui, je le connais.
  b. Ah, non! Je ne sais pas.
3.a. Oui, je le connais.
  b. Ah, non! Je ne sais pas.
4.a. Oui, je la connais.
  b. Ah non! Je ne sais pas.
5.a. Oui, je le connais.
  b. Ah non! Je ne sais pas.
6.a. Oui, je la connais.
  b. Ah, non! Je ne sais pas.

2. Celle-là/celui-là
1. Celle-là à droite du café?
2. Celui-là à gauche du café?
3. Celui-là à droite du café?
4. Celle-là à gauche du café?
5. Celle-là à droite du café?

3. Vous savez où se trouve …?
1. Excusez-moi, Madame, vous savez où se trouve la Place de la Concorde?
2. Excusez-moi, Madame, vous savez où se trouve l'Arc de Triomphe?
3. Excusez-moi, Madame, vous savez où se trouve la Place Pigalle?
4. Excusez-moi, Madame, vous savez où se trouve le Sacré-Coeur?
5. Excusez-moi, Madame, vous savez où se trouve Notre-Dame?

4. Directions
1. Oui, je prends la Rue de Médicis, et puis?
2. Au bout de la rue, je tourne à gauche, et puis?
3. Je descends la Rue de Vaugirard, et puis?
4. Je tourne à droite à la Rue de Tournon, et puis?
5. Je descends la Rue de Tournon, et puis?
6. Je traverse le Boulevard St Germain, et puis?
7. Je descends la Rue de Seine jusqu'à la Seine, et puis?
8. Je tourne â gauche sur les Quais, et puis?
9. Je descends les Quais, et puis?
10. Je traverse le Pont Royal, et puis?

6. 'Connaître' and 'savoir'
Vous connaissez le sud-ouest? Alors, vous devez connaître Perpignan! Ah! vous savez où se trouve Pau, mais vous n'y êtes jamais allé. Votre femme connaît Pau. Ah! Je vois, elle y est née. Alors vous connaissez les spécialités du pays! Et vous savez jouer à la pétanque!? Alors, vous devez connaître les meilleurs joueurs du pays, n'est-ce pas! Ah! Je vois, vous jouez avec eux! Vous savez où ils habitent! Ah! On vous a même invité! Dites-moi, vous savez y faire!

12 Dialogue questions

1. Il y a la grève.
2. Depuis ce matin seulement.
3. Non, il est allé aux Galeries Lafayette puis il est passé à Aviagence.
4. Elle est très mauvaise.
5. Il a annoncé le blocage des salaires.
6. A cause du blocage des salaires.
7. Depuis un mois la CGT et la CFDT sont en pourparlers avec la direction.
8. Ils veulent négocier l'amélioration des conditions de travail et une augmentation de salaire de 15%.
9. Non, elle ne fait pas grève.
10. Parce qu'elle aime bien son travail et son patron.
11. Il est vraiment démesuré.
12. Elle a demandé une augmentation de salaire il y a un mois.
13. Il pense que c'est une véritable catastrophe.
14. Ils veulent en plus l'échelle mobile.
15. C'est une augmentation de salaire correspondant à l'accroissement du coût de la vie.
16. La direction n'a pas voulu céder sur l'échelle mobile.
17. Il pense que c'est exagéré.

12 Practice

1. Position of 'lui'
1. Non, je vais lui parler maintenant.
2. Non, je vais lui parler maintenant.
3. Non, elle va lui parler maintenant.
4. Non, je vais lui parler maintenant.
5. Non, il va lui parler maintenant.
6. Non, elles vont lui parler maintenant.

2. Position of 'leur'
1. C'est exact, nous leur offrons 10% d'augmentation.
2. C'est exact, nous leur proposons l'échelle mobile.
3. C'est exact, nous leur accordons la revendication.
4. C'est exact, nous leur donnons le choix.
5. C'est exact, nous leur refusons la participation.

3. Position of 'vous'
1. Quoi, on veut vous accorder 10%! Mais ce n'est pas assez!
2. Quoi, on veut vous donner quatre semaines de congés payés, mais ce n'est pas assez!
3. Quoi, on veut vous offrir un nouveau poste! Mais ce n'est pas assez!
4. Quoi, on veut vous promettre l'échelle mobile! Mais ce n'est pas assez!
5. Quoi, on veut vous proposer la participation! Mais ce n'est pas assez!

4. Ce que
1. Ce que vous voulez est impossible!
2. Ce que vous demandez est impossible!
3. Ce que vous réclamez est impossible!
4. Ce que vous exigez est impossible!
5. Ce que vous proposez est impossible!

5. Il faut que + subjunctive
1. Il faut bien qu'ils fassent quelque chose!
2. Il faut bien que je fasse quelque chose!
3. Il faut bien qu'elles fassent quelque chose!
4. Il faut bien que je fasse quelque chose!
5. Il faut bien qu'il fasse quelque chose!

6. Il y a
1. Mais il l'a annoncé il y a déjà un mois!
2. Mais ils l'ont arrêtée il y a déjà trois jours!
3. Mais ils l'ont obtenue il y a déjà une semaine!
4. Mais elles l'ont vu il y a déjà deux jours!
5. Mais ils l'ont demandée il y a déjà quinze jours!

7. Il faut + infinitive
1. Il faut comprendre, vous n'avez pas le choix.
2. Il faut travailler, vous n'avez pas le choix.
3. Il faut être raisonnable, vous n'avez pas le choix.
4. Il faut rentrer, vous n'avez pas le choix.
5. Il faut préparer le repas, vous n'avez pas le choix.

8. Agreement of the past participle
1. Je suis très heureux de l'offre très intéressante que vous m'avez faite.
2. Je n'oublierai jamais le repas excellent que j'ai fait chez vous.
3. Je garderai un souvenir inoubliable de l'hospitalité fort simple que vous m'avez offerte.
4. Je vous suis très reconnaissant des messages que vous avez pris pour moi.
5. Je n'oublierai jamais les deux semaines exceptionnelles que j'ai passées dans votre pays.
6. Je me souviendrai toujours du vin inimitable que j'ai dégusté à Bordeaux.

9. Depuis, pendant, pour
1. Françoise? Il l'attend depuis deux heures.
2. Je partirai en France pour trois jours.
3. Je fais des courses depuis ce matin. Je suis crevée!
4. J'ai dû travailler le soir pendant trois ans pour me payer mes études.
5. Les gars, ils sont en grève depuis ce matin.
6. Son augmentation? Elle l'attend depuis six mois.
7. Ils ont manifesté leur mécontentement pendant toute la journée.
8. J'irai aux Etats-Unis pour trois mois.
9. Je vous téléphone depuis ce matin. Mais qu'est-ce que vous faites?

10. Vocabulary practice
1. Les ouvriers en grève, ce sont les grévistes.
2. L'inflation signifie que l'argent perd de sa valeur, donc que les prix augmentent.
3. L'échelle mobile c'est une augmentation de salaire correspondant à l'accroissement du coût de la vie.
4. L'ensemble des cadres supérieurs qui dirigent une entreprise s'appelle la direction.
5. Une crise économique signifie qu'il y a inflation et augmentation des prix.
6. Interdire toute augmentation des salaires s'appelle le blocage des salaires.

12 Expansion exercises

1. Negative imperative
1. Non, ne refusez pas!
2. Non, ne venez pas!
3. Non, ne partez pas!
4. Non, ne signez pas!
5. Non, ne cédez pas!

2. Où est-ce que je pourrais …? + infinitive
1. Excusez-moi, Monsieur, le guichet est fermé, où est-ce que je pourrais acheter un billet?
2. Excusez-moi, Monsieur, le téléphone est en panne, où est-ce que je pourrais téléphoner?
3. Excusez-moi, Monsieur, le restaurant est fermé, où est-ce que je pourrais manger quelque chose?
4. Excusez-moi, Monsieur, le métro est en grève, où est-ce que je pourrais trouver un taxi?
5. Excusez-moi, Monsieur, la poste est fermée, où est-ce que je pourrais acheter des timbres?
6. Excusez-moi, Monsieur, la banque est fermée, où est-ce que je pourrais changer mon argent?

3. J'ai failli…
1. Non, j'ai failli avoir une amende.
2. Non, j'ai failli avoir un accident.
3. Non, j'ai failli tomber.
4. Non, j'ai failli rater l'avion.
5. Non, j'ai failli coucher dehors.
6. Non, j'ai failli perdre tout mon argent.

4. Il ne faut pas que + subjunctive
1. Non, il ne faut pas que je mange trop.
2. Non, il ne faut pas que je fume trop.
3. Non, il ne faut pas que travaille trop.
4. Non, il ne faut pas que je danse trop.
5. Non, il ne faut pas que je m'amuse trop.

10–12 Testez-vous!

1. Si vous avez des problèmes, n'hésitez pas à nous contacter!
2. Le paiement est à trente jours de fin de mois dès réception de facture.
3. L'ascenseur ne marche pas, parce qu'il est en panne.
4. (ii)
5. (iii)
6. (i)
7. (i)
8. La ligne est mauvaise, parlez plus fort.
9. (i)
10. Moi, ce qui m'intéresse.
11. Vous importez beaucoup de produits allemands?
12. Venez m'y rejoindre.
13. Ils sont si impressionnants!
14. Ils les donnent, ma parole!
15. Nous la connaissons bien.
16. Alors, je vous laisse.
17. Elle l'attend depuis déjà une demi-heure.
18. J'ai travaillé pendant trois heures.
19. (i)
20. Attendez voir!
21. Et voilà vous y êtes!
22. Merci bien, Madame, vous êtes bien aimable!
23. (iii)
24. Ils sont en grève jusqu'à nouvel ordre.
25. Je n'ai pas de billet, parce que le guichet est fermé.
26. Il y a blocage des salaires à cause de la crise économique.
27. Alors, profitez-en!
28. Mais j'en ai pris!
29. Vérifiez-moi le niveau d'huile.
30. Comment! Vous n'avez plus de croissants!

13 Dialogue questions

1. M. Sériex présente M. Melville au Conseil d'Administration de la Cie Sériex et Fils.
2. C'est le directeur des achats.
3. C'est le directeur des ventes.
4. C'est le chef du personnel.
5. Il va discuter le projet de coopération entre sa compagnie et la Cie Sériex et Fils.
6. La Cie Sériex et Fils est sur le point de signer un contrat fort important avec le Caire.
7. Parce qu'elle est basée d'une part sur la supériorité des appareils et d'autre part sur des délais de fourniture très précis.
8. Parce que le montage des pièces est une opération longue et délicate.
9. Filturbo s'engage à livrer la marchandise régulièrement.
10. Non, il n'est pas satisfait car 'régulièrement' en affaires ne veut pas dire grand-chose.
11. Oui, il pourrait être renouvelable après deux ans.
12. Ils viennent de signer des accords.
13. Ces accords stipulent que la révision du salaire aura lieu dans les douze mois prochains.
14. Non, pas encore.
15. Parce que la CFDT est plus à gauche que la CGT communiste.

13 Practice

1. Negative imperative of reflexive verbs
1. Mais non, ne vous inquiétez pas!
2. Mais non, ne vous en allez pas!
3. Mais non, ne vous levez pas!
4. Mais non, ne vous tournez pas!
5. Mais non, ne vous énervez pas!

2. Position of pronouns
1. Oui, il nous l'a annoncée.
2. Oui, il nous l'a expliquée.
3. Oui, elles nous les ont annoncées.
4. Oui, ils nous l'ont expliquée.
5. Oui, elle nous l'a faite.
6. Oui, il nous l'a proposée.

3. Etre sur le point de . . .
1. Non, il est sur le point de le signer.
2. Non, elles sont sur le point de la faire.
3. Non, nous sommes sur le point de la demander.
4. Non, il est sur le point de la décider.
5. Non, je suis sur le point de le trouver.
6. Non, elles sont sur le point de l'obtenir.

4. Agreement of past participle
1. Mais vous l'avez promise!
2. Mais vous l'avez promise!
3. Mais vous l'avez promis!
4. Mais vous l'avez promise!
5. Mais vous l'avez promis!

5. Future tense of 'être'
1. Non. Mais après l'augmentation, il sera content.
2. Non. Mais après l'augmentation, nous serons satisfaits.
3. Non. Mais après l'augmentation, il sera heureux.
4. Non. Mais après l'augmentation, nous serons tous contents.
5. Non. Mais après l'augmentation, il sera satisfait.
6. Non. Mais après l'augmentation, je serai heureux.

6. Future tense of 'avoir'
1. Pas encore, mais il l'aura.
2. Pas encore, mais je l'aurai.
3. Pas encore, mais il l'aura.
4. Pas encore, mais je l'aurai.
5. Pas encore, mais elle l'aura.
6. Pas encore, mais nous les aurons.

7. Future tense
1. Non, je lui parlerai demain.
2. Non, elle l'aura demain.
3. Non, je lui téléphonerai demain.
4. Non, il les fera demain.
5. Non, je le signerai demain.
6. Non, je lui écrirai demain.

10. Excuses
Y Je peux passer vous voir samedi prochain?
x Ah! Non, je serai très occupée.
Y Et samedi en huit?
x Je serai à Marseille.
Y Bon, eh bien venez chez moi dimanche soir.
x Je ne peux pas, je serai chez mes parents.
Y Bon, alors, est-ce que je peux passer vous voir au bureau dans la semaine?
x Non, je suis désolée, mais je serai à Moscou!

11. Agreement of past participle
1. c)
2. d)
3. a)
4. b)
5. f)
6. e)

12. Il faut + infinitive
1. Il faut aller à Londres demain.
2. Il faut écrire cette lettre ce soir.
3. Il faut téléphoner à Paris demain.
4. Il faut chercher le dossier Sériex immédiatement.
5. Il faut vendre votre GX.
6. Il faut refaire le rapport ce matin.

13. Verb practice
1. mettre au courant . . .
2. développer . . .
3. Je m'engage à . . .
4. Je ferai de mon mieux . . .
5. stipule . . .

13 Extra

14. Le/la/les with perfect + negative
1. Non, je ne les ai pas encore vus.
2. Non, elle ne l'a pas encore pris.
3. Non, il ne l'a pas encore accepté.
4. Non, je ne l'ai pas encore refusée.
5. Non, ils ne les ont pas encore toutes distribuées.
6. Non, je ne l'ai pas encore lu.

15. Lui/leur with perfect + negative
1. Mais non! Elle ne lui a pas donné congé!
2. Mais non! Ils ne leur ont pas refusé l'entrée!
3. Mais non! Nous ne leur accordons pas l'échelle mobile!
4. Mais non! Il ne lui a pas raconté d'histoires!
5. Mais non! Je ne leur ai pas gâché l'avenir!

13 Expansion exercises

1. Role-playing

JACQUES   Ça alors, Victor, quelle coïncidence! Mais, qu'est-ce que vous faites là, je vous croyais en Angleterre!

VICTOR   J'y étais.

JACQUES   Vous êtes de passage à Paris?

VICTOR   Non, j'habite Paris maintenant.

JACQUES   Sans blague? Vous travaillez à Paris pour Filturbo?

VICTOR   Non, je travaille pour une compagnie américaine.

JACQUES   Ça alors! Sacré Victor! Dites-moi, où habitez-vous?

VICTOR   J'habite au Quartier Latin.

JACQUES   Donnez-moi votre adresse et votre numéro de téléphone.

VICTOR   Alors, c'est 15 Rue de la Montagne Ste. Geneviève. Téléphone: 033-13-33.

JACQUES   Merci Victor et à bientôt!

2. Useful responses

1. b   2. e   3. d   4. c   5. a

14 Dialogue questions

1. Ils vont au restaurant 'A la Bonne Franquette'.
2. Pour célébrer la signature du contrat.
3. Il est près du Boulevard St. Germain.
4. C'est la patronne du restaurant.
5. Il a réservé une table pour quatre.
6. Elle se trouve au coin du feu.
7. Elle va les mettre au vestiaire.
8. Elle prend des cuisses de grenouilles.
9. Il prend des escargots.
10. Il prend un tournedos à la crème accompagné de truffes.
11. Il prend un canard à l'orange.
12. Il l'aime saignante.
13. Il se spécialisait en volaille.
14. C'est le sommelier.
15. Elle pense que c'est un vrai connaisseur.
16. Il conseille le Sancerre 72, le St. Emilion 70 et le Gamay 71.
17. Une crème caramel.
18. Elle pense que c'est comme un homme sans femme, c'est incomplet!

14 Practice

1. Imperfect tense of 'faire'
1. Avant, j'en faisais, mais plus maintenant.
2. Avant, j'en faisais, mais plus maintenant.
3. Avant, elle en faisait, mais plus maintenant.
4. Avant, j'en faisais, mais plus maintenant.
5. Avant, ils en faisaient, mais plus maintenant.

2. Imperfect tense
1. Quand j'étais étudiant, j'aimais beaucoup ça.
2. Quand j'étais étudiant, j'y jouais beaucoup.
3. Quand j'étais étudiant, j'y allais souvent.
4. Quand j'étais étudiant, j'aimais beaucoup ça.
5. Quand j'étais étudiant, j'y allais souvent.
6. Quand j'étais étudiant, j'y jouais beaucoup.
7. Quand j'étais étudiant, j'aimais beaucoup ça.

3. Conditional tense
1. Si j'étais vous, je boirais du rouge.
2. Si j'étais vous, je mangerais un chateaubriand.
3. Si j'étais vous, je prendrais un Mont Blanc.
4. Si j'étais elle, je boirais du Bordeaux.
5. Si j'étais elle, je mangerais une entrecôte.
6. Si j'étais elle, je prendrais une crème caramel.

4. Moins . . . que
1. Ah, non! C'est moins intéressant qu'avant!
2. Ah, non! C'est moins pratique qu'avant!
3. Ah, non! Ils sont moins religieux qu'avant!
4. Ah, non! Elle est moins élégante qu'avant!
5. Ah, non! Il est moins probable qu'avant!

5. Aussi . . . que
1. Non, elle est maintenant aussi chère qu'à Paris.
2. Non, elles sont maintenant aussi élégantes que les Françaises.
3. Non, ils sont maintenant aussi hospitaliers que les Français.
4. Non, il est maintenant aussi froid qu'à Paris.
5. Non, elles sont maintenant aussi bonnes que les françaises.

6. Pronouns
1. Bien sûr, je le lui ai recommandé.
2. Bien sûr, il le lui a conseillé.
3. Bien sûr, je la lui ai apportée.
4. Bien sûr, elle la lui a réservée.
5. Bien sûr, ils le leur ont donné.
6. Bien sûr, elle le lui a conseillé.

7. Conditional
1. Comme hôtel, je vous conseillerais le Waldorf.
2. Comme restaurant, je vous conseillerais le Simpsons.
3. Comme plat, je vous recommanderais le rosbif.
4. Comme dessert, je vous recommanderais le trifle.
5. Comme pub, vous devriez visiter le King's Arms.
6. Comme bière, vous devriez prendre la bitter.

8. Si + imperfect + conditional
1. Si j'avais de l'argent, j'achèterais une voiture.
2. Si j'étais Victor, je prendrais des frites.
3. Si j'étais au restaurant, je mangerais du canard.
4. Si j'avais le temps, j'irais au cinéma.
5. Si j'étais au café, je boirais une bière.
6. Si je pouvais choisir, je serais sommelier.

9. Pronouns
a. 1. M. Louis dit: Donnez-moi votre chapeau, je vais vous le mettre au vestiaire.
2. M. Louis dit: Donnez-moi votre parapluie, je vais vous le mettre au vestiaire.
3. M. Louis dit: Donnez-moi votre serviette, je vais vous la mettre au vestiaire.
4. M. Louis dit: Donnez-moi vos manteaux, je vais vous les mettre au vestiaire.
5. M. Louis dit: Donnez-moi vos paquets, je vais vous les mettre au vestiaire.
b. 1. Il le lui met au vestiaire.
2. Il la lui met au vestiaire.
3. Il les leur met au vestiaire.
4. Il le lui met au vestiaire.
5. Il les lui met au vestiaire.

Extra

10. Imperfect
1. Quand j'étais étudiant, je voyageais beaucoup, mais je ne voyage plus depuis longtemps!
2. Quand j'étais étudiant, je buvais beaucoup, mais je ne bois plus depuis longtemps!
3. Quand j'étais étudiant, je lisais beaucoup, mais je ne lis plus depuis longtemps!
4. Quand j'étais étudiant, je fumais beaucoup, mais je ne fume plus depuis longtemps!
5. Quand j'étais étudiant, je jouais beaucoup, mais je ne joue plus depuis longtemps!

14 Expansion exercises

1. Si vous en avez
1. Bon, alors donnez-moi une bénédictine, si vous en avez.
2. Bon, alors donnez-moi un marc, si vous en avez.
3. Bon, alors donnez-moi un whisky, si vous en avez.
4. Bon, alors donnez-moi un armagnac, si vous en avez.

2. Imperfect
1. Autrefois j'habitais en Angleterre.
2. Autrefois j'étudiais les sciences politiques.
3. Autrefois le théâtre le passionnait.
4. Autrefois tu allais aux meetings du Parti Libéral.
5. Autrefois elle écrivait des livres.
6. Autrefois ils allaient aux réunions syndicales.
7. Autrefois vous étudiez.

15 Dialogue questions

1. Ils sont chez les Saville.
2. C'est M. Saville.
3. C'est le PDG d'Aviagence.
4. C'est Sabine.
5. Non, il ne la reconnaît pas.
6. Il y a du caviar et du saumon.
7. C'est un monsieur aux grosses lunettes et au crâne chauve.
8. Il va partir demain.
9. Parce qu'il a accompli sa mission.
10. Il gardera un souvenir inoubliable de Paris.
11. C'est Mme Saville.
12. Elle veut lui montrer quelque chose d'inoubliable.
13. Il voit l'Arc de Triomphe, la Tour Eiffel, le Sacré-Coeur, Notre-Dame, l'Ile de le Cité et le Panthéon.
14. Victor, pense que la vue est extraordinaire.
15. Elles remontent au XVIIème siècle.
16. Elle pense que les Anglais sont romantiques, réservés et corrects pour commencer.
17. Il essaye d'embrasser Mme Saville.

15 Practice

1. Celle-ci/celle-là/celui-ci/celui-là
1. Non, ce n'est pas celui-ci, c'est celui-là.
2. Non, ce n'est pas celle-ci, c'est celle-là.
3. Non, ce n'est pas celui-ci, c'est celui-là.
4. Non, ce n'est pas celui-ci, c'est celui-là.
5. Non, ce n'est pas celui-ci, c'est cella-là.
6. Non, ce n'est pas celle-ci, c'est celle-là.

2. C'est moi qui ...
1. Mais c'est moi qui suis triste de partir.
2. Mais c'est moi qui suis enchanté de faire votre connaissance.
3. Mais c'est moi qui suis très heureux de vous revoir.
4. Mais c'est moi qui garderai un souvenir inoubliable de ma visite.

3. C'est bien ... qui ...
1. C'est bien lui qui est le sous-chef des ventes?
2. C'est bien lui qui est l'expert-comptable?
3. C'est bien elle qui est la téléphoniste?
4. C'est bien lui qui est le sous-chef des achats?
5. C'est bien elle qui est la secrétaire?

4. Uses of the conditional (in polite requests)

a. 1. Pourriez-vous m'appeler un taxi, s'il vous plaît?
 2. Pourriez-vous me réveiller à six heures, s'il vous plaît?
 3. Pourriez-vous me poster ces lettres, s'il vous plaît?
 4. Pourriez-vous me demander ce numéro de téléphone, s'il vous plaît?
 5. Pourriez-vous m'apporter la carte, s'il vous plaît?

b. 1. Auriez-vous l'amabilité, monsieur, de m'aider à porter mes bagages, s'il vous plaît?
 2. Auriez-vous l'amabilité, monsieur, d'ouvrir la fenêtre?
 3. Auriez-vous l'amabilité, monsieur, de fermer la porte, s'il vous plaît?
 4. Auriez-vous l'amabilité de me raccompagner à mon hôtel, s'il vous plaît?
 5. Auriez-vous l'amabilité, madame, d'annuler ma réservation, s'il vous plaît?

5. Use of the conditional

1. J'aimerais bien aller aux Etats-Unis cet été, si je pouvais.
2. J'aimerais bien partir en vacances la semaine prochaine, si je pouvais.
3. J'aimerais bien acheter une voiture de sport, si je pouvais.
4. J'aimerais dormir une semaine, si je pouvais.
5. J'aimerais bien dîner au champagne, si je pouvais.
6. J'aimerais bien sortir ce soir, si je pouvais.

6. Vous permettez que + subjunctive

1. Vous permettez que je sorte?
2. Vous permettez que j'ouvre la fenêtre?
3. Vous permettez que je ferme la porte?
4. Vous permettez que je vous aide?
5. Vous permettez que j'utilise votre téléphone?
6. Vous permettez que j'arrête le chauffage?

15 Expansion exercises

1. Tous les deux, toutes les deux

1. Je les prends tous les deux.
2. Je les prends tous les deux.
3. Je les prends toutes les deux.
4. Je les veux toutes les deux.
5. Je les paie tous les deux.

2. Ils/elles sont à combien?

1. Elles sont à combien?
 Non, elles sont trop chères, vous n'avez pas autre chose?
2. Ils sont à combien?
 Non, ils sont trop chers, vous n'avez pas autre chose?
3. Il est à combien?
 Non, il est trop cher, vous n'avez pas autre chose?
4. Il est à combien?
 Non, il est trop cher, vous n'avez pas autre chose?
5. Il est à combien?
 Non, il est trop cher, vous n'avez pas autre chose?

3. Vous n'en avez pas de moins ...

1. Vous n'en avez pas de moins chères?
2. Vous n'en avez pas de moins grosses?
3. Vous n'en avez pas de moins grandes?
4. Vous n'en avez pas de moins fort?
5. Vous n'en avez pas de moins sec?

4. Vous n'auriez pas quelque chose de typiquement ...

1. Non, pas ça. Vous n'auriez pas quelque chose de typiquement parisien?
2. Non, pas ça. Vous n'auriez pas quelque chose de typiquement suisse?
3. Non, pas ça. Vous n'auriez pas quelque chose de typiquement belge?
4. Non, pas ça. Vous n'auriez pas quelque chose de typiquement français?
5. Non, pas ça. Vous n'auriez pas quelque chose de typiquement allemand?

13–15 Testez-vous!

1. Il nous l'a déjà annoncée.
2. Ils les ont déjà expliquées.
3. Je lui parlerai.
4. Il faut fermer les vitres!
5. Vous connaissez De Gaulle, n'est-ce pas?
6. Qui est-ce?
7. Je n'ai plus de monnaie.
8. Je me souviens de la fois où tu as sifflé.
9. Permettez-moi de vous présenter Mme Leclerc.
10. On peut avoir le menu?
11. Je prendrais des escargots.
12. Il allait souvent au théâtre.
13. Il faut bien qu'il fasse quelque chose!
14. Si je vais prendre du fromage ou non.
15. Va pour le St. Emilion 70!
16. Il est moins bon qu'avant.
17. (i)
18. (i)
19. Celle qui est en robe mauve.
20. Je vous l'apporterai demain.
21. Je vous les ai données.
22. (i)
23. C'est vous qui êtes charmante.
24. Quelque chose d'inoubliable.
25. J'irai en France.
26. (i)
27. J'y suis allé.
28. Depuis des années.
29. Il est allé à la foire.
30. Je mangeais souvent au restaurant.
31. (iii)
32. (i)
33. Tu dois aller tôt au bureau?
34. Je crois bien qu'il y a une erreur.
35. Allons-y.
36. Prenez celles-ci, elles sont excellentes.
37. (ii)
38. Je passerais vous voir.
39. Il irait à Moscou.
40. (iii)

16 Dialogue questions

1. Il lui donne la note.
2. C'est 750F 50.
3. Il pensait payer dans les 650–670F.
4. Ça veut dire Taxes et Service.
5. 80F par jour.
6. Il est resté huit jours.
7. Avec Mme Saville.
8. Parce qu'il vient de réaliser que c'est la femme du PDG.
9. Il pense que c'est une coquette.
10. C'est le vol BA 811.
11. Porte No 9.
12. Il lui dit: Merci mille fois de tout ce que vous avez fait pour moi.
13. Il espère pouvoir rendre l'hospitalité à Jacques quand il ira à Londres.
14. Il ira peut-être à Londres.

16 Practice

1. Perfect with 'être'
1. Ah, non, vous vous trompez. Je suis arrivé chez vous le 17.
2. Ah, non, vous vous trompez. Je suis resté d'abord deux jours.
3. Ah, non, vous vous trompez. Je suis parti le 19 au matin.
4. Ah, non, vous vous trompez. Je suis revenu le 24.
5. Ah, non, vous vous trompez. Je suis resté cinq jours.

2. Perfect tense of reflexive verbs
1. Oui, je m'y suis beaucoup amusé.
2. Oui, je m'y suis spécialisé.
3. Oui, je me suis trompé d'adresse.
4. Oui, je me suis dépêché.
5. Oui, je me suis énervé.
6. Oui, il s'est bien passé.

3. 'On' + perfect tense
1. Non, on est parti à neuf heures.
2. Non, on est allé au bureau.
3. Non, on a déjeuné au restaurant.
4. Non, on a pris un poulet-petits pois.
5. Non, on a bu du blanc.
6. Non, on est allé au cinéma.
7. Non, on est rentré en taxi.

4. Il faut que + subjunctive
1. Oui, il faut que je parte demain.
2. Oui, il faut que je fasse ça ce soir.
3. Oui, il faut que je lui téléphone maintenant.
4. Oui, il faut que je parte tout de suite.
5. Oui, il faut que je rentre maintenant.
6. Oui, il faut que je prenne le train.

5. Role-playing

VOIX — Le vol BA 811 à destination de Londres . . . Embarquement immédiat, porte No 9.

VICTOR — Jacques, merci mille fois de tout ce que vous avez fait pour moi.

JACQUES — De rien, de rien. C'est normal, Victor! Mireille et moi avons été très contents de vous avoir connu.

VICTOR — Veuillez remercier encore une fois Mireille de ma part.

JACQUES — Je n'y manquerai pas!

VICTOR — J'espère que vous viendrez bientôt à Londres.

JACQUES — Oui, j'irai peut-être à Londres très bientôt en voyage d'affaires.

VICTOR — Ah, bien, comme cela je pourrai vous rendre la pareille.

VOIX — Dernier appel pour le vol BA 811 à destination de Londres.

VICTOR — Bon, j'y vais. Au revoir Jacques et merci encore.

6. Imperfect tense
It is up to you to decide which character does what. Each answer should begin:
Quand Victor est arrivé au bureau, il a vu X, qui . . .
The 'qui' phrases should read as following:
qui lisait le journal
qui écoutait la radio
qui jouaient aux cartes
qui fumait le cigare
qui dormait
qui buvait du cognac
qui arrivait en retard

7. Perfect tense
1. Hier Victor a regardé la télévision.
2. Hier Victor a lu le journal.
3. Hier Victor a écrit une lettre.
4. Hier Victor a mangé un steak-frites.
5. Hier Victor a bu du Bordeaux.
6. Hier Victor a pris un bon café noir.
7. Hier Victor est allé se coucher.

Vocabulary

The English translation given is for the French word in the context in which it comes.

The number after the English translation indicates the Unit in which the word is first introduced.

Feminine forms of adjectives are only given when irregular.

à, at, to (2)
ah, ah! oh! (2)
    ah, oui? oh, really? (2)
    ah, bon! oh, well! (2)
abandonner, to abandon (11)
d'abord, first of all (6)
aboutir, to succeed (5)
l'abruti *(m)*, idiot, fool (8)
accepter, to accept (3)
accommodant, accommodating (15)
accompagné de, accompanied by (14)
accomplir, to accomplish (15)
l'accord *(m)*, agreement (10)
d'accord, all right, OK (10)
accorder, to agree to (10)
l'accotement *(m)*, hard shoulder (9)
l'accroissement *(m)*, increase (12)
l'accueil *(m)*, welcome (16)
accueillir, to welcome (13)
acheter, to buy (4)
l'acier *(m)*, steel (8)
activer, to hasten, to expedite (16)
adjacent, next to (11)
l'adjoint *(m)*, assistant (15)
admettre, to admit (16)
admirable, admirable (15)
adorer, to love, to adore (7)
l'adresse *(f)*, address (4)
s'adresser à, to ask, to apply to (5)
l'adulte *(m)*, adult (7)
l'aéroport *(m)*, airport (6)
l'affaire *(f)*, business (13)
affecter, to affect (12)
l'Afrique *(f)*, Africa (11)
l'agence *(f)*, agency (10)
l'agent *(m)*
    l'— de conduite, driver (12)
    l'— de contrôle, controller (12)
    l'— de police, policeman (9)
agréable, pleasant, nice (3)
ailleurs, elsewhere (6)
    d'—, besides, moreover (12)
aimable, pleasant, kind (4)
aimer, to like, to love (2)
ainsi que, as well as (14)
ajouter, to add (5)
l'alcool *(m)*, alcohol, spirits (3)
l'Algérie *(f)*, Algeria (11)
algérien (algérienne), Algerian (14)
l'Allemagne *(f)*, Germany (5)
allemand, German (2)
aller, to go (1)
    allons-y! let's go! (11)
(s')allumer, to switch on (9)
alors, then (2)

l'Amazonie *(f)*, Amazonia (15)
l'ambassade *(f)*, embassy (6)
l'amélioration *(f)*, improvement (12)
l'amende *(f)*, fine (4)
américain, American (14)
amical, friendly (16)
l'amortisseur *(m)*, shock absorber (9)
s'amuser, to enjoy oneself (16)
l'andouillette *(f)*, chitterling sausage (made from intestines) (14)
anglais, English (2)
l'Angleterre *(f)*, England (3)
l'anisette *(f)*, anisette aperitif (2)
l'année *(f)*, year (6)
    l'— dernière, last year (6)
annoncer, to announce (12)
annuel (annuelle), annually (4)
l'appareil *(m)*
    l'— téléphonique, telephone (5)
    qui est à l'—? who's speaking? (7)
l'appartement *(m)*, apartment (3)
l'appel *(m)*, call (5)
appeler, to call, to call out (6)
apporter, to bring (16)
apprécier, to appreciate (16)
apprendre, to learn (14)
l'apprentissage *(m)*, apprenticeship (8)
approfondir, to deepen (13)
l'approvisionnement *(m)*, supply (16)
appuyer sur, to push, to press (5)
après, then, afterwards (5);
    — tout, after all (14)
l'après-midi *(m,f,)*, afternoon (3)
l'arbre *(m)*, tree
    l'— généalogique, family tree (15)
l'armée *(f)*, army
    l'— de l'air, air force (13)
les arrhes *(f)*, deposit (7)
l'arrivée *(f)*, arrival (6)
arriver, to arrive (6)
arroser, to water, to spray (5)
arrosé de, topped with (14)
l'article *(m)*, article (11)
l'ascendance *(f)*
    les —s, ancestors (15)
l'ascenseur *(m)*, lift (10)
s'asseoir, to sit down (1)
    asseyez-vous, sit down (1)
assez de, enough (5)
assorti, matching (15)
l'assurance *(f)*, assurance (13)
assurer, to assure (12)
l'atelier *(m)*, workshop (6)
    l'— de montage, assembly shop (8)
l'atomiseur *(m)*, spray (15)
attacher, to fasten (9)

atteindre, to reach (7)
attendre, to wait (7)
attention! careful! (9)
atterrir, to land (6)
l'augmentation *(f)*, increase, rise (8)
augmenter, to increase (11)
aujourd'hui, today (3)
aussi, also, as well (2)
autant de, as much, so much
    as many, so many (12)
l'autobus *(m)*, bus (12)
l'autocar *(m)*, coach (12)
automatique, automatic (12)
l'automobiliste *(m)*, driver (9)
l'autorité *(f)*, authority (13)
autre, another (8)
autrefois, previously, at that time (14)
à l'avance, in advance (7)
d'avance, in advance (8)
avancer, to go forward (5)
avant, before, previously (14)
avec, with (2)
l'avion *(m)*, plane (6)
    par —, by air mail (5)
avis (à), notice (to) (4)
avisé, far-seeing, well-advised (9)
avoir, to have (3)
    — l'air, to seem (15)
    — l'autorité de, to have the authority to
    (13)
    — faim, to be hungry (3)
    — l'honneur de, to have the honour to
    (13)
    — lieu, to take place (13)
    — le malheur de, to have the
    misfortune to (14)
    — peur, to be afraid (12)
    — (grand) plaisir à, to have (great)
    pleasure in (16)
    — le privilège de, to have the privilege
    to (13)
    — raison, to be right (9)
    — rendez-vous avec, to have an
    appointment with (12)
    — soif, to be thirsty
    — le temps de, to have the time to (14)
avouer, to admit (11)

les bagages *(m)*, luggage (6)
    le porte —, roofrack (9)
le bain, bath (7)
le balcon, balcony (3)
la bande
    la — magnétique, magnetic tape (4)
la banlieue, suburb (12)
le banlieusard, suburban dweller (12)
la banque, bank (6)
bas (basse), low (11)
basé sur, based on (13)
le bâtiment, housing (8)
la batterie, battery (car) (9)

beau (belle), beautiful (14)
beaucoup de, a lot of (3)
belge, Belgian (5)
la Belgique, Belgium (5)
le beurre, butter (7)
la bibliothèque, library (11)
bien, well (2)
    assez —, rather well (2)
    — sûr! of course! (3)
à bientôt, see you soon (5)
la bienvenue, welcome (1)
    souhaiter la —, to welcome (1)
la bière, beer (2)
le billet, ticket (4), note (5)
le bistro, bar (where meals are available also)
    (2)
la blague
    sans blagues, no joking (13)
blanc (blanche), white
    le —, white wine (3)
bleu, blue
    le — de travail, working overalls (6)
blond, fair (hair) (2)
la blonde, lager (beer) (2)
boire, to drink (5)
le bois, wood (15)
la boisson, drink (2)
    les —s alcoolisées, alcoholic drinks
    les —s non-alcoolisées, non-alcoholic
    drinks (2)
la boîte, box
    la — à lettres, letter box (5)
    la — de vitesse, gear box (9)
boîteux (boîteuse), clumsy (16)
bon (bonne), good, fine (2); right (4)
    de — appétit, with a good appetite (5)
    — marché, cheap (2)
bonjour! good morning! good afternoon!
    (1)
bonsoir! good evening! (7)
le bon billet, the right ticket (4)
la bougie, plug (car) (9)
la bouillabaisse, fish soup (14)
la boule, bowl (15)
le bouquet, aroma (wine) (9)
la bouteille, bottle (9)
la boutique, shop
    la — détaxée, tax-free shop (6)
le bouton, button (5)
brancher, to connect (7)
le bras, arm
    le — droit, right arm, assistant (15)
brave, brave (8)
bref, in short (10)
la Bretagne, Brittany (7)
la brochette, skewer
    la — d'agneau, skewered lamb (14)
la brochure, brochure (11)
la brume, mist (7)
brun, brown (2)
le buffet, sideboard (3); buffet (15)
le bureau, office (1)
    le — de change, bureau de change (6)
    le — d'informations, information office
    (6)
    le — de poste, post office (5)

ça
  c'est —, that's right (6)
  — va? how are you? all right? (10)
la cabine
  la — interurbaine, inter-city telephone
    box (5)
  la — publique, public phone box (7)
se cacher, to hide (15)
le cadeau *(pl.* **cadeaux),** gift (15)
le cadre, managerial staff (8)
  CAF (coût assurance frêt), cost insurance
    freight (10)
le café, café (5); coffee (7)
  le pousse- —, liqueur (14)
la caisse, cash desk (15)
  la — d'Epargne, savings bank (5)
la calamité, calamity (9)
le calendrier, calendar (12)
  calme, calm (6)
le camarade, comrade (8)
le camion, lorry (9)
la campagne, countryside (16)
le canard, duck (14)
la capitale, capital (16)
le capot, bonnet (9)
le carburateur, carburettor (9)
la carlingue, cockpit (6)
le carnet (de billets), book of tickets (4)
le carrefour, crossroads (11)
la carte, card (12)
  la — hebdomadaire, weekly season (12)
  la — postale, postal card (5)
le cas
  dans ce —, in that case (15)
  le — échéant, should the occasion arise
    (16)
la catastrophe, catastrophe (12)
le cauchemar, nightmare (9)
à cause de, because of (4)
le caviar, caviare (15)
  céder, to give in (12)
le cégétiste, CGT union man (8)
la ceinture, belt (15)
  la — de sécurité, safety-belt (9)
  célibataire *(adj),* single (man, woman) (3)
le centime, centime (5)
  certain, certain
  un — charme, a certain charm (11)
  un charme —, a definite charm
  certainement, certainly (5)
  cesser, to cease, to stop (11)
la chaleur, heat (7)
la chambre, bedroom, room (3)
  chambré, at room temperature (9)
le champagne, champagne (15)
la chance, luck
  avoir de la —, to be lucky (3)
  changer, to change (4)
la chanson, song (13)
les chantiers navals *(m),* shipbuilding (8)
  chaque, each (4)
le charbon, coal (8)

la charcuterie, cold meats (dish) (14)
se charger de, to take charge of (16)
le chariot, trolley (6)
  charmant, charming (16)
le charme, charm (16)
le chateaubriand, prime cut steak (14)
  chaud, hot (7)
la chaussée, road surface (9)
  chauve, bald (15)
le chef
  le — des achats, chief buyer (13)
  le — du personnel, personnel manager
    (13)
  le — de station, stationmaster (4)
  le — des ventes, sales manager (13)
  le sous- — des achats, assistant buyer
    (1)
  le sous- —des ventes, assistant sales
    manager (i)
les chemins de fer, railways (8)
le chèque, cheque
  les —s postaux à vue, giro cheques (5)
  cher (chère), dear, expensive (2)
  chercher, to look for (3)
  chez
  — moi, at (my) home
  — vous, at your place (8)
le chiffon, duster (9)
  chilien (chilienne), Chilian (14)
le chocolat, chocolate (7)
le choix, choice (14)
la choucroute, sauerkraut (14)
le cigare, cigar (2)
la cigarette, cigarette (2)
le cinéma, cinema (11)
le Cinzano, Cinzano (3)
la circulaire, circular letter (5)
la circulation, traffic (9)
  circuler, to go around, to move about (4)
le citron, lemon
  le — pressé, squeezed lemon (2)
  clairement, clearly (13)
  claquer, to bang (9)
la classe, class (4)
la clef, key (3)
le client, client (1)
  clos, shut (13)
le cochonnet, jack (bowls) (15)
le coffre, boot (9)
le coffret, small box, case (15)
le cognac, brandy (14)
le coin, corner (14)
  au —de, round the corner, near (14)
se coincer, to get stuck (5)
la coïncidence, coincidence (13)
  collectif (collective), collective (15)
la colline, hill (15)
  combien de? how much? how many? (9)
le combiné, receiver (5)
le comble
  c'est le —, that's the limit (9)
la commande, order (10)

commander, to order (14)
comme, like, as (4)
commencer, to begin, to start (11)
comment? how? (8)
le **commerce,** commerce (11)
commercial, commercial (10)
la **commercialisation,** commercialisation (10)
commode, practical (4)
la **communication,** call (7)
communiste, communist (13)
la **compagnie,** firm, company (1)
compléter, to complete (12)
compliqué, complicated (7)
composer, to dial (5)
composter, to cancel (ticket) (12)
le **composteur,** cancelling machine (12)
comprendre, to understand (3)
compris, included (2)
   tout —, everything included (2)
comptant, cash (10)
le **compte,** account (16)
compter, to count
   — sur, to rely on (10)
   — avec, to reckon with (11)
concernant, concerning (16)
la **concurrence,** competition (11)
le **concurrent,** competitor (11)
la **condition,** condition (10)
se **conduire,** to behave (16)
confirmer, to confirm (7)
la **confiture,** jam (7)
le **congé,** holiday, leave (12)
le **connaissance,** acquaintance
   faire la — de, to make the acquaintance of (7)
le **connaisseur,** connoisseur (14)
connaître, to know (3)
consacrer, to devote
conseiller, to advise (14)
consulter, to consult (11)
contacter, to contact (10)
content, glad (10)
contigu (contiguë), adjoining, contiguous (12)
continuer, to continue (11)
le **contrat,** contract (10)
contre, against (4)
   par —, on the other hand (10)
le **contremaître,** foreman (6)
le **contrôle,** control (6)
le **contrôleur,** inspector (4)
convenir, to come to an agreement (10)
la **conversation,** conversation, chat (3)
la **coopération,** cooperation (13)
le **coq**
   le — au vin, chicken cooked in wine (14)
coquet (coquette), coquettish (16)
le **corps,** body (wine) (9)
correct, correct (10)
la **correspondance,** connection (Métro) (4)
correspondant à, corresponding to (12)
la **Corse,** Corsica (7)

le **couloir,** corridor (3), channel (9)
le **coup,** blow (5)
   le — de fil, phone call (7)
couper, to cut
   ne coupez pas! don't ring off! hold on! (10)
la **coupole,** cupola (15)
le **coupon,** (part of) ticket (12)
le **courrier,** mail (5)
   par retour du —, by return of mail (7)
la **courroie,** fan belt (9)
le **cours,** lecture, class (14)
les **courses** (f), shopping (12)
coûter, to cost (4)
le **crâne**
   au — chauve, with the bald head (15)
le **crédit,** credit (11)
la **crème,** cream
   la — caramel, crème caramel (14)
la **crevaison,** puncture (9)
crevé, punctured (9)
crier, to shout (2)
le **criminel,** criminal (4)
la **crise,** crisis
   la — économique, economic crisis (8)
croire, to think (2)
   se —, to believe (oneself) (9)
le **croissant,** croissant (7)
croissant (adj), increasing (8)
les **crudités** (f), raw vegetables (as hors d'oeuvre) (14)
la **cuisine,** cooking (2); kitchen (3)

la **dactylo,** typist (8)
la **dame,** lady (4)
   la vieille —, old lady (4)
danger! danger! (9)
dans, in(to) (3)
la **danse,** dance (13)
dater, to date (4)
le **début,** beginning (4)
décider, to decide (8)
la **décision,** decision (8)
déclarer, to declare (13)
le **décompte,** itemised bill (16)
décrocher, to pick up (phone) (5)
dedans, in (it), inside (5)
défectueux (défectueuse), bad (10)
défoncé, broken, bashed in (9)
se **dégeler,** to melt (15)
la **dégustation,** tasting (9)
déguster, to taste (15)
déjà, already (3)
le **déjeuner,** lunch (3)
   le petit —, breakfast (7)
le **délai,** delay (13)
   les —s de fourniture, supply dates (13)
le **délégué**
   le — syndical, union representative (8)
délicat, delicate (13)
délicieux (délicieuse), delicious (9)

délivrer, to deliver, issue (6)

demain, tomorrow (7)

  — **matin,** tomorrow morning (7)

  — **soir,** tomorrow evening (7)

la demande, claim (8)

demander, to ask (8)

démarrer, to start (9)

démesuré, huge, beyond measure (12)

le départ, departure (16)

le département, department (11)

se dépêcher, to hurry

  dépêchez-vous! hurry up!

dépendre de, to depend on (2)

  ça dépend, it depends

le déplacement, travelling, journey (12)

le dépôt

  le — des objets recommandés,
    registered post (5)

depuis, since (11)

le député, member of parliament (14)

déranger, to disturb

  ne vous dérangez pas, don't bother (7)

dernier (dernière), last (6)

dès, as soon as (10)

descendre, to get off (4)

désirer, to wish (5)

désolé, sorry (7)

le dessert, dessert (14)

desservir, to serve (12)

le destinataire, addressee (5)

la destination, destination (6)

  à — de, to (6)

le détail, detail (12)

  au —, retail

détester, to detest, to hate (13)

le détour, deviation (9)

deux, two (2)

  les —, both (3)

devant, in front of (4)

le développement, development (13)

deviner, to guess (15)

devoir, to have to (must) (10)

différent, different (14)

difficile, difficult (3)

dimanche, Sunday (16)

dîner, to have dinner (3)

dire, to say, to tell (5)

  c'est à —, that is to say (5)

  se —, to talk to oneself (6)

  vouloir —, to mean (13)

direct, direct

  en —, directly (7)

directement, directly (6)

le directeur, director

  le sous —, associate director (8)

  le — des achats, chief buyer (13)

  le — des ventes, sales director (13)

la direction, direction (4), management (8)

  en — de, towards (12)

se diriger, to go towards (9)

discuter, to discuss (12)

disparaître, to disappear (9)

le distributeur (d'allumage), distributor
  (car) (9)

divers, Any Other Business (13)

divertissant, entertaining (10)

divin, exquisite (15)

donc, therefore (9)

donner, to give (5)

  — **sur** to look out on (7)

dormir, to sleep (9)

le dos, back

  au —, on the back (4)

la douane, customs (6)

le douanier, customs officer (6)

la douche, shower (7)

doux (douce), mild (7)

la douzaine, dozen (9)

  la demi- —, half a dozen (9)

le droit, right (12)

tout droit, straight on (11)

la droite, right (3)

durer, to last (12)

l'échelle *(f)*

  l'— mobile, index-linked wage structure
  (12)

éclater, to blow up (14)

l'école *(f),* school (3)

s'écouler, to run out (time) (10)

écouter, to listen (5)

écrire, to write (5)

l'effet *(m),* effect (15)

  en —, as a matter of fact, indeed (4)

efficace, effective, efficient (11)

également, equally (13)

égyptien (égyptienne), Egyptian (13)

l'élan *(m),* outburst, burst (15)

élevé, high (3)

éloigné, far, distant (12)

l'embarquement *(m),* boarding (6)

embrasser, to kiss (15)

emmener, to take away (16)

l'émotion *(f),* emotion (6)

l'empire *(m),* empire (11)

l'emplacement *(m),* place, site (7)

l'employée *(f),* employee (female) (5)

enchanté, delighted (1)

encore, again

  — **une question,** another question (5)

l'endive *(f),* chicory (14)

s'endormir, to doze off (13)

l'endroit *(m),* spot, place (12)

s'énerver, to get excited (9)

les enfants, children (3)

enfin! at last! (3)

s'engager à, to undertake (10)

enlever, to take away (15)

l'enregistrement *(m),* check-in (6)

ensoleillé, sunny (7)

ensuite, then (4)

entendre, to hear (10)

l'entête *(f),* heading (7)

entier (entière), whole (13)
entre, between, in between (8)
l'entrecôte *(f)*, steak (14)
l'entrée *(f)*, hall (3), entry (11)
entrer (dans), to enter, to go in(to), to come in(to) (1)
l'enveloppe *(f)*, envelope (5)
environ, about (6)
envoyer, to send (7)
épouser, to marry (14)
l'erreur *(f)*, mistake (16)
l'escalier *(m)*, staircase (4)
— mécanique, escalator (4)
les escargots *(m)*, snails (14)
l'escompte *(m)*, discount (10)
l'Espagne *(f)*, Spain (5)
essayer, to try (9)
l'essence *(f)*, petrol (9)
les essuie-glaces *(m)*, windscreen wipers (9)
l'est *(m)*, East (4)
et, and (2)
établi, established (11)
établir, to establish (15)
éteindre, to switch off (7)
étonner, to astonish (13)
l'étranger *(m)*, foreigner (5)
être, to be
— d'accord avec, to be in agreement with (8)
— basé sur, to be based on (13)
— content, to be glad (16)
— épuisé, to be tired (6)
— fier (fière), to be proud (13)
— heureux (heureuse), to be happy (11)
— pressé, to be in a hurry (9)
— prêt, to be ready (9)
— en pourparlers avec, to be having talks with (13)
— de retour, to be back (11)
— sûr de, to be sure of (13)
— en sus, to be in addition (16)
étroit, narrow (13)
l'étude *(f)*, study (14)
étudier, to study (14)
l'étui *(m)*, cover, box (12)
exact, exact (2)
exactement (4)
pas —, not exactly, not quite (4)
exagérer, to exaggerate (12)
excellent, excellent (6)
exceptionnellement, exceptionally (6)
s'excuser, to apologise
excusez-moi, excuse me (3)
exiger, to demand (12)
exister, to exist (13)
l'expert-comptable *(m)*, chartered accountant (1)
expirer, to expire (6)
expliquer, to explain (8)
exploiter, to exploit (12)
l'exportation *(f)*, *abbr.* **l'export,** export (10)

exprimer, to express (16)
extrêmement, extremely (14)

fabriquer, to manufacture (6)
en face, opposite (4)
facile, easy (11)
la facture, invoice (10)
faible, weak (7)
faillir
— de faire quelque chose, to nearly do something
faire, to do, to make (5)
— affaire avec, to do business with (10)
— des cauchemars, to have nightmares (9)
— des courses, to do one's shopping (12)
— grève, to go on strike (12)
— de son mieux, to do one's best (12)
— office de, to work as (14)
— le plein, to fill up (with petrol) (9)
— des promesses, to make promises (12)
— la queue, to queue (5)
— son possible, to do one's best, all one can (13)
— un rapport, to write a report (11)
il fait
— beau, it is fine (weather) (7)
— chaud, it is hot (7)
— doux, it is mild (7)
— froid, it is cold (7)
en fait, in fact (11)
fameux (fameuse), famous (ironic), notorious (5)
la famille, family (3)
fanatique, fanatical (14)
le fascicule, volume (11)
le faucon, falcon (6)
il faut, it is necessary to (4)
féliciter, to congratulate (15)
la femme, woman, wife (2)
fermé, closed (12)
(se) fermer, to close (9)
la fermeture, shutting, closing (4)
fêter, to celebrate (10)
le feu, fire (14)
les feux, traffic lights (9)
fidèle, faithful (6)
fier (fière), proud (13)
la fille, daughter (3)
le fils, son (3)
fini, finished (10)
fixer, to fix (9)
FOB, free on board (10)
le foie, liver
le — gras, foie gras (a type of liver sausage) (7)
la foire, fair (9)
une fois, once (10)
la fontaine, fountain (4)
la forêt, forest (13)

formel (formelle), formal (13)
le formulaire, form (5)
fort, strong (2)
fort *(adv)*, very (11)
le foulard, scarf (9)
frais (fraîche), fresh (9)
le franc, franc (2)
français, French (2)
le Français, Frenchman
la Française, Frenchwoman (3)
la France, France (5)
franco domicile, free delivery (10)
frappé, iced (wine) (9)
le frère, brother (4)
la frite, chip (potato) (14)
froid, cold (7)
le fromage, cheese (6)
fruité, fruity (14)
fumer, to smoke (2)
fumeurs, smoking (compartment) (4)
  non —, no smoking (4)
le fuselage, fuselage (6)

le garage, garage (9)
le garagiste, garage man (9)
la garantie, guarantee (10)
le garçon, waiter (2)
garder, to keep (14)
la gare, station (railway) (7)
garer, to park (9)
le gars, chap (12)
gâter, to spoil (9)
gauche, left (6)
gauchiste, leftist (13)
le géant, giant (6)
la gentillesse, kindness (16)
le gérant, manager (4)
gourmand, greedy (14)
goûter, to taste (9)
le gouvernement, government (12)
grâce à, thanks to (12)
grand, big, tall (5)
la grand-mère, grandmother (12)
gras (grasse), fat (14)
la gratitude, gratefulness (16)
gratuit, free, (9)
gratuitement, free, (12)
grave, serious (8)
la grenouille, frog
  les cuisses de —s, frogs' legs (14)
la grève, strike (8)
le gréviste, striker (12)
griller, to grill (14)
gros (grosse), big, fat (15)
le guichet, counter (5)

habiter, to live (2)
l'habitude *(f)*, habit
  comme d'—, as usual (8)
le hangar, hangar (6)

le hareng, herring (14)
le hasard
  par —, by chance (4)
le hautparleur, loudspeaker (6)
hebdomadaire, weekly (12)
hésiter, to hesitate (10)
l'heure *(f)*, hour, time (3)
  c'est — de, it is time to (3)
  un quart d'—, a quarter of an hour (3)
  tout à l'—, a moment ago (5)
heureux (heureuse), happy (13)
hier, yesterday (5)
  — matin, yesterday morning (5)
  — soir, yesterday evening (7)
l'homme *(m)*, man
  l'— d'affaires, businessman (4)
  le jeune —, young man (4)
l'honneur *(m)*, honour (14)
  l'— aux dames, ladies first (14)
l'horreur *(f)*, horror (9)
les hors d'oeuvre *(m)*, starters (14)
l'hospitalité *(f)*, hospitality (15)
l'hôtel *(m)*, hotel (3)
l'huile *(f)*, oil (9)
l'humour *(m)*, humour, wit (16)

ici, here (1)
l'île *(f)*, island (15)
illégal, illegal (4)
illimité, unlimited (12)
illuminé, illuminated (15)
il y a, there is, there are (9); ago (14)
imagé, picturesque, vivid (14)
immédiat, immediate (6)
l'impérialisme *(m)*, imperialism (11)
important, important (8)
l'importation *(f)*, *abbr.* **l'import**
  import (10)
qu'importe! what does it matter! (15)
l'importateur *(m)*, importer (3)
importateur (importatrice), importing
  (10)
importer, to import (11)
l'impôt *(m)*, tax (3)
impressionnant, impressive (11)
l'imprévu *(m)*, unexpected event (13)
incomplet (incomplète), incomplete (14)
incroyable, incredible (9)
l'indemnité *(f)*, compensation; penalty
  — forfaitaire, fine (4)
les Indes, India (11)
indiquer, to indicate (4)
l'industrie *(f)*, industry
  l'— chimique, chemical industry (8)
  l'— alimentaire, food industry (8)
industriel (industrielle), industrial (5)
infaillible, infallible (8)
l'inflation *(f)*, inflation (8)
inoubliable, unforgettable (15)
inspecter, to inspect (9)
l'inspecteur *(m)*, inspector (5)

l'instant *(m)*, instant
  un —! just a moment! (7)
les instructions *(f)*, instructions (5)
  interdit, not allowed, forbidden (4)
  intéressant, interesting (6)
  intéresser, to interest (10)
  s'intéresser à, to be interested in (13)
l'intérêt *(m)*, interest (10)
  introduire, to introduce (4)
l'invention *(f)*, invention, trick (8)
l'investissement *(m)*, investment (12)
l'invité *(m)*, guest (15)
l'Irlande *(f)*, Ireland (5)
  irrégulier (irrégulière), irregular (6)
  en situation irrégulière, breaking the law (6)
  irrité, irritated (9)
l'Italie *(f)*, Italy (5)
  italien (italienne), Italian (2)

  jamais, never (6)
  japonais, Japanese (11)
  jaune, yellow (7)
le jeton, token (telephone) (5)
le jeu *(pl.* jeux), game (15)
  jeudi, Thursday (16)
les jeunes, young people (4)
  joindre, to join (12)
  joli, pretty (5)
le jouet, toy (15)
le jour, day
  les —s ouvrables, workdays (4)
la journée, day (14)
le jus de fruits, fruit juice (2)
  jusqu'à, up to, until (9)
  juste, just (4)
  justement, precisely (8)

le kilomètre, kilometer (9)

  là, there (3)
  — bas, over there (15)
  laisser, to leave (6)
le lait, milk (7)
la langue, tongue, language (8)
  léger (légère), light (2)
  légèrement, lightly (7)
le légume, vegetable (14)
la lettre, letter (5)
le licenciement, redundancy (8)
le lien, tie, bond (13)
la ligne, line (5)
  — occupée, line is engaged (5)
la limonade, lemonade (2)
la liqueur, liqueur (14)
  lire, to read (5)
  lisiblement, legibly (5)
la livraison, delivery (6)
  livrer, to deliver (13)

  logique, logical (9)
  loin, far (4)
  long (longue), long (13)
  à la longue, in the long term (11)
  longer, to walk alongside (11)
  longtemps, long time (12)
la lumière, light (15)
  lundi, Monday (16)
les lunettes *(f)*, glasses (15)
le Luxembourg, Luxemburg (5)
le lycée, grammar school (3)
le lyrisme, lyricism (15)

la machine, machine (4)
  Madame, madam, Mrs. (3)
  Mademoiselle, Miss (1)
le magasin, shop, store (15)
  magnifique, magnificent, gorgeous (15)
la main, hand
  en de bonnes —s, in good hands (6)
  la — d'oeuvre, work force (8)
  maintenant, now (5)
  mais, but (2)
la maison, house, home (3)
  majoritaire, in a majority (8)
la majorité, majority (8)
  mal, badly (9)
  pas —, not bad
  pas — de, a fair amount of (6)
  malheureusement, unfortunately (7)
  malheureux (malheureuse), unhappy (12)
le mandat, postal order (5)
  le paiement des —s, payment of postal orders (5)
  l'émission des —s, issuing of postal orders (5)
  manger, to eat (3)
la manifestation, demonstration (14)
le manoeuvre, unskilled worker (8)
  manquer, to be lacking (16)
  je n'y manquerai pas, I shan't fail to (16)
le manteau, coat (3)
la marchandise, goods (13)
le marché, market
  par dessus le —, into the bargain (9)
  le Marché Commun, Common Market (11)
  marcher, to walk, to work (machines) (5)
  mardi, Tuesday
le mari, husband (7)
  marié, married (3)
  se marier, to get married (13)
la marionnette, puppet (15)
le marron, chestnut (14)
le matin, morning (3)
  ce —, this morning (12)
  matinal *(adj)*, morning
  la brume —e, the early mist (7)
la matinée, morning (5)

mauvais, bad (10)

mauve, mauve (15)

le meeting, meeting (14)

meilleur, better (14)

même, same (4), even

   à Londres —, in London itself (3)

   quand —, nevertheless, still (7)

mensuel (mensuelle), monthly (11)

la mention, mention (5)

le menu, menu (14)

merci, thank you

   — bien, thank you very much (4)

   — beaucoup, thank you very much (15)

   — mille fois, thank you very much indeed (15)

mercredi, Wednesday

la merveille, marvel (15)

merveilleux (merveilleuse), marvellous (14)

Messieurs, Gentlemen, Sirs (in letters) (1)

les mesures *(f)*, measures (12)

la météo, weather forecast (7)

le métro, Tube, Underground (4)

   la bouche de —, Tube entrance (11)

   le — régional, suburban tube (12)

mettre, to put (5)

   — le contact, to turn on the ignition (9)

   — au courant de, to bring up to date (13)

   se — en grève, to go on strike (12)

   — à la poste, to mail (5)

midi, midday (3)

mieux, better (14)

militer, to militate (14)

le ministre, minister (11)

la mission, mission (15)

le modèle, model (6)

moderne, modern (11)

moi, me

   —-même, myself (5)

moins, less (11)

   tout du —, at least (13)

   au —, at least (4)

le mois, month (5)

   le — prochain, next month (5)

le moment, moment (3)

   pour le —, for the time being (5)

le monde, crowd, people (5)

   quel —! what a crowd! (5)

mondial, world-wide (14)

la monnaie, change (5)

Monsieur, Sir, Mr. (1)

le monstre, monster (15)

le montage, assembly (parts) (13)

monter, to assemble, to fit (6); to get in (9); to go up to (11)

la montre, watch (6)

montrer, to show (6)

le mot, word (12)

le moteur, engine (6)

la moule, mussel

   les —s marinière, mussels cooked in wine, onion and garlic (14)

le mousseux, sparkling wine (2)

la mule, mule (8)

le muscat, (sweet) muscat wine (2)

la musique, music (13)

naturellement! but of course! (5)

néanmoins, nevertheless (13)

nécessaire, necessary (5)

la nécessité, necessity (14)

négocier, to negotiate (12)

la neige, snow (7)

neiger, to snow

   il neige, it is snowing (7)

neuf (neuve), new (15)

nickelé *(adj)*, nickel (5)

le niveau, level (9)

le nom, name (4)

nominatif (nominative), nominative (12)

   carte nominative, personal card (12)

non, no (2)

le nord, North (4)

normal, normal (16)

Normand, Norman (3)

la note, bill (16)

nouveau (nouvelle), new (15)

   à —, again (16)

le nuage, cloud (7)

nuageux (nuageuse), cloudy (7)

la nuit, night (9)

le numéro, number (5)

obtenir, to get (7)

l'occasion *(f)*, chance, opportunity (16)

s'occuper de, to take care of (8)

l'oeuf *(m)*, egg (14)

   un — au plat, fried egg (14)

l'officiel *(m)*, official (8)

'L'Officiel des Spectacles', 'What's on in … this week' (13)

l'officier *(m)*, officer

   l'— de police, police officer (6)

l'offre *(f)*, offer (10)

offrir, to offer (13)

l'opération *(f)*, operation (13)

opérer, to operate, to work (7)

l'orage *(m)*, storm (7)

l'orange *(f)*, orange (14)

   l'— pressée fresh orange juice (2)

l'orchestre *(m)*, orchestra (13)

l'ordinaire *(f)*, 2-star petrol (9)

l'orient *(m)*, Orient, East (11)

ou, or (2)

où, where (2)

   n'importe —, anywhere (4)

oublier, to forget (5)

l'ouest *(m)*, West (4)

oui, yes (2)

l'outil *(m)*, tool (9)

l'ouvrier *(m)*, worker (8)

   l'— qualifié, skilled worker (8)

l'— spécialisé, semi-skilled worker (8)
(s')ouvrir, to open (6)
  le paiement, payment (10)
    les facilités de —, payment facilities (11)
  la paire, pair (15)
  le palier, landing (of stairs) (14)
  la pancarte, placard (12)
  la panne, breakdown (9)
    tomber en — d'essence, to run out of petrol (9)
    être en —, to have a breakdown (9)
  papa, daddy, dad (7)
  le paradis, heaven (12)
  paraître, to seem
    il paraît que, it seems that (12)
  le parapluie, umbrella (5)
  parce que, because (2)
  pardon, sorry, excuse me (9)
  le parebrise, windscreen (9)
  pareil (pareille), same (9)
  parfait, perfect (7)
  parfois, sometimes (2)
  la parfumerie, perfumery (15)
  parisien (parisienne), Parisian (4)
  parler, to speak (2)
    — de, to speak of (7)
  parmi, among (13)
  la parole
    ma —! my word! (3)
  le parti, party (8)
  la participation, industrial democracy (8)
  particulier (particulière), particular, special (12)
  particulièrement, particularly (16)
  partir, to go (away) (3)
  partout, everywhere (7)
  le passage
    être de —, to be passing through (3)
    — interdit, no entry (4)
  passager (passagère), temporary (7)
  le passeport, passport (6)
  passer, to give (10) to drop by (13)
    passer par, to go through (6)
  le passe-temps, hobby (14)
  la passion, passion (15)
  passionnant, entrancing, thrilling (11)
  se passionner de/pour, to conceive a passion for (14)
  le pâté, pâté (14)
  la patience, patience (16)
  le patron, manager (7), boss (8)
  le patronat, bosses (8)
  la patronne, manageress (7)
  le pavillon, building (11)
  payer, to pay (4)
  le pays, country
    les — arabes, Arab countries (6)
  le PDG (Président Directeur Général), chairman and managing director (1)
  le péage, toll (9)
  la peine, difficulty, trouble

ce n'est pas la — de …, it is not worth … (6)
  à —, hardly (10)
pendant, during, for (12)
pendu
  la langue bien —e, glib tongue (8)
penser, to think (2)
la pension
  la — complète, full board (7)
  la demi—, half board (7)
perdre, to lose (4)
perdu, lost (4)
le père, father (7)
la période, period
  en — de, during (14)
permettre, to allow (4)
  permettez-moi, allow me (6)
le permis d'entrée, entry permit (6)
le Pernod, aniseed aperitif (3)
le personnage, character (1)
personnel (personnelle), personal (10)
personnellement, personally (16)
la pétanque, bowls game (15)
  petit, small (4)
le petit déjeuner, breakfast (7)
les petits pois *(m)***,** peas (14)
un peu, a bit, a little (9)
  quelque —, somewhat (16)
le phare, (head)light (car) (9)
la pièce, coin (5); spare part (6); room (3)
le piquet, picket
  le — de grève, strike picket (12)
le pittoresque, picturesqueness (16)
la place, square (11); seat (13)
se plaindre, to complain (12)
  plaisanter, to joke (8)
le plaisir, pleasure
  avec —, with pleasure (3)
le plan, map (4)
le plat, dish (9)
  les —s épicés, 'hot' (spiced) dishes (9)
  le — principal, main dish (14)
le plateau, tray (14)
  plein, full (13)
  pleuvoir, to rain
  il pleut, it is raining (7)
  plier, to fold (12)
la pluie, rain (7)
  plus, more
    de —, furthermore, moreover (4)
    de — en —, more and more (4)
    ne … plus, no more, no longer (5)
    — tard, later (3)
    non —, neither
  plutôt, rather (15)
  pluvieux (pluvieuse), rainy (7)
le pneu, Parisian tube system of sending letters express (5), tyre (9)
la poche, pocket (4)
le poids lourd, heavy vehicle (9)
le poinçonneur, ticket collector (4)
le poisson, fish (9)

le politicien, politician (14)
la politique, politics (14)
   politisé, politicised (8)
la pomme (de terre), potato (14)
   les —s à l'anglaise, boiled potatoes (14)
la population, population (8)
   la — active, working population (8)
la porte, door (4)
le portefeuille, wallet (4)
la portière, door (car) (9)
le portillon
   le — automatique, automatic door
      (métro) (4)
le porto, port (2)
la position, position, order (8)
   possible, possible (6)
la poste, Post Office (5)
   la poste restante, poste restante (5)
le poulailler, gods (theatre) (13)
la poupée, doll (15)
   pour, for, in order to (10)
les pourparlers *(m)*, negotiations (12)
   pourquoi? why? (2)
   pourtant, nevertheless (9)
la poussière, dust (9)
   pouvoir, to be able (can) (5)
   pratique, practical (14)
   précis, precise (13)
   préférentiel (préférentielle), preferential
      (13)
   préférer, to prefer (2)
   premier (première), first (4)
   en première (classe), in first class (4)
   prendre, to take, to have (2)
   — place, to take place, to take a seat
      (13)
   près de, near (2)
le présentateur, presenter (13)
   présenter, to introduce (1)
le président, president (4)
   presque, nearly (4)
   pressé, in a hurry (9)
   presser, to hurry (10)
la pression, pressure (8)
   prêt, ready (3)
   prévenir, to warn (9)
le privilège, privilege (13)
le prix, price (4)
   — fixe, fixed price (4)
   la liste des —, price list (9)
   probable, probable (16)
le problème, problem (8)
le procès-verbal, minutes (13)
   prochain, next (4)
   la prochaine fois, next time (4)
   proche, near (4)
se procurer, to get (12)
la production, production (6)
le produit, product (11)
   professionnel (professionnelle),
      professional (16)
   profiter de, to take advantage of (12)

le projet, project (13)
la promenade, walk (16)
la promesse, promise (8)
   promettre, to promise (16)
à propos, by the way (5)
la proposition, proposal (13)
le propriétaire, landlord (13)
la provenance, source, origin
   en — de, from (6)
   provoquer, to provoke (14)
la publicité, publicity (10)
   puis, then (4)

   quand, when (10)
   quant à, as to (14)
le quartier, area
   le — latin, latin quarter (4)
   quel (quelle), what, which (6)
   quelque, some
   — temps, sometime (9)
   — chose, something (9)
   quelquefois, sometimes (2)
   quelqu'un, someone (3)
la question, question (5)
la queue, queue (5)
   quitter, to leave (15)
   quoi? what? (9)

le rabais, rebate (10)
   raccrocher, to hang up (5)
la radio, radio (7)
   rapide, quick, fast (4)
   rapidement, quickly (12)
se rappeler, to remember (11)
   rapporter, to bring back (15)
le rapport, relationship (8)
la ratatouille, vegetable stew (14)
   rater, to miss (8)
la RATP (Régie Autonome des
   Transports Parisiens), Paris
   Transport (12)
   ravi, delighted (13)
le rayon, department (15)
la réalisation, realization (6)
la réception, reception (10)
   accuser — de, to acknowledge reception
      of (10)
   recevoir, to get, to receive (13)
la recherche, research (15)
   recommencer, to start again (12)
   reconnaissant, grateful (16)
   reconnaître, to recognise (15)
   référer, to refer to (10)
le refus, refusal (8)
   regarder, to watch (4)
le régime, diet (14)
   au —, on a diet
la région, region (16)
   la — parisienne, Paris region (7)
le registre, register (7)

en règle, in order
    regretter, to regret, to be sorry for (5)
    régulièrement, regularly (12)
    rejeter, to reject (8)
    rejoindre, to rejoin (11)
    rembourser, to reimburse (5)
les remerciements *(m),* thanks (7)
    remercier, to thank (7)
    remonter à, to go back to (15)
    remplacer, to replace (10)
    remplir, to fill in (5)
    rencontrer, to meet (16)
le rendez-vous, appointment (12)
    rendre, to give back
        — la pareille, to do the same (16)
la rengaine, tune (12)
    renouvelable, renewable (13)
les renseignements *(m),* information (5)
    rentrer, to go back in(to) (9)
    réparer, to repair (10)
    répéter, to repeat (10)
la réponse, answer
        en — à, in answer to (10)
        sans —, no answer (5)
    reporter, to report (11)
le représentant, representative (13)
la représentation, performance (13)
    représenter, to represent (8)
la république, republic (4)
la réservation, booking (7)
    réservé, reserved (4); shy, withdrawn (15)
    réserver, to book (7)
le réservoir, tank (9)
    résoudre, to solve (16)
le restaurant, restaurant (5)
le retard, lateness
        en —, late (3)
la réunion, meeting (8)
    réussir, to succeed (14)
    réveiller, to wake up (7)
la revendication, claim (8)
    revenir, to come back (4)
    rêver, to dream (9)
la révision, service (car) (9)
au revoir, good-bye (1)
    dire —, to say good-bye
    revoir, to see again (10)
le Ricard, anisette aperitif (3)
    ridicule, ridiculous (4)
    rien, nothing
        de —, don't mention it (5)
        — du tout, nothing at all (9)
de rigueur, compulsory, obligatory (16)
les rillettes *(f),* special kind of pâté (14)
le rituel, ritual (11)
la robe, dress (15)
    romantique, romantic (15)
la roue, wheel (9)
    la — de secours, spare wheel (9)
    rouge, red (11)
    le —, red wine (3)
    royaliste, royalist (13)

la rue, street (4)

le sac, ⟨hand⟩bag (9)
    sacré
        sacré Victor, Victor, you old devil (13)
    saignant, rare (meat) (14)
le salaire, wage (8)
    le blocage des —s, wage freeze (12)
la salle
    la — de bains, bathroom (3)
    la — à manger, dining room (3)
    la — de séjour, living room (3)
    salut! hello! (1)
    samedi, Saturday
    sans, without (8)
la santé, health
    à votre —, to your health, cheers (3)
    saoul, drunk (9)
la satisfaction, satisfaction (12)
le saumon, salmon (15)
la saveur, taste (9)
    savoir, to know (2)
la science, science
    les —s politiques, political science (14)
la séance, session (13)
    sec (sèche), dry (14)
la secrétaire, secretary (1)
    la — de direction, private secretary (1)
le secteur, sector (8)
la section, section
le séjour, stay (10)
    selon, according to (11)
le sens, meaning (15)
    sentir, to feel (15)
    serrer, to tighten up (14)
le service, service (16)
la serviette, briefcase (3)
    servir, to serve (14)
    seul, alone, one (4)
    seulement, only (3)
    si, yes (contradictory) (5); if (10)
le siècle, century (4)
    siffler, to whistle (9)
le signal, signal
    le — sonore, buzzing signal (4)
la signature, signature (10)
    s'il te plaît/s'il vous plaît, please (3)
    simple,
        le billet —, single ticket (12)
    simultanément, simultaneously (12)
la situation, situation (8)
    en — irrégulière, breaking the law (6)
    socialiste, socialist (8)
la société, company (11)
la SNCF (Société Nationale des Chemins
    de fer Français), French National
    Railways (12)
la soirée, evening (13)
    soit ... soit, either ... or (12)
la somme, sum (12)
    la — forfaitaire, lump sum (12)

le sommelier, wine-waiter (14)
  sonner, to ring (7)
la sortie, exit (4)
  souhaiter, to wish (1)
  soulever, to lift (9)
la soupe, soup (3)
  sourd, deaf (10)
le sourire, smile (3)
  sous, under (14)
le sous-sol, basement (5)
  soutenir, to support (12)
le souvenir, memory (15)
se souvenir de, to remember (4)
    souvenez-vous! remember! (4)
  souvent, often (3)
le speaker, speaker (7)
  spécial, special (10)
  spécialement, specially (11)
se spécialiser, to specialise (10)
la spécialité, speciality (14)
le stand, stall (9)
le standard, switchboard (7)
la standardiste, switchboard operator (7)
la station, station (métro) (4)
la sténodactylo, shorthand typist (8)
  stipuler, to stipulate (13)
le strapontin, folding seat (4)
  strict, strict (13)
  studieux (studieuse), studious (14)
le succès, success (11)
le sucre, sugar (14)
le sud, South (3)
  suffire, to be sufficient (4)
  suisse, Swiss (2)
la Suisse, Switzerland (5)
  suivre, to follow (8)
la super, 4-star petrol (9)
  superbe, superb (6)
la supériorité, superiority (13)
en supplément, extra (7)
  sur, on (3)
  surprendre, to surprise (13)
  surtout, especially (3)
  surveiller, to supervise, to look after (14)
en sus, extra (10)
  sympathique, likeable, attractive
    (personality) (2)
  sympathisant, sympathising (12)
la symphonie, symphony (13)
le syndicat, union (8)
le syndiqué, union man (8)

le tabac, tobacco (2)
la table, table (3)
le tableau, board (6)
la taille, size (15)
  tard, late (5)
le tarif, tariff, price-list (7)
    le — réduit, 2nd class mail (5)
    le — normal, 1st class mail (5)
la tarte, tart (14)

la tartine, piece of bread and butter (7)
la tasse, cup (13)
la TVA, VAT (10)
la taxe, tax (16)
  technique, technical (13)
la technologie, technology (8)
le télégramme, telegram (5)
le téléphone, telephone (5)
  au —, on the phone (5)
la téléphoniste, operator, telephonist (1)
  tellement, so much (15)
la température, temperature (7)
le temps, time (3), weather (7)
  à mi- —, part-time (3)
  tenez! there you are! (8)
la tente, tent (7)
le terme, term
    à long —, long term (11)
    à moyen —, middle term (11)
la terrasse, terrace (15)
la terre, earth (12)
  terrible, terrible (9)
  terriblement, terribly (2)
  têtu, stubborn (8)
le thé, tea (7)
  tiens! there we are! well, well! (5)
le timbre, stamp (5)
    le — de collection, commemorative
    stamp (5)
    le — poste, postage stamp (5)
le tire-bouchon, corkscrew (3)
les toilettes *(f),* toilets (6)
le toit, roof (14)
  tomber, to fall (9)
  — sur, to come across (11)
la tonalité, dialling tone (5)
  tôt, early (7)
le total, total (16)
  toujours, always (2)
le toupet
    quel —, what a cheek (6)
le tour, turn (5)
    c'est votre —, it's your turn (5)
le touriste, tourist (4)
le tournedos, fillet steak (14)
se tourner vers, to turn towards (10)
  tous, all (8)
  tout, all
    — le monde, everybody
    — près (de), quite close (to)
    — de suite, at once (4)
le tract, leaflet (14)
la traductrice-interprète, translator-
    interpreter (3)
le train, train
    le — électrique, electric train (15)
  traîner, to linger on (12)
le trajet, (length of) ride, drive, flight (12)
le transit, transit (6)
le travail, work, labour (8)
  travailler, to work (2)
les travaux *(m),* road works (9)

à travers, across (16)
  traverser, to cross (4)
  triste, sad (15)
  trois, three (3)
se tromper, to make a mistake (11)
  trop, too, too much (many) (7)
le trou, hole (4)
le trouble, trouble (12)
  trouver, to find (4)
la truffe, truffle (14)
le type, chap (8)
  typiquement, typically (11)

  urgent, urgent (5)
l'usine *(f)*, factory (5)
  utiliser, to use (5)

les vacances *(f)*, holidays (9)
  valable, valid (4)
la valise, suitcase (6)
  variable, variable (7)
  varier, to vary (7)
  vaste, vast (12)
la veille, the previous evening (9)
la vendeuse, sales assistant (15)
  vendre, to sell (6)
  vendredi, Friday (16)
le vent, wind (7)
  c'est du —! it's all hot air! (8)
  il y a du —, it is windy (7)
la vente, sale (13)
le verglas, black ice (7)
  vérifier, to check (6)
  véritable, true, genuine, real (6)
le verre, glass (3)
  vers, towards (9)
  vert, green (6)
la veste, jacket (6)
le vestiaire, cloakroom (14)
la viande, meat (9)
  la — blanche, white meat (9)
  la — rouge, red meat (9)

la vidange, change (of oil) (9)
la vie, life, living (8)
  le coût de la —, cost of living (8)
  vieux (vieille), ancient, old (6)
la ville, town (5)
la visite, visit (6)
  visiter, to visit (3)
  vite, quickly (3)
le vocabulaire, vocabulary (2)
  voici, here is/here are (3)
  voilà, here is/here are
  et —! here/there you are! (2)
la voilure, wings (6)
  voir, to see (6)
la voiture, car (9)
la voix, voice (6)
le vol, flight (6)
la volaille, poultry (9)
  volontiers, gladly, with pleasure (10)
  vouloir, to want (5)
le voyage, trip
  le — d'affaires, business trip (3)
  voyager, to travel (4)
le voyageur, passenger, traveller (4)
  vrai, true (6)
  c'est —, that's right (6)
  vraiment, really (3)
la vue, sight (15)

les w.c. *(m)*, toilet, W.C. (3)
le whisky, whisky (2)

les yeux *(m)*, eyes (12)

Grammar index